Familienreisen

Kirsten Harms ist Tourismusberaterin mit Schwerpunkt Familientourismus und Mitglied im Beratungsnetzwerk Gäste von Morgen.

Prof. Dr. Kerstin Heuwinkel lehrt verantwortungsvolles Tourismusmanagement, Tourismussoziologie sowie Gender und Diversität im Tourismus an der Hochschule für Technik und Wirtschaft des Saarlandes.

Kirsten Harms / Kerstin Heuwinkel

Familienreisen

Wünsche, Anforderungen, Barrieren

Tourismus kompakt

UVK

Umschlagabbildung: © Imgorthand · iStock
Autorinnenbild Kirsten Harms: © privat
Autorinnenbild Kerstin Heuwinkel: © privat

Bibliografische Information der Deutschen Nationalbibliothek
Die Deutsche Nationalbibliothek verzeichnet diese Publikation in der Deutschen Nationalbibliografie; detaillierte bibliografische Daten sind im Internet über http://dnb.dnb.de abrufbar.

DOI: https://doi.org/10.24053/9783381122820

– Ein Unternehmen der Narr Francke Attempto Verlag GmbH + Co. KG
Dischingerweg 5 · D-72070 Tübingen

Internet: www.narr.de
eMail: info@narr.de

Druck: Elanders Waiblingen GmbH

ISSN 2701-2212
ISBN 978-3-381-12281-3 (Print)
ISBN 978-3-381-12282-0 (ePDF)
ISBN 978-3-381-12283-7 (ePub)

MIX
Papier | Fördert gute Waldnutzung
FSC® C016368
www.fsc.org

Kirsten Harms

·

für meine Mutter und Claus von Hohn

Kerstin Heuwinkel

·

für meine Familie im umfassenden Sinn

Danksagung
Wir bedanken uns bei unserem Umfeld für die Unterstützung,
bei unseren Interviewpartner:innen und bei allen Praxispartner:innen
für die Bereitstellung von Bildmaterial sowie bei der
Forschungsgemeinschaft Urlaub und Reisen e. V.
(FUR) für die Zusammenstellung von Daten.

Inhalt

Anstelle des Vorworts - Drei Fragen

Warum dieses Buch?

▸ **Kirsten:** Weil es mir in meiner Arbeit gefehlt hat.

▹ **Kerstin:** Die kurze Antwort ist, dass Kirsten ein Buch für die Arbeit fehlte. Die längere Antwort ist, dass *Familie* sowohl für mich persönlich als auch innerhalb der Gesellschaft an Bedeutung gewinnt bzw. das Bewusstsein dafür, wie wertvoll Familie sein kann, gestiegen ist.

Wie bist Du als Kind mit Familie gereist?

▸ **Kirsten:** Auf jeden Fall sehr gerne und viel. Wenn auch nicht so weit. Dänemark und die Mittelgebirge waren die jährlichen Ziele, Highlights waren Touren nach Berlin oder dann sogar Paris. An Hotelurlaub kann ich mich nicht erinnern. Meist waren wir in Ferienwohnungen und irgendwann gab es dann einen selbstausgebauten Camper, das fand ich wunderbar abenteuerlich! Als Einzelkind war ich alleine mit meinen Eltern unterwegs und wir haben die Zeit zusammen in der Natur verbracht, gerne erinnere ich mich an wilde Wanderungen immer querfeldein – bei denen viel und schräg (jedenfalls von mir) gesungen wurde.

▹ **Kerstin:** Ich habe im Garten meiner Tante in England laufen gelernt und dieser Garten hat mich viele Jahre begleitet. Meistens waren wir in den Oster- und Herbstferien dort. Der Sommerurlaub fand regelmäßig an der Nordsee mit Eltern, Tante, Oma und Opa statt. Es gab auch mal eine Flugreise nach Griechenland. Als Zwölfjährige reiste ich alleine zu einer befreundeten Familie in die USA. Das bedeutete vier Wochen Heimweh.

Wie reist Du heute?

▸ **Kirsten:** Das Campen habe ich irgendwann wiederentdeckt, ansonsten nutze ich gerne die Bahn. Beruflich bin ich viel im deutschsprachigen Raum unterwegs und versuche dabei immer noch ein bisschen Zeit zum Entdecken neben den Terminen einzuplanen. Im Sommer genieße ich die jährlich wiederkehrenden Campingtreffen mit vielen Menschen aus dem

Freundeskreis – von Klein bis Groß, eine kleine Urlaubsfamilie für ein Wochenende.

▹ **Kerstin:** Meine Reisen sind sehr vielfältig. Es gibt sowohl berufliche kürzere Reisen innerhalb Deutschlands und Europas als auch mal eine Fernreise. Letztere versuche ich so verantwortungsvoll wie möglich zu gestalten. Mit der Familie sind wir gerne am und auf dem Wasser. Schön ist es, wenn ich in einem Land Kolleg:innen habe und diese mit uns gemeinsam etwas unternehmen. Ein Höhepunkt war das Sammeln von Pfifferlingen und Blaubeeren in Finnland.

Lübeck und Köln, im Winter 2024/2025
Kirsten Harms und Kerstin Heuwinkel

Hinweise zum Buch

Der Schwerpunkt dieses Buches liegt auf Familienurlaubsreisen, insbesondere der Haupturlaubsreise. Ergänzend wird auf Kurztrips oder auch Trends wie *Workation* eingegangen. Die in → Kapitel 3 und → Kapitel 4 formulierten Aussagen fokussieren auf Familienurlaub in Deutschland. Dennoch gelten die dort gemachten Aussagen grundsätzlich ebenfalls für andere Länder. Zu berücksichtigen sind jedoch immer kulturelle, wirtschaftliche und politische Rahmenbedingungen, welche einen erheblichen Einfluss auf das Familienleben und -reisen haben.

Das Buch besteht aus zwei Teilen, die sich in weitere Kapitel unterteilen. Der erste Teil umfasst → Kapitel 1 und → Kapitel 2, der zweite Teil → Kapitel 3 und → Kapitel 4. Während der erste Teil stärker auf (theoretische) Grundlagen fokussiert, hat der zweite Teil eine klare Praxisorientierung, was sich unter anderem in der hohen Anzahl von Fallbeispielen zeigt.

Der **erste Teil** (→ Kapitel 1 und → Kapitel 2) vermittelt erforderliches Wissen rund um **Familien** und Familienreisen, hier insbesondere, wie oben erläutert, bezogen auf **Familienurlaubsreisen**. Ausgehend von einer definitorischen Klärung von Familien, werden Besonderheiten und Merkmale von Familien untersucht und in Bezug zum Reisen gesetzt. Zahlen zur Anzahl von Familien, zu Familienformen und zur wirtschaftlichen Stellung von Familien ermöglichen ein Verständnis der gesellschaftlichen Bedeutung. Eine wichtige Ergänzung sind Probleme und Konflikte, die von außen auf Familien einwirken, aber auch innerhalb von Familien existieren. In einem nächsten Schritt werden vorliegende Daten und Erkenntnisse zu Familienurlaubsreisen vorgestellt. Es geht dabei um eine Beschreibung des Ist-Zustandes sowie um eine Skizzierung von Veränderungen und Trends. Die beschreibenden Darstellungen des ersten Kapitels werden in → Kapitel 2 um Theorien zu Bedürfnissen und Motiven von Familien, Reiseentscheidungen und entwicklungspsychologische Erkenntnisse ergänzt. Hier gilt ein Dank *Antje Mein* für ihre Mitarbeit an diesem Kapitel und ihre Expertise.

Gegenstand des **zweiten Teils** (→ Kapitel 3 und → Kapitel 4) ist die Anwendung der zuvor erarbeiteten Erkenntnisse für die Gestaltung von Familienurlaubsreisen. Es fließen die Erfahrungen der drei Netzwerkpartnerinnen *Antje Mein*, *Anne von Winterfeld* und *Kirsten Harms* der Familientourismusberatung „Gäste von Morgen“ ein – dreimal 30 Jahre

Erfahrung in der Beratung von Destinationen, Beherbergungsbetrieben und Reiserveranstaltern. In → Kapitel 3 erfolgt die Darstellung entlang der touristischen Dienstleistungskette und der unterschiedlichen Bedürfnisse von Familien. Ergänzt mit Interviews und angereichert mit vielen Praxisbeispielen werden Optionen aufgezeigt, die auf Anbieterseite umgesetzt werden können, um zu einem gelungenen Familienurlaub beizutragen. Abschließend gibt es einen Überblick über spezialisierte Reiseveranstalter, Hotels und Zertifizierungsinitiativen.

Das → Kapitel 4 fasst die Erkenntnisse und Anregungen aus den vorherigen Kapiteln in verschiedenen Checklisten zusammen. Diese können zum einen dazu dienen, den Status quo im eigenen Unternehmen zu bestimmen und zum anderen als Grundlage für eine weitere Qualitätsentwicklung.

Im **dritten Teil** werden Themen genannt, die aus Sicht der Autorinnen sowohl für erfolgreiche Familienreisen als auch für eine Gesellschaft, in der Familien gut und gerne leben und reisen können, essenziell sind.

Teil I · Eine Einführung und die Grundlagen des Familienurlaubs

1 Was wir von Modern Family und den Simpsons lernen können - Eine Einführung

Die *Simpsons*, *Modern Family*, *Dallas* und der *Denver Clan* oder auch *Unsere kleine Farm* stellen Familien in den Mittelpunkt des Geschehens. Folge für Folge werden Geschichten rund um die Personen erzählt, die zur Familie gehören oder sich dieser zugehörig fühlen. Das Publikum kann verfolgen, wie Kinder von Säuglingen zu Erwachsenen heranreifen. Es werden Feste gefeiert, es wird getrauert, gestritten und wieder Frieden gefunden. Zentral sind neben den einzelnen Personen die Beziehungen innerhalb der Familien, insbesondere zwischen Eltern und Kindern oder zwischen den Geschwistern. Rivalitäten und Neid werden ebenso gezeigt, wie Zuneigung und Unterstützung. Ein weiteres Element ist die Bedeutung jedes einzelnen Familienmitglieds für die Gemeinschaft. Selbst die vermeintlich *schwachen* Personen tragen allein durch ihre Existenz zur Familie bei und formen diese.

Das entscheidende Thema, das sich durch die meisten Serien zieht, ist die Familie in ihrer Geschlossenheit trotz innerer Konflikte. Es geht um Zusammengehörigkeit und -halt, auch wenn diese immer wieder hinterfragt und auf die Probe gestellt werden. Selbst die Familienmitglieder, die sich distanzieren und die Familie spöttisch betrachten, erkennen die Kraft, die in dieser liegt.

Die Beliebtheit von Familienserien führt dazu, dass in einer Seriendatenbank (Serienjunkies, 2024) rund 90 Familienserien gelistet werden. Diese thematisieren Handwerker- und Patchworkfamilien, alleinerziehende Personen (*Single Parents*) und imaginäre Freundinnen (*Imaginary Mary*).

Bezüge zum Tourismus sind vielfältig, vor allem dann, wenn die Familien innerhalb der Serien verreisen. Die Simpsons reisen in 25 Staffeln mehr als vierzigmal (Simpsonspedia, 2024). Neben US-amerikanischen Destinationen gehören auch europäische Länder (Frankreich, Island, Italien) und Städte (Paris) sowie Länder auf anderen Kontinenten (Indien, Kuba, Kanada und Brasilien) dazu. Reiseanlässe sind Schüleraustauschprogramme, der Besuch von Attraktionen (Maya-Tempel, Loch Ness) und touristischen Bildern (Paris, die Stadt der Liebe). Unabhängig von Destination und Anlass intensiviert die Reise die Wechselwirkungen in der Familie und es wird die Einheit der Familie betont, auch wenn ab und zu ein Mitglied vergessen wird – bei *Kevin Allein zu Haus* ist das im Übrigen der Kern der Geschichte.

Obwohl es sich bei den Serien und Filmen um Fiktion handelt, weisen die Reisen der Filmfamilien drei Merkmale auf, die ebenfalls für die Reisen realer Familien gelten:

1. Hohe **Erwartungen** und Wünsche: Die Zeit vor der Reise wird begleitet von Träumen und Vorstellungen. Es werden Erwartungen an die besondere Zeit des Urlaubs gestellt.
2. **Extremsituation**: Die Reise wirkt wie ein Katalysator, welcher sowohl positive Stimmungen als auch mögliche Konflikte verschärft.
3. **Routine** mit leichten Abweichungen: Die im Alltag gelebten Routinen werden im eingeschränkten Maß auch auf der Reise fortgeführt.

Bevor in → Kapitel 1.3 das Reiseverhalten von Familien untersucht wird, folgt zunächst eine Klärung des Begriffs Familie, da dieser sehr unterschiedlich verwendet werden kann.

1.1 Basiswissen Familie

Der Begriff *Familie* ist mit vielen Assoziationen verbunden und in den folgenden Abschnitten finden sich Beispiele für veränderte Familienformen. Der Schwerpunkt dieses Kapitels liegt auf offiziellen Definitionen, welche die Grundlage für statistische Erhebungen liefern. Auf deren Grundlage kann ein Verständnis für die gesellschaftliche Bedeutung von Familien sowie für die ökonomischen Potenziale geschaffen werden. Im Mittelpunkt steht das in Deutschland verwendete Verständnis von Familie, da sich dieses in Abhängigkeit von kulturellen Normen und Praktiken deutlich vom Alltagsverständnis oder von anderen Ländern unterscheiden kann (Steinbach & Hank, 2020, S. 442). Kulturelle Vorstellungen wirken beispielsweise auf die Rollengefüge (z. B. Beziehung zwischen Eltern und Kindern) und Hierarchien (z. B. Stellung des erstgeborenen Kindes) innerhalb der Familie.

Neben kulturell bedingten Unterschieden zeigen sich Veränderungen im zeitlichen Verlauf. Vorstellungen von der Familie in den 1960er-Jahren sind z. B. weniger vielfältig als das heutige Verständnis. Das gilt insbesondere für die Frage, wer und wie viele Menschen *Eltern* sein können und worauf die Elternschaft gründet.

Die Familienwissenschaft betont, dass das **Familienmodell** der 1950er- und 1960er-Jahren mit Vater (Vollzeit), Mutter (Hausfrau) und zwei Kindern eine historische Ausnahme war (Steinbach & Hank, 2020, S. 441). Da es jedoch für zwei Jahrzehnte das dominante Modell in Westeuropa und Nordamerika war und von dort aus medial verbreitet wurde, entsteht der Eindruck, dass dieses bürgerliche Ideal für eine viel längere Zeit vorherrschte und als Standard dienen könnte.

> *„Als Familie definiert der Mikrozensus alle Eltern-Kind-Gemeinschaften, die in einem Haushalt leben. Im Einzelnen sind das Ehepaare, Lebensgemeinschaften sowie alleinerziehende Mütter und Väter mit ledigen Kindern.“* (Statistisches Bundesamt, 2021, S. 58)

Als entscheidendes Kriterium für die statistische **Definition von Familie** dient, dass mindestens ein lediges Kind, unabhängig vom Alter, mit einem Elternteil gemeinsam in einem Haushalt lebt. Eingeschlossen sind leibliche Kinder, Stief-, Pflege- oder Adoptivkinder. Ausgehend von dieser Definition leben **12,0 Mio. Familien** in Deutschland (Statistisches Bundesamt, 2024a, o. S.). Die Anzahl der Familien mit mindestens einem minderjährigen Kind lag 2019 bei 8,2 Mio. und damit ähnlich hoch wie 2009 (Statistisches Bundesamt, 2021 S. 58).

Die gesellschaftliche Bedeutung von Familien wird deutlicher, wenn die Lebensform Familie in Relation zur Bevölkerung gesetzt wird. Zwar ist der Anteil gesunken, aber die Lebensform Familie ist mit 49 Prozent noch immer für fast die Hälfte aller Menschen in Deutschland die aktuelle Lebensform (Statistisches Bundesamt, 2024b). Dabei existieren deutliche Unterschiede zwischen den Bundesländern mit einer Tendenz, dass Bundesländer in Ostdeutschland einen geringeren Prozentsatz aufweisen (Sachsen-Anhalt 42,8 Prozent) als Bundesländer im Westen (Baden-Württemberg 52 Prozent). Mit Ausnahme der Stadtstaaten Hamburg, Bremen und Berlin sind die Zahlen überall im Vergleich zum Jahr 2005 gesunken (Statistisches Bundesamt, 2024b o. S.). Der wichtigste Grund dafür ist der Anstieg des Alters.

> *„49 Prozent der Bevölkerung leben in Familien – Anteil gesunken.“* (Statistisches Bundesamt, 2024b o. S.)

Eine Veränderung lässt sich bei der **Familienform** feststellen, da die Zahl der verheirateten Paare gesunken (von 6 Mio. auf 5,7 Mio.) und die der nicht verheirateten Paare gestiegen (von 702.000 auf 942.000) ist (Statistisches Bundesamt, 2021, S. 58).

Im Jahr 2019 waren sieben von zehn Elternpaaren in Familien (70 Prozent) verheiratet (2009: 73 Prozent). Alleinerziehende Mütter oder Väter machten 19 Prozent aller Familien aus (2009 ebenfalls 19 Prozent). Lebenspartnerschaften[1] mit Kind(ern) stellten weitere 12 Prozent aller Familien. 2009 waren es neun Prozent.

Wissen | Regenbogenfamilie

„Regenbogenfamilien sind Familien, in denen mindestens ein Elternteil gleichgeschlechtlich liebt oder transgeschlechtlich lebt." (LSVD, 2024, o. S.)
Diese vom Lesben- und Schwulenverband verwendete Definition ist bewusst weit gefasst, damit so viele Lebensmodelle wie möglich erfasst werden können. Beispiele sind gleichgeschlechtliche Paare mit leiblichen Kindern aus vorhergehenden heterosexuellen Beziehungen, Adoptiv- oder Pflegekinder, die bei transgeschlechtlichen Menschen aufwachsen oder auch Mehrelternfamilien, bei denen mehrere Menschen die Verantwortung für die Kinder übernehmen. Eine gesellschaftliche und politische Anerkennung, die im Familienrecht verankert ist, ist erforderlich, um das Wohl aller Beteiligten abzusichern.
Offizielle Zahlen liegen bislang nur für gleichgeschlechtliche Familien mit minderjährigen Kindern vor. 2021 betrug die Zahl circa 10.000 Familien.

Lesben- und Schwulenverband Deutschland LSVD
https://www.lsvd.de/de/

Bei 39 Prozent der Familien hat mindestens ein Elternteil einen **Migrationshintergrund** (Statistisches Bundesamt, 2021). Diese Zahl ist für die Tourismuswirtschaft relevant, da das Motiv *Visits of Friends and Relatives* (VFR, Besuch von Freunden und Bekannten) sehr bedeutend für Familien ist und somit ausschlaggebend für die Reiseentscheidung und Wahl der Destination sein kann (Eurostat, 2017; Reiseanalyse, 2024). Das Bayerische Zentrum für Tourismus BZT (2020) kommt zum Fazit, dass eine Person mit Migrationshintergrund bei der Haupturlaubsreise in das Land der eigenen Herkunft oder in das Herkunftsland der Eltern reisen wird, um

1 Die Ehe für alle wurde am 1. Oktober 2017 eingeführt. Gleichgeschlechtliche Paare konnten davor lange Zeit keine rechtliche Bindung eingehen. Von 2011 bis 2017 bestand die Möglichkeit einer Lebenspartnerschaft, welche aber nicht die umfassenden Rechte einer Ehe enthielt.

dort Verwandtschaft zu besuchen und die Kultur zu erleben. Dieses scheint insbesondere (mehr als 70 Prozent) für Menschen mit einem italienischen oder türkischen Migrationshintergrund zu gelten (BZT, 2020, S. 6). Nicht geklärte Fragen sind:

1. Welche Destinationen wählen Familien, bei denen ein Elternteil einen Migrationshintergrund hat und der andere nicht? Wie entscheiden Eltern, die beide einen Migrationshintergrund haben, aber aus unterschiedlichen Ländern stammen?
2. Über wie viele Generationen hinweg ist der Migrationshintergrund relevant für den Wunsch, das Herkunftsland vorheriger Generationen zu besuchen?

Nicht nur die Anzahl der Familien, sondern auch die **Familiengröße** ist mit rechnerisch 1,65 minderjährigen Kindern pro Haushalt im Vergleich zwischen 2009 und 2019 stabil (Statistisches Bundesamt, 2021, S. 60)[2]. 51 Prozent der Haushalte betreuen ein Kind, 37 Prozent zwei Kinder, neun Prozent drei Kinder und drei Prozent der Familien betreuen vier und mehr Kinder.

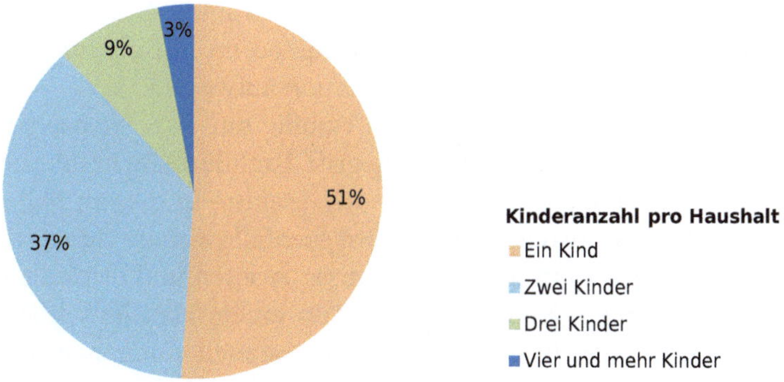

Abb. 1: Kinder pro Haushalt [1]

2 Damit die Reproduktion einer Bevölkerung dauerhaft gesichert ist, muss die durchschnittliche Kinderzahl bei 2,1 liegen. Das war in Deutschland bis Ende der 1960er-Jahre der Fall. Die Zahl sank innerhalb der 1970er-Jahre auf 1,45 in West- und 1,54 Kinder in Ostdeutschland (Bundeszentrale für politische Bildung, 2020a).

Für die Tourismuswirtschaft liefern diese Zahlen eine wichtige Planungsgrundlage, bspw., wenn Zimmer und Restaurants geplant werden. Es sollte jedoch nicht nur die Anzahl der Personen und Kinder berücksichtigt werden, sondern auch Altersunterschiede und **Familienkonstellation**. Während zwei Jugendliche sich gut ein separates Zimmer teilen können, ist das bei Kleinkindern nicht der Fall. Kinder in Patchwork- bzw. Stieffamilien wollen vermutlich ungern mit dem *neuen* Geschwisterkind direkt ein Zimmer teilen.

Neben der statistischen Definition von Familie ist ein Blick in die Meinungen von Menschen zu diesem Thema von Interesse. In einer Studie sollten Befragte bei sieben Lebensformen entscheiden, ob sie diese nach ihrem Ermessen als Familie bezeichnen würden (Lück & Ruckdeschel, 2015). Neben der *Kernfamilie*, bestehend aus einem verheirateten Paar (Mann und Frau), die mit einem oder mehreren Kindern zusammenleben (99,9 Prozent), fanden laut Studie auch andere Konstellationen beispielsweise ein unverheiratetes (97,4 Prozent) oder ein gleichgeschlechtliches (88,1 Prozent) Paar, das mit ihren Kindern zusammenwohnt, eine hohe Akzeptanz als familiale Lebensform. Hervorzuheben ist, dass selbst die Ausprägung „Paar aus Mann und Frau, die nicht verheiratet sind und keine Kinder haben" ca. von einem Drittel der Befragten (32,6 Prozent) als Familie bezeichnet wird.

In diesem Buch stehen allerdings nur Familien im Mittelpunkt, die als Kern mindestens eine Eltern-Kind-Kombination aufweisen.

Während das Minimalverständnis von Familie nur zwei Menschen (Elternteil und Kind) umfasst, wird der Begriff Familie manchmal auch in Richtung **Verwandtschaft** ausgeweitet und umfasst in diesem Fall nicht nur eine Eltern-Kind-Konstellation, sondern ebenfalls weitere Generationen (Großeltern) und Verwandtschaftsverhältnisse zweiten und dritten Grades (Onkel, Tanten, Nichten, Neffen), die nicht in einem Haushalt leben. Bei diesem Verständnis erreicht die Familiengröße schnell einen zweistelligen Bereich zwischen 12 und 20 Personen und in Abhängigkeit von kulturellen Hintergründen auch darüber hinaus. Im Tourismus zeigt sich dieses, wenn Ferienhäuser unter dem Begriff *Familienurlaub XXL* vermarktet werden.

Trotz aller kulturellen und historischen Differenzen bestimmt die Familienwissenschaft die Lebensform Familie über drei zentrale **Kriterien** (Steinbach & Hank, 2020, S. 441):

1. **Funktion** von Familien: Familien sind wesentlich für die biologische Reproduktion und Sozialisation. Kinder werden erzogen, die Mitglieder

schützen und kümmern sich umeinander. Darüber hinaus geben Familien Raum für Emotionen und ermöglichen, dass Familienmitglieder sich ausdrücken können und Aufmerksamkeit erhalten.

2. **Generationen**: Eine Familie umfasst mindestens zwei Generationen (Kernfamilie), kann aber auch auf drei oder vier Generationen (Mehrgenerationenfamilie) ausgeweitet sein.
3. **Rollenstrukturen**: Innerhalb einer Familie erfolgt eine Verteilung von Aufgaben, Rechten und Verantwortlichkeiten, welche den Fähigkeiten der Personen geschuldet sind und sich im Laufe der Zeit verändern. Kooperation und Solidaritäten zwischen den Personen leiten sich aus diesen Strukturen ab.

Die genannten Kriterien können trotz unterschiedlicher Ausprägungen weltweit und zu allen Zeiten nachgewiesen werden. Sie verdeutlichen die gesellschaftliche und wirtschaftliche Bedeutung von Familien. Die hohe Bedeutung hat als Konsequenz, dass familiendemografische Veränderungen (Anzahl der Kinder, Zeitpunkt des Kinderkriegens, Wandel von Familienformen, Scheidungsrate) neben der Alterung der Bevölkerung und der Migration, die Gesellschaft maßgeblich beeinflussen und Veränderungen von familialen Strukturen eine gesellschaftliche und politische Herausforderung bedeuten.

Familientheorien

Auch wenn in den vorhergehenden Abschnitten sowohl die Bedeutung als auch die zeitliche Konstanz von menschlichen Zusammenschlüssen als Familie deutlich wurde, wurde bisher nicht darauf eingegangen, wie *Familie* und damit zusammenhängende Merkmale, Vorgänge und wiederkehrende Phänomene beschrieben und erklärt werden können. Zur Verfügung stehen mehrere theoretische Ansätze, die alle für sich ein spezifisches Verständnis von Familie voraussetzen und diese ausgehend vom gewählten Verständnis betrachten (Hank et al., 2023).

So bietet die **Familiensoziologie** analog zu allgemeinen soziologischen Theorien Ansätze, die von einer auf die Funktion von Familien fokussierten Analyse über ökonomische Austauschtheorien bis zu feministischen Ansätzen reichen. Alle Theorien haben ihre Berechtigung und Stärken in Abhängigkeit davon, was beschrieben und erklärt werden soll.

Eine Auseinandersetzung mit Theorien ist erstens relevant, weil diese Annahmen formulieren, die – wenn nicht korrekt behandelt – zu verzerrenden Aussagen über soziale Realität führen. Zweitens haben Theorien einen praktischen Nutzen, da diese beispielsweise in den Bereichen der Familientherapie und -förderung eingesetzt werden. Der Ansatz des *family systems* (White et al., 2019) sensibilisiert dafür, dass alle Familienmitglieder Einfluss auf Vorgänge innerhalb der Familie haben und nicht losgelöst davon betrachtet werden sollten. Bezogen auf Familienreisen kann dieser Ansatz dabei helfen, Urlaubsroutinen zu untersuchen oder die gegenseitige Beeinflussung der einzelnen Mitglieder bei der Auswahl der Destination zu berücksichtigen.

Ein früher Ansatz ist die Analyse der **Funktionen**, die eine Familie erfüllt und damit zur Aufrechterhaltung des gesellschaftlichen Systems beiträgt. Der zugrundeliegende Ansatz des Strukturfunktionalismus findet auch in der Tourismussoziologie (Heuwinkel, 2023) Verwendung, wenn Reisen als Äquivalent für die Funktion der Erholung und Regeneration gesehen wird. Urlaub erfüllt in dieser Sichtweise die gesellschaftliche Funktion oder den Zweck, dass die einzelnen Elemente leistungsfähig bleiben. Nicht erklärt wird jedoch, warum das Verlassen des gewohnten Umfeldes essenziell ist, welche symbolische Bedeutung das Reisen hat, welchen Einfluss Gewohnheiten (Routinen) haben oder wie Machtstrukturen innerhalb der Familie das Urlaubsverhalten prägen. Um solche Fragen zu bearbeiten, müssen Ansätze wie der Symbolische Interaktionismus, Handlungstheorien und feministische Theorien berücksichtigt werden.

In späteren Abschnitten wird weiter auf familiensoziologische Theorien eingegangen, z. B. wenn es um Entscheidungsprozesse (→ Kapitel 2) geht. Die → Tabelle 1 listet zentrale Annahmen einiger familiensoziologischer Theorien auf. Ebenfalls erfasst sind damit verbundene Fragestellungen der Familienreise.

Theorie	zentrale Annahmen	Familienreisen
Strukturfunktionalismus	Metapher des Organismus, Elemente garantieren das Funktionieren und Überleben des Gesamtsystems, indem sie Leistungen übernehmen, z. B. Sozialisation und Integration	Funktion des Reisens für Familie

symbolischer Interaktionismus	individuelles Handeln und Orientierung an sozialen Gegebenheiten, subjektive Interpretation von Realität	Bedeutung des Reisens Veränderung der Interaktionen während des Reisens
Handlungstheorie (insbesondere *rational choice*)	gegenseitige Verpflichtungen und Abhängigkeiten, *commitment*, Dynamiken im Familienlebenslauf, Individuen versuchen den subjektiven Nutzen zu maximieren	Reisen als Annehmlichkeit Kosten-Nutzen-Analysen
family system	familiale Vorgänge, Interdependenzen	Veränderung der familialen Vorgänge während einer Reise
ecological framework	Gesamtheit der Lebensumstände auf unterschiedlichen Systemebenen	Einfluss des geänderten Umfelds während der Reise auf die Familie
Familienentwicklungsmodelle	Veränderungen der Rollen- und Beziehungsmuster in der Familie im zeitlichen Verlauf, Einfluss von Entscheidungen	Einfluss des Reisens auf die familiale Entwicklung Reisen als Entwicklungsschritt
feminist theory	Einfluss von Gender- und Machtstrukturen, Verteilung und Organisation von Verantwortung und Aufgabenbereichen	Einfluss von genderbasierten Strukturen auf das Familienreisen Veränderung von Genderkonstellationen während der Reise
attachment theory	In der frühkindlichen Sozialisation erworbene Bindungsstile werden auch im Erwachsenenalter wirksam	Bedeutung des Reisens für frühkindliche Bindung Auf Reisen gelebte Bindungen

Tab. 1: Familientheorien und Reisen (basierend auf Hank et al., 2023, S. 35 ff.)

Ergänzend zu dem in diesem Buch gewählten Fokus auf soziologische Theorie, adressieren insbesondere Pädagogik und Psychologie theoretische Fragen rund um Familien.

Familienpolitik

Der Familienbericht des Bundesministeriums für Familien, Senioren, Frauen und Jugend (BMFSFJ) analysiert sowohl die aktuelle Situation von Familien als auch Trends (BMFSFJ, 2024). Der Begriff **Trends** beschreibt Veränderungen in den Familienkonstellationen, wichtige Themen, Anforderungen und Hilfebedarfe, die adressiert und abgedeckt werden müssen, um den Ansprüchen von Familien gerecht zu werden. Dazu werden die Ansprüche in politische Forderungen übertragen und anschließend von der Familienpolitik umgesetzt. Ziel ist es, Familienpolitik so zu gestalten, dass Familien sowohl über Zeit als auch finanzielle und infrastrukturelle Ressourcen verfügen, um das Leben zu führen, das sie sich für die Familie wünschen.

Ein zentrales Element der Familienpolitik ist die Entwicklung und Umsetzung **familienpolitischer Leistungen,** welche die Familien unterstützen sollen. Die Vielfalt von Familien, unterschiedliche gesellschaftliche und wirtschaftliche Positionen sowie Fähigkeiten der Elternteile müssen berücksichtigt werden.

Es kann grob zwischen finanziellen, infrastrukturellen und zeitbezogenen Leistungen unterschieden werden. Beispiele für Geldleistungen sind Kindergeld, Wohngeld und BAföG (Sozialleistungen basierend auf dem Bundesausbildungsförderungsgesetz). Hinzu kommen flankierende Maßnahmen, wie die Mitversicherung der Kinder in der Krankenkasse. Die Bereitstellung einer ausreichenden Anzahl von Betreuungsplätzen für nicht schulpflichtige Kinder sowie flächendeckende Schulangebote unterschiedlicher Schulformen, aber auch kulturelle und sportliche Angebote zählen zu den infrastrukturellen Leistungen. Zeitliche Maßnahmen sind häufig mit den finanziellen Leistungen verknüpft, bspw. Mutterschutzzeiten oder auch die Ausweitung des Anspruchs auf ein Babyjahr für Väter.

Maßgeblich für die Familienpolitik in Deutschland ist der **Familienbericht** des Bundesministeriums für Familie, Senioren, Frauen und Jugend. Der aktuelle Bericht ist aus dem Jahr 2021 (19. Wahlperiode des Deutschen Bundestages) und überschrieben mit *Eltern sein in Deutschland – Ansprüche, Anforderungen und Angebote bei wachsender Vielfalt.* Der Begriff **Vielfalt** bezieht sich auf gesellschaftliche Veränderungen, wie sich wandelnde Familienformen, Zuwanderung und digitale Transformation. Thematisiert werden die damit verbundenen Herausforderungen, z. B. Schutz der Kinder in digitalen Welten oder die Förderung von Kindern mit nichtdeutschsprachigen Eltern. Darüber hinaus soll die Inklusion (Familienmitglieder mit

Behinderungen und Beeinträchtigungen) eine stärkere Berücksichtigung finden. Der Bericht adressiert ebenfalls Gefahrenzonen der Erziehung, wie Gewalt und Vernachlässigung.

Eine besondere Relevanz für den Tourismus hat das familienpolitische Themenfeld *Gesundheit & Erholung*. Dazu gehören Mutter- und Vater-Kind-Kuren (auch für pflegende Angehörige) als Pflegeleistungen der gesetzlichen Krankenversicherung sowie Familienferienstätten (→ Kapitel 1.2) und Rehabilitationsangebote für Kinder. Die genannten Bereiche werden zumeist in Zusammenarbeit zwischen medizinischen, sozialen und touristischen Leistungsträgern erbracht.

In diesem Kontext spielen **Barrierefreiheit** und der Schutz vor **Diskriminierung** eine zentrale Rolle. Auf den Aspekt der Barrierefreiheit wird in → Kapitel 3 unter Praxisaspekten eingegangen.

Gesellschaftliche Bedeutung von Familien

Die drei wiederkehrenden Merkmale von Familien – biologische und soziale Reproduktionsfunktion, Generationenbeziehungen und durch spezifische Rollenstrukturen definierte Solidaritäts- und Kooperationsbeziehungen – haben alle für sich genommen eine wichtige gesellschaftliche Bedeutung (Steinbach & Hank, 2020).

Der etwas sperrige Begriff der **Reproduktions- und Sozialisationsfunktion** verweist auf klassische Fragen zu Partnerschaft und Fertilität, bspw. wie Partnerschaften gebildet und stabilisiert werden, was und wer über die Anzahl von Kindern entscheidet, in welchem Altern Menschen Eltern werden und ob intergenerationale Transmissionen (→ Wissen | Intergenerationale Transmission) von sozialer Ungleichheit, Werten und Verhaltensweisen nachgewiesen werden können (Steinbach & Hank, 2020, S. 454).

Wissen | Intergenerationale Transmissionen

Der Begriff intergenerationale Transmission beschreibt die *soziale Vererbung* von a) gesellschaftlichen Positionen einschließlich der damit verbundenen Ungleichheiten, b) Verhaltensweisen sowie c) Einstellungen und Werten (Steinbach & Hank, 2020, S. 452 ff). Diese drei Bereiche werden intensiv empirisch erforscht. Theoretische Grundlagen fokus-

sieren zum einen auf die Beeinflussung der Kinder durch die Eltern, indem Erwartungen zu Einstellungen und Werten direkt formuliert und in der Erziehung verankert werden, bspw. durch das Vorleben („Wir fahren immer mit dem Zug in den Urlaub.") oder Belohnungen („Wenn Du die Wanderung mitmachst, bekommst Du ein großes Eis.") und Sanktionen („Ich bin enttäuscht von Dir, dass Du die Verpackung in den Wald geworfen hast.").
Die Weitergabe der sozialen Position und Ungleichheit wirken durch indirekte Mechanismen, z. B. werden sowohl das Interesse als auch der Zugang zu Bildung und Kultur durch sozialstrukturelle Merkmale bestimmt. Ein zentraler Begriff ist hier das kulturelle Kapital (Bourdieu, 1987; Heuwinkel, 2023, S. 148 ff.)

Für den Tourismus ist eine interessante Frage, ob und wie das Reiseverhalten als besondere Ausprägung des menschlichen Verhaltens von einer zur nächsten Generation weitergegeben wird. Empirische Untersuchungen aus anderen Bereichen belegen die Ähnlichkeit zwischen dem Verhalten der erwachsenen Kinder und dem Verhalten der Eltern (Steinbach & Hank, 2020, S. 454). Eine weitergehende Analyse dieser Fragestellung erfolgt in → Kapitel 2.1. Da das Reiseverhalten von sozioökonomischen Merkmalen beeinflusst ist, wird an dieser Stelle der Einfluss der Familie vermittelt über die sozioökonomische Position deutlich sichtbar.

In Ergänzung zu Fragen der Reproduktion und Partnerschaft ist die **Sozialisation** ein zentrales Thema aller Familienwissenschaften. Definitionen und Ansätze zur Sozialisation variieren, u. a. bedingt durch das zugrundeliegende Menschenbild (Geulen & Hurrelmann, 1980). Ein verbindender Gedanke ist, dass innerhalb der Sozialisation ein Mensch durch den Umgang mit und den Einfluss von unterschiedlichen Bezugsgruppen (Familie, Freundschaften, Freizeit- und Arbeitsgruppen), Werte, Normen, Praktiken und Einstellungen einschließlich stereotyper Annahmen erlernt und auf diesem Wege in die Gesellschaft integriert wird. Besonders einflussreich ist die primäre Sozialisation, die innerhalb der Familie und im direkten Kontakt erfolgt, während die sekundäre Sozialisation über Medien stattfinden kann.

Kern der primären Sozialisation sind Einflüsse im Elternhaus, denen das Kind ausgesetzt ist, zunächst unbewusst und mit steigendem Alter bewusst reflektierend und diskutierend.

Wissen | Sozialisation

„Dabei gehen wir davon aus, dass Sozialisation begrifflich zu fassen ist als der Prozess der Entstehung und Entwicklung der Persönlichkeit in wechselseitiger Abhängigkeit von der gesellschaftlich vermittelten sozialen und materiellen Umwelt. Vorrangig thematisch ist dabei die Frage, wie der Mensch sich zu einem gesellschaftlich handlungsfähigen Subjekt bilde." (Geulen & Hurrelmann, 1980, S. 51)

Habermas (1995) geht davon aus, dass Menschen innerhalb der Sozialisation zu autonomen und reflektierten Handlungen qualifiziert werden. Er lenkt die Aufmerksamkeit auf Vorgänge, in denen Subjekte lernen zu handeln. Grundqualifikationen des Handelns sind nach Habermas kognitive und moralische Fähigkeiten, die Entwicklung einer Ich-Identität sowie Interaktionskompetenz.

Giddens (1991) Analyse des Menschen in der Moderne betont den reflexiven Prozess der Identitätsbildung sowie die Notwendigkeit, den **Körper** als ein aktives Handlungssystem zu konzipieren. Körper, Sinne und Empfindungen sind wesentlich für die kohärente Wahrnehmung des Selbst und der Entwicklung einer Identität. Das Reisen bietet eine Vielzahl an körperlichen Empfindungen, von denen viele mit dem Ortswechsel verbunden sind (Heuwinkel, 2023, S. 195 ff.).

Zusammenfassend werden in der Sozialisation Werte und Normen vermittelt, die das menschliche Handeln leiten, sei es als normkonforme oder normverändernde Handlungen. Da das Reisen als soziales Handeln definiert werden kann, das teilweise in der familiären Sozialisation erlernt wird, ist der Einfluss der Familie deutlich sichtbar.

Die Familie wirkt darüber hinaus als **soziales Kontrollinstrument**, da innerhalb des gemeinsamen Haushalts Handlungen der Mitglieder (besser) sichtbar sind als in der Öffentlichkeit. Dabei üben nicht nur Eltern und Großeltern Kontrolle aus, sondern auch Geschwister (Steinbach & Hank, 2020, S. 460). Es handelt sich um sehr komplexe Machtprozesse, die unter Umständen negative Auswirkungen haben, bspw., wenn ein älteres **Geschwisterkind** ein jüngeres systematisch unterdrückt oder ein älteres Kind immer Rücksicht auf das jüngere nehmen muss.

Somit übernimmt die Familie die wichtige Aufgabe, Werte und Normen nicht nur in der Sozialisation zu vermitteln, sondern ebenfalls konformes

Verhalten zu *belohnen* und abweichendes Handeln der Kinder zu *sanktionieren*[3] und dadurch eine Anpassung des Handelns zu initiieren. Wenn die **Kontrolle** zu intensiv wird, kann es sein, dass sich Personen aus der Familie entfernen.

Es muss ergänzend betont werden, dass Familien nicht die einzigen Räume direkter sozialer Kontrolle bilden. So existieren auch, in auf den ersten Blick anonymen Räumen, wie Großstädten, Instanzen, welche die Handlungen reglementieren. Beispiele dafür wurden bereits in den 1920ern im Bereich der Stadtforschung thematisiert und zeigten unter dem Begriff der Segregation, dass sich Menschen mit ähnlichen Werten in Gebieten von Städten konzentrieren und sich sowohl gegenseitig kontrollieren als auch unterstützen (Häußermann & Siebel, 2020, S. 794). Hausgemeinschaften, Nachbarschaften oder auch *Communities* bilden eine wichtige Ergänzung zu familialen Strukturen. Im Urlaub sind diese Strukturen nicht mehr existent, werden aber durch andere *Communities* ergänzt, bspw. andere Menschen im Hotel, die angrenzenden Zelte und Wohnwagen auf dem Campingplatz oder auch geteilte öffentliche Räume (→ Kapitel 2.3).

Familien bilden insbesondere im Kontext der **Migration** wichtige Ansatzpunkte für Orientierung, Sozialisation und Integration. Darüber hinaus führen die geteilte Migrationserfahrung erstens zu einer größeren Wertschätzung der Kultur des Herkunftslandes und zweitens zu einer stärkeren Verbundenheit innerhalb der Familie und zwischen den Generationen (Steinbach & Hank, 2020, S. 461). Diese Erkenntnisse können als Erklärungsansätze dafür dienen, warum Familien mit Migrationshintergrund das Herkunftsland als Destination für die Haupturlaubsreise wählen.

Wissen | Migrationsforschung und Familien

Die Migrationsforschung macht deutlich, dass Zuwanderungsprozesse in fast allen Kulturen und Zeiten nachzuweisen sind. Der Blick in die

---

3 Lange Zeit wurde der Aspekt des abweichenden Verhaltens von Eltern gegenüber den Kindern nicht berücksichtigt. Dieses hat sich in den letzten Jahren geändert und es wird versucht, systematisch dagegen vorzugehen. Zahlen zur häuslichen Gewalt belegen aber dennoch einen weiteren Anstieg (Bundeskriminalamt, 2024). Neben den direkten Folgen für die Opfer von Gewalttaten kommt erschwerend hinzu, dass auch Gewalt und Missbrauch erlernt werden und Kinder, die dieses direkt erleben oder miterleben mit einer größeren Wahrscheinlichkeit das entsprechende Verhalten später selber als Eltern fortführen (Baier, 2015).

eigene Familiengeschichte wird mit Sicherheit Personen aufweisen, die (für einige Jahre oder für immer) ein- oder ausgewandert sind. Als Konsequenz sollten die Begriffe Migration und Migrationshintergrund nicht als starre und dominierende Kategorien angesehen werden. Es ist immer zu prüfen, ob und inwieweit der Aspekt der Zuwanderung einen Einfluss auf das Verhalten hat und welche Rolle Familien dabei spielen, auch wenn sich im Kontext der Familienforschung ein hoher Einfluss abzeichnet.

> „Migrationsgeschehen und Migrationsgeschichten sind damit von zentraler Bedeutung für viele Familien, und familiäre Ereignisse und Prozesse sind oft eng mit Migrationsentscheidungen und Teilhabeprozessen im Aufenthaltsland verbunden." (Baykara-Krumme, 2015, S. 758)

Im Kontext des zweiten Merkmals von Familien, dem **Generationenzusammenhang,** werden in den Familienwissenschaften erstens neue Familienformen analysiert. Beispiele dafür sind getrenntlebende Eltern, die ihre Kinder abwechselnd betreuen (→ Beispiel | Doppelter Urlaub), Partnerschaften mit Kindern aus anderen Beziehungen, Konstellationen von gleichgeschlechtlichen Paaren oder Paaren mit nichtbinären Genderidentitäten sowie Familien mit Pflegekindern. Diese Konstellationen haben für den Tourismus hohe Relevanz, da sie das Reiseverhalten entscheidend prägen, insbesondere, weil festgelegt wird, wer mit wem verreist. In diesem Bereich zeigen sich deutlich die Auswirkungen veränderter Familienformen, da nicht mehr (nur) *Kernfamilien* reisen, sondern vielfältige Familien.

Beispiel | Doppelter Urlaub?

Wenn Eltern getrennt leben und über die erforderlichen Ressourcen (Geld, Zeit) verfügen, kann es vorkommen, dass die schulpflichtigen Kinder in den Sommerferien zweimal verreisen.
B.s Eltern leben seit vier Jahren getrennt und sie haben ein Wechselmodell zur Betreuung der drei Kinder vereinbart: Diese leben von Sonntag bis Mittwoch bei der Mutter und von Donnerstag bis Samstag beim Vater. In den Ferien verreisen die Kinder in den ersten drei Wochen mit dem Vater und in den letzten drei Wochen mit der Mutter. Die

Destinationen werden so gewählt, dass ein Übergang einfach möglich ist. Auf diese Weise kann die komplette Ferienzeit abgedeckt werden und beide Elternteile haben die Möglichkeit, einen Urlaub mit den Kindern zu verbringen, was ihnen sehr wichtig ist.

Zweitens wird der Familienbegriff im Kontext moderner Generationenbeziehungen um Beziehungen zu Personen, die nicht ständig mit im Haushalt leben, aber wichtige Betreuungsaufgaben übernehmen, erweitert. Beispiele dafür sind Großeltern sowie andere Verwandte und befreundete Menschen, die sich regelmäßig um die Kinder kümmern und damit ein essenzieller Teil der Familie sind.

In Schweden können seit Juli 2024 Eltern einen Anteil der Elternzeit und des Elterngeldes auf Angehörige (oft Großeltern) oder Freund:innen übertragen. In Deutschland wurde ein Drittel der Kinder unter zehn Jahren regelmäßig (Datensätze stammen aus den Jahren 1997 bis 2020) von den Großeltern betreut (Bundesinstituts für Bevölkerungsforschung BiB, 2022). Bedingt ist dieses u. a. durch 430.000 fehlenden Kitaplätze (Bertelsmann Stiftung, 2023).

Für den Tourismus sollte überlegt werden, ob die Sachlage der gemeinsamen Reise, inklusive einer geteilten Unterkunft, an die Stelle des Haushalts tritt und es sich damit beim gemeinsamen Urlaub um eine *Familie auf Zeit* oder auch eine *gefühlte Familie* handelt. Eine mögliche Definition ist in der Box zu finden.

Wissen | Gefühlte Familie – Familie auf Zeit im Urlaub

Eine *gefühlte Familie* oder eine *Familie auf Zeit* umfasst alle Gemeinschaften, die mindestens eine Eltern-Kind-Gemeinschaft einschließen und diese um weitere Menschen, die sich a) im Sinne einer Eltern-Kind-Gemeinschaft verantwortlich fühlen oder für die b) im Sinne einer Eltern-Kind-Gemeinschaft Verantwortung übernommen wird, ergänzt. Der Begriff Eltern umfasst Ehepaare, Lebensgemeinschaften, alleinerziehende Mütter und Väter mit ledigen Kindern sowie Pflege- und Adoptiveltern. Die gefühlte Familie teilt sich eine Unterkunft oder mehrere miteinander verbundene Unterkünfte, verbringt einen Großteil der Zeit miteinander und berücksichtigt bei allen Aktivitäten spezifische familiale Bedürfnisse sowie Bedürfnisse der Eltern und Kinder.

Beispiele:
I: Ein Ehepaar mit eigenen Kindern nimmt ein weiteres Kind, bspw. Nichte oder Freundin der Tochter, mit in den Urlaub.
II: Einem nicht verheirateten Paar mit eigenen Kindern schließt sich eine alleinstehende Person, bspw. Tante oder gute Freundin der Familie an.
III: Zwei alleinerziehende Frauen verreisen gemeinsam mit ihren Kindern.
IV: Mehrere Familien verreisen gemeinsam.
VI: Großeltern, die nicht im Haushalt leben, verreisen gemeinsam mit der alleinerziehenden Tochter und den Enkelkindern.
V: Großeltern, die nicht im Haushalt leben, verreisen gemeinsam mit den Enkelkindern ohne die Eltern, bzw. die Eltern reisen erst später an.

Das dritte über Zeit und Kulturen stabile Merkmal von Familien sind die besonderen **Solidaritäts- und Kooperationsbeziehungen**. Trotz aller möglichen negativen Effekte von Familien auf Familienmitglieder, zeichnen sich familiale Beziehungen durch großes Vertrauen und (bedingungslose) Unterstützung aus, was Menschen Halt gibt (Bundesministerium für Familie, Senioren, Frauen und Jugend, 2024). Konsequenterweise ist Familie in Deutschland ein hoher Wert und mit weiteren Werten wie Fürsorglichkeit, Gemütlichkeit, Harmonie, Motivation, Liebe, Sicherheit, Treue und Zuneigung verbunden. Bei der Frage danach, wo Menschen in schweren Zeiten Unterstützung finden, wird die Familie mit 82 Prozent am häufigsten genannt (BMFSFJ, 2024, S. 16).

Bezogen auf die **Kooperationsbeziehungen** fällt auf, dass sich die Verhältnisse zwischen Elternteil und Kind im Laufe des Lebens bis zu 180 Grad drehen können, von der Abhängigkeit des Kindes bis hin zur Abhängigkeit der Eltern im hohen Alter. Das hohe Maß an dauerhafter und existentieller Abhängigkeit ist ansonsten nicht in der Gesellschaft zu finden. Die damit verbundene Verantwortung, die übernommen wird, bedeutet eine große Herausforderung, die von Gesellschaft und Politik abgestützt werden muss.

Die Herauslösung aus den familialen Strukturen gehört zwar zu den Lebensphasen dazu, bspw., wenn Kinder das Elternhaus verlassen oder sich die Eltern trennen und ein Elternteil die meiste Zeit alleine lebt, aber es ist immer eine große Herausforderung für die Personen, die alleine sind und sich unter Umständen einsam (→ Wissen | Einsamkeit) fühlen.

Wissen | Einsamkeit

Eine Studie (Das Progressive Zentrum e. V., 2022) untersucht den Grad von Einsamkeitserfahrung und zeigt deren Relevanz für die Zustimmung zu autoritären Einstellungen. Im Gegensatz zum Alleinsein ist Einsamkeit ein Gefühl des Mangels an Kontakten und Nähe zu anderen Menschen. Besonders hoch sind die Werte bei jüngeren Menschen (Alter: 16- bis 23-Jährige). Sie beschreiben sich als einsam und sehen dieses als Herausforderung für ihr Leben.
Familien haben vor dem Hintergrund der speziellen Solidaritäts- und Kooperationsbeziehungen das Potenzial, Einsamkeit zu verhindern oder zu reduzieren. Die Zahlen zeigen, dass nicht mehr zu Hause lebende Jugendliche eher einsam sind als andere.

> „55 % der Jugendlichen fehlt manchmal oder immer Gesellschaft, und 26 % haben nicht das Gefühl, anderen Menschen nah zu sein. Ebenfalls rund ein Viertel hat nicht das Gefühl, mit den Menschen um sich herum auf einer Wellenlänge zu sein." (Das Progressive Zentrum, 2023, S. 4)

Zusammenfassend erfüllen Familien zahlreiche Aufgaben, die sich vor allem aus ihrer vermittelnden Position zwischen Individuen und Gesellschaft erklären lassen.

Die FamilienAnalyse 2002 hebt darüber hinaus hervor, dass (junge) Familien besonders dynamische und aktive Elemente der Gesellschaft sind, die zahlreiche Kontakte pflegen und sich für gesellschaftliche Belange einsetzen. Hinzu kommt die Einschätzung, dass das Leben mit Kindern intensiver und wertvoller ist (Institut für Demoskopie Allensbach, 2002, o. S.).

Wirtschaftliche Bedeutung von Familien

Neben der gesellschaftlichen Relevanz von Familien zeigen Daten, dass Familien eine hohe wirtschaftliche Bedeutung zukommt, auch wenn viele Familien nicht gut gestellt sind (→ Kapitel 1.2).

Ein erster wichtiger Aspekt, der für alle Familien gilt, ist die Funktion als soziales **Sicherungssystem** (Renten- und Krankenversicherung). Nur wenn kontinuierlich Menschen heranwachsen (Geburtenrate 2,1) und die Elterngeneration durch die Kindergeneration „ersetzt" wird, kann eine Gesellschaft langfristig existieren und garantieren, dass Menschen, die nicht mehr erwerbstätig sind durch Rentenzahlungen und andere Sozialleistungen abgesichert werden. Die demographische Entwicklung in Deutschland mit einer Verschiebung der Alterspyramide in Richtung des höheren Alters aufgrund einer nicht ausreichenden Anzahl an Geburten kann zu umfassenden wirtschaftlichen Problemen führen (Sommer, 2004). Neben den ausbleibenden Einzahlungen in die Sicherungssysteme sinken Innovationskraft und Wettbewerbsfähigkeit (Institut für Demoskopie Allensbach, 2002).

Familien haben darüber hinaus aufgrund der überdurchschnittlich hohen **Konsumausgaben** eine enorme Bedeutung für die Binnenkonjunktur eines Landes. Die Konsumausgaben resultieren aus der hohen Finanzkraft, die viele Familien aufweisen. Neben den doppelten Einkünften spielen familiäre (Groß- und Schwiegereltern) und öffentliche Förderungen eine wichtige Rolle und können Lücken schließen, die in den Zeiten nach der Geburt und mit sehr jungen Kindern durch den Wegfall des zweiten Einkommens entstehen. Großeltern unterstützen insbesondere junge Familien bei finanziellen Engpässen, bei der Geldanlage und bei größeren Anschaffungen (Institut für Demoskopie Allensbach, 2002, o. S.). Darüber hinaus erfolgt häufig eine regelmäßige finanzielle Unterstützung in Form von monatlichen Zahlungen. Neben der direkten finanziellen Unterstützung leisten Großeltern einen wirtschaftlichen Beitrag, wenn sie die Betreuung der Kinder übernehmen und somit den Eltern das Arbeiten ermöglichen, bspw. bei der Erkrankung der Kinder (Bundesinstituts für Bevölkerungsforschung, 2020). Schänzel und Yeoman (2015) betonen als Konsequenz der steigenden Lebenserwartung, dass viele Großeltern für eine längere Zeit und sehr aktiv bei der Betreuung der Kinder helfen können (→ Kapitel 1.3 Trends).

Wissen | Konsumausgaben und -veränderungen nach der Geburt eines Kindes

In der FamilienAnalyse (Institut für Demoskopie Allensbach, 2002) wurden das Konsumverhalten rund um die Familiengründung untersucht. Folgende Investitionen werden getätigt:

- Baby- und Kinderausstattung
- Wohnungseinrichtung, Haushaltsgeräte
- Eventuell größere Wohnung oder Kauf einer Immobilie
- Neue Versicherungen und Erweiterung der Versicherungen
- Anderer PKW, Fahrrad mit Anhänger etc.

Darüber hinaus verändert sich das Urlaubsverhalten hinsichtlich der gewählten Transportmittel und Destination (80 Prozent).

Vor dem Hintergrund der beschriebenen wirtschaftlichen Bedeutung von Familien für den Erhalt der Sozialstrukturen und den Binnenkonsum werden Forderungen nach einer Familienpolitik verständlich, die neben finanziellen Instrumenten vor allem Maßnahmen umsetzt, die Eltern bei der Kinderbetreuung unterstützen, damit sie Familie und Erwerbstätigkeit miteinander verbinden können.

Rechte von Kindern

Familien sind, wie beschrieben, wichtige Elemente der Gesellschaft, die in ihrer Gesamtheit essenziell für die Gesellschaft als Ganzes und für Individuen sind. Sie gründen auf der Konstellation von mindesten Elternteil und einem Kind bzw. auf der Existenz des Kindes. Somit kommt den Kindern eine besondere Bedeutung zu. Ihre Bedürfnisse unterscheiden sich von den Bedürfnissen der Erwachsenen und leider kann nicht davon ausgegangen werden, dass diese Bedürfnisse konsequent berücksichtig werden (können).

Um den Besonderheiten der kindlichen Bedürfnisse Rechnung zu tragen und eine rechtliche Basis für den Schutz zu ermöglichen, wurde 1989 mit der *Convention on the rights of the Child* eine rechtliche Verankerung geschaffen. Die **UN-Kinderrechtskonvention**[4] formuliert die besonderen Rechte von Kindern ausgehend von ihren Fähigkeiten, Bedürfnissen und Interessen (UNICEF, 2023). Zu diesen gehören insbesondere das Recht auf Freizeit, das Recht auf Bildung und das Recht auf Schutz vor Gewalt. Zu den Aktivitäten der sozialen und kulturellen Teilhabe gehören monatliche Konzert-, Theater- und Kinobesuche, ein monatlicher Restaurantbesuch sowie eine einwöchige jährliche Urlaubsreise. Die Realität weicht jedoch, insbesondere für alleinerziehende Menschen, sehr von den Vorgaben ab (→ Kapitel 1.2).

Wissen | UN-Konvention über die Rechte des Kindes

Artikel 31 [Beteiligung an Freizeit, kulturellem und künstlerischem Leben, staatliche Förderung]
(1) Die Vertragsstaaten erkennen das Recht des Kindes auf Ruhe und Freizeit an, auf Spiel und altersgemäße aktive Erholung sowie auf freie Teilnahme am kulturellen und künstlerischen Leben.
(2) Die Vertragsstaaten achten und fördern das Recht des Kindes auf volle Beteiligung am kulturellen und künstlerischen Leben und fördern die Bereitstellung geeigneter und gleicher Möglichkeiten für die kulturelle und künstlerische Betätigung sowie für aktive Erholung und Freizeitbeschäftigung.

UN Konvention
https://www.kinderrechte.de

Kenntnisse über die grundlegenden Bedürfnisse von Kindern sind für die Gestaltung von Destinationen, der Beherbergung, des Transports und anderen touristischen Angeboten wesentlich. Allerdings fehlt eine systematische Berücksichtigung in der tourismuswissenschaftlichen Literatur (Seraphin et al., 2020).

In → Kapitel 2.3 wird anhand von Beispielen gezeigt, wie die besonderen Bedürfnisse von Kindern sinnvoll in touristische Angebote überführt wer-

---

4 Bei einer UN-Konvention handelt es sich um einen völkerrechtlich bindenden Vertrag zwischen den Mitgliedern der Vereinten Nationen. Dieser Vertrag muss in internationales und nationales Recht überführt werden. Die UN Kinderrechtskonvention trat 1992 in Deutschland in Kraft und wird durch drei Protokolle ergänzt, die Deutschland ratifiziert hat (Deutsches Kinderhilfswerk, 2024).

den können. Aufgrund der Vielfalt der Anforderungen basierend auf Alter, Fähigkeiten und individuellen Interessen besteht in diesem Bereich großes Potenzial für touristische Leistungsträger, sich zu positionieren.

Selbstständigkeit von Kindern: Bei der Untersuchung der Selbstständigkeit von Kindern steht Urlaub ohne Eltern ebenfalls auf der Liste, u. a. neben eigenständig zur Schule gehen, über die Schlafenszeit entscheiden und Aktivitäten im Internet. Das Durchschnittsalter für „Ohne Eltern in den Urlaub fahren" liegt bei 16,1 Jahren (BMFSFJ, 2021, S. 186).

Aufgabenteilung in der Familie

Nach der Betrachtung der außerordentlichen Bedeutung von Kindern für Familien ist die Aufgabenteilung innerhalb der Familie ein besonderes Merkmal von Familien als menschliche Zusammenschlüsse. Diese wird bestimmt durch die Fähigkeiten der Familienmitglieder, die sich im Lauf der Jahre – mit dem Heranwachsen der Kinder – deutlich verändern. Vorstellungen davon, was Eltern und Kinder müssen und dürfen, wer für welche Aufgaben zuständig ist oder wie Entscheidungsprozesse gestaltet werden, sind von kulturellen, gesellschaftlichen und individuellen Merkmalen geprägt. Es lassen sich jedoch dominante Modelle der Aufgabenteilung in Familien (oft bedingt durch das Alter des jüngsten Kindes) beschreiben.

Sowohl individuelle Lebensumstände als auch die Möglichkeiten, das Leben nach eigenen Wünschen zu gestalten, haben sich im Kontext eines steigenden Bildungs- und Qualifikationsniveaus, insbesondere bei Frauen verändert. Eine gesteigerte Erwerbstätigkeit bedeutet nicht nur eine finanzielle Unabhängigkeit, sondern auch die Möglichkeit, die Biografie nach eigenen Wünschen zu gestalten. Dazu gehören sich verändernde Vorstellungen hinsichtlich der Verantwortung für die Kinderbetreuung und der zeitlichen Verteilung der Aufgaben.

In einer Familie fallen zahlreiche Aufgaben an, die sich grob in die Bereiche Erwerbstätigkeit, Kinderbetreuung und Haushalt unterteilen lassen. Oft werden Kinderbetreuung und Haushalt aufgrund des häuslichen Bezugs als Einheit behandelt, während die Erwerbstätigkeit davon getrennt ist. Eine Studie zeigt, dass Eltern zunehmend den Wunsch haben, die Aufgaben anders zu verteilen und sowohl eine Erwerbstätigkeit als auch die Kinderbetreuung und den Haushalt zu übernehmen resp. sich daran zu beteiligen (Institut für Demoskopie Allensbach, 2022). Allerdings muss immer vorsichtig umgegangen werden mit Aussagen zu gewünschten Zuständen und dem tatsächlich gezeigten Verhalten (Ajzen & Fishbein, 1972).

So zeigt die genannte Studie eine erhebliche Verschiebung der **Erwerbskonstellation** nach der Geburt eines Kindes, wobei zumeist die Frau von der Vollzeit- in die Teilzeitbeschäftigung wechselt, nachdem zuvor beide Elternteile vollbeschäftigt waren. Diese Konstellation – Mann vollzeitbeschäftigt und Frau teilzeitbeschäftigt – bleibt bestehen, bis das jüngste Kind zwischen 10 und 15 Jahren alt ist.

Die ungleiche Verteilung der Erwerbstätigkeit bewirkt eine Ungleichheit bei der Betreuung der Kinder. Bezüglich der Betreuungsaufteilung von Kindern übernehmen 67 Prozent der Mütter mindestens etwas mehr als die Hälfte der Arbeiten bis hin zu den meisten (46 Prozent) oder allen (4 Prozent) Aufgaben (Institut für Demoskopie Allensbacher, 2022, S. 13). Ähnlich ist die eigentliche Hausarbeit gestaltet. Interessant ist dabei jedoch, dass bereits vor der Geburt des ersten Kindes die Hausarbeit mit den entsprechenden Verantwortlichkeiten ungleich verteilt ist und nicht erst durch die Geburt verändert wird. Insgesamt ist die Partnerschaftlichkeit zwischen 2014 und 2022 gestiegen, was den Wünschen der Eltern nach einer gleichen Verteilung aller Aufgaben entspricht (ebenda, S. 17).

Neben dem Wunsch nach einer gleichmäßigeren Verteilung aller Aufgaben wird von Vätern, welche die Arbeitszeit reduzieren möchten, als Grund dafür der Wunsch nach mehr Zeit für die Familie und die Unterstützung der Partnerin geäußert (ebenda, S. 24). Dieser Aspekt ist relevant für die Ausgestaltung des Familienurlaubs, der Raum für gemeinsame Aktivitäten bieten kann.

In Ergänzung zu den anfallenden Tätigkeiten rückt seit einigen Jahren die gedankliche und emotionale Beschäftigung mit Aufgaben und Verantwortlichkeiten in den Mittelpunkt der Betrachtungen und wird unter dem Begriff des Mental Work Load (⟶ Wissen | Mental Load und Care-Arbeit) untersucht.

Wissen | Mental Load und Care-Arbeit

Der Begriff Mental Load beschreibt den Aspekt, dass Menschen neben den eigentlichen Tätigkeiten auch damit beschäftigt sind, Dinge zu planen, zu organisieren und sich Gedanken zu machen. Beispiele in einer Familie sind die Organisation von Geburtstagen, die Planung von

Arztterminen, Sport-, Musik- und Nachhilfestunden. Die kontinuierliche Sorge kann eine hohe Belastung bedeuten.
Die genderbasierte ungleiche Verteilung der Care-Arbeit führt zu einer hohen mentalen Belastung von Frauen, die immer noch in einem stärkeren Maße als Männer zu einem sich kümmernden und pflegenden Verhalten erzogen werden.

Allgemeine Informationen zur Care-Arbeit bietet die Bundeszentrale für politische Bildung in einem Themenspecial:
https://www.bpb.de/themen/familie/care-arbeit/

Die Bundesstiftung Gleichstellung untersucht sowohl den Gender Care Gap als auch die zugrundeliegenden Genderstereotpye:
https://www.bundesstiftung-gleichstellung.de/

Aufgabenteilung im Alltag und im Urlaub

Die Annahme liegt nahe, dass die Art und Weise der Aufgabenteilung in der Familie sich auf den Familienurlaub auswirkt. So führen einerseits die Belastungen im Alltag dazu, dass im Urlaub im unterschiedlichen Maße nach Erholung, Abwechslung oder Abenteuer gesucht wird. Zweitens ist ein Urlaub mit Aufgaben verbunden, die von der Planung und Buchung, den Reisevorbereitungen, Aktivitäten im Urlaub bis zur Nachbereitung reichen. Die Dichte an Forschungen zu diesem Themenbereich ist gering, was unter anderem an der Komplexität des Themas liegt. Gruppendynamiken innerhalb von Familien um Urlaub müssten intensiver untersucht werden (Schänzel & Smith, 2014). Ein gutes Beispiel basierend auf Erfahrungen aus der Praxis sind Ferienwohnungen oder -häuser, die gerne von Familien genutzt werden, weil unabhängig gekocht und gewaschen werden kann. Allerdings besteht dabei die „Gefahr", dass die im Alltag verantwortlichen Personen auch im Urlaub zuständig sind und sich nicht von der Verpflichtung lösen können oder wollen. Der Bruch oder die Variation des Alltags ist eine Option, die jedoch aktiv von den Familien angegangen werden muss.

Die → Tabelle 2 listet Fragestellungen auf, die in Relation zur Verteilung von Verantwortung und Aufgabe stehen und macht die potenzielle Verknüpfung von Alltag und Urlaub deutlich. Die Verflechtungszusammenhänge zwischen menschlichen Praktiken in unterschiedlichen Situationen (Alltagswelten, Freizeit, Urlaub) müssen besser erforscht werden, um attraktive Angebote für alle Familienmitglieder zu entwickeln.

	Fragestellungen
Erwartungen an den Urlaub	Wie beeinflusst die Verteilung von Verantwortung und Aufgaben die Erwartungen an den Familienurlaub?
Planung und Buchung	Wer ist an der Planung und Buchung beteiligt? Wer führt die Planung und Buchung durch? Welche Konsequenzen sind damit verbunden, z. B. Gefühl der Verantwortlichkeit für einen gelungenen Urlaub?
Reisevorbereitung	Wer ist für die Reisevorbereitung zuständig? Wie sind die Aufgaben verteilt?
Tätigkeiten im Urlaub	Wer übernimmt die folgenden Tätigkeiten? Betreuung der Kinder: Freizeit und Spaß, ins Bett bringen, Betreuung im Krankheitsfall Haushalt: Aufräumen des Hotelzimmers oder der Wohnung, Wäsche waschen, Essenszubereitung
Nachbereitung	Wer kümmert sich um die Wäsche? Wer verteilt die Souvenirs an Familie und Bekanntschaft und wer erstellt das Erinnerungsalbum? Wenn es neue Kontakte im Urlaub gab: Wer hält den Kontakt?

Tab. 2: Verantwortung und Aufgaben im Urlaub (eigene Darstellung)

Die eingangs beschriebenen Veränderungen von Familienstrukturen und Modellen des Zusammenlebens führen zu einem Wandel von Familienbildern und den Vorstellungen davon, was Familie ist und was von dieser als Ganzes sowie von den einzelnen Mitgliedern zu erwarten ist.

In den folgenden Abschnitten wird eingehender auf Herausforderungen eingegangen, um besser verstehen zu können, warum Familienurlaub wichtig für Familien ist.

1.2 Familien unter Druck

In den bisherigen Abschnitten erschienen Familien zumeist in einem positiven Licht. Verbundenheit und Nähe sowie wechselseitige Abhängigkeiten und Verantwortung standen im Mittelpunkt. Die familieninterne Dynamik wirkte auf den ersten Blick wie ein harmonisches Zusammenspiel von sich liebenden Menschen. Doch immer, wenn mehrere Menschen aufeinandertreffen und Zeit miteinander verbringen (müssen), kommt es zu Konflikten. Nicht ohne Grund existieren vielfältige Angebote, um Eltern, Kinder und Familien beim Familienleben zu unterstützen und, wenn erforderlich, vor negativen Folgen zu schützen.

Nachfolgend werden besondere Herausforderungen, wie soziale Ungleichheit, eingeschränkte finanzielle und zeitliche Ressourcen sowie der Themenbereich Gewalt in der Familie diskutiert.

Wie bei der obigen Analyse der familieninternen Aufgabenverteilung müssen diese Aspekte aufgrund ihres Einflusses auf Familienreisen, beginnend mit der Reiseentscheidung über den Aufenthalt bis zur Rückkehr, berücksichtigt werden: Eine alleinerziehende Mutter mit finanziellen Sorgen wird einen anderen Urlaub realisieren können (wenn überhaupt) als ein Paar mit doppeltem Einkommen, zwei stark in die Erwerbstätigkeit eingebundene Eltern mit schulpflichtigen Kindern sind zeitlich weniger flexibel als ein junges Paar in Elternzeit mit einem Säugling, und wenn ein Elternteil regelmäßig die Kinder schlägt, wird die Person das im Urlaub vermutlich nicht unterlassen. Diese Beispiele illustrieren erneut die Verflechtung von *Alltag* und *Urlaub*.

Soziale Ungleichheit

Gesellschaften sind geprägt durch soziale Ungleichheit, und ein Blick in die Entwicklungen der letzten Jahre zeigt eine zunehmende Ungleichheit zwischen Ländern weltweit sowie innerhalb der Länder (DIW Berlin, o. J.). Soziale Ungleichheit ist definiert als die ungleiche Verteilung von Ressourcen oder *wertvollen Gütern* (Hradil, 2016), die aus der Stellung eines Menschen innerhalb der Gesellschaft resultieren (Mau & Verwiebe, 2020). Die als wertvoll erachteten Güter umfassen sowohl materielle Güter, Einkommen und Vermögen als auch immaterielle Aspekte, wie den Zugang zu Bildung oder die Chance, einen Arbeitsplatz zu finden sowie Erholung und Freizeit sinnvoll gestalten und erleben zu können. Darüber hinaus belegen Untersuchungen, dass eine schlechtere gesellschaftliche Position ebenfalls mit dem Gesundheitszustand, der Lebenserwartung (Siegrist, 2021) der Versorgung im Alter sowie den Möglichkeiten, sportlich oder kulturell aktiv zu sein, korrespondiert. Vor diesem Hintergrund überrascht es nicht, dass auch das Reiseverhalten durch soziale Ungleichheit beeinflusst wird.

Soziale Ungleichheit
„[...] die Möglichkeiten des Zugangs zu allgemein verfügbaren und erstrebenswerten sozialen Gütern und/oder zu sozialen Positionen, die mit ungleichen Macht- und/oder Interaktionsmöglichkeiten ausgestattet sind, dauerhafte Einschränkungen erfahren und dadurch die Lebenschancen der betroffenen Individuen, Gruppen oder Gesellschaften beeinträchtigt bzw. begünstigt werden.“ (Kreckel, 2004, S. 17)

Das Zitat zeigt sehr deutlich die umfassenden Auswirkungen von sozialer Ungleichheit, welche sich vor allem auf die ungleiche Verteilung von Chancen bezieht. In den folgenden Abschnitten werden einzelne Aspekte genauer untersucht und in Bezug zum Familienurlaub gesetzt.

Zur beschriebenen sozialen Ungleichheit kommen als besondere Herausforderung für Familien die fehlende zeitliche Flexibilität und eingeschränkte finanzielle Mittel hinzu.

Armutsgefährdung

Die Armutsgefährdung (monetäre Armut) schwankt in den letzten vier Jahren in Deutschland zwischen 16,1 und 14,4 Prozent (Statistisches Bundesamt, 2024b). Der Wert für die von Armut oder sozialer Ausgrenzung bedrohten Menschen lag 2023 bei 21,3 Prozent. Der AROPE-Indikator (*at risk of poverty or exclusiosn*) berücksichtigt neben der monetären Armut ebenfalls fehlende oder eingeschränkte soziale Möglichkeiten und sehr geringe Erwerbsbeteiligung.

Deutliche Unterschiede zeigen sich in Abhängigkeit von Alter, Geschlecht und Lebensform. So ist bspw. jedes siebte Kind in Deutschland armutsgefährdet und die Alterseinkünfte von Frauen sind 27,1 Prozent niedriger als die von Männern.

Wissen | Armutsgefährdung

Der Begriff Armutsgefährdung (Armutsrisiko) beschreibt, dass das Haushaltsnettoeinkommen unterhalb des Schwellenwertes für die entsprechende Gruppe liegt. Es handelt sich somit um Werte, die in Relation zum Haushaltsnettoeinkommen anderer Haushalte stehen. Das Haushaltsnettoeinkommen setzt sich zusammen aus dem Einkommen sowie staatlichen Transferleistungen (z. B. Kindergeld). Der Schwellenwert für zwei Erwachsene mit zwei Kindern unter 14 Jahren lag 2019 bei 2.256 Euro (Bundeszentrale für politisches Bildung, 2020, o. S.).

Definition:
„Die Armutsgefährdungsquote ist ein Indikator zur Messung relativer Einkommensarmut und wird – entsprechend dem EU-Standard – definiert als der Anteil der Personen, deren Äquivalenzeinkommen weniger als 60 % des Medians der Äquivalenzeinkommen der Bevölkerung (bis Berichtsjahr 2019 in Privathaushalten am Ort der Hauptwohnung, ab Berichtsjahr 2020 in Hauptwohnsitzhaushalten) beträgt."

vgl. weiter zu den unterschiedlichen Datengrundlagen Statistisches Bundesamt, 2024a

Das Statistische Bundesamt differenziert bezogen auf die Lebensform u. a. danach, ob ein oder zwei Erwachsene im Haushalt leben, nach Anzahl der Kinder sowie Ost- und Westdeutschland (Statistisches Bundesamt, 2024b). Insgesamt steigt mit der Anzahl der Kinder die Gefahr der Armut. Dieses resultiert daraus, dass sowohl die Ausgaben steigen als auch die Möglichkeiten Einkommen zu generieren sinken.

Die folgenden Zahlen des Mikrozensus (Statistisches Bundesamt, 2021) ermöglichen ein grobes[5] Verständnis der Lage von Familien. So sind bei Familien, bestehend aus zwei Erwachsenen und einem Kind unter 18 Jahren, circa neun Prozent armutsgefährdet. Bei zwei Kindern sind es circa 11 Prozent. Bei drei und mehr Kindern kommt es zu einem deutlichen Anstieg auf rund 30 Prozent. Besonders bedrohlich wirken die Werte des Haushaltstyps eine erwachsene Person mit Kindern. Der Anteil liegt dort bei mehr als 30 Prozent.

Der Anstieg der **Ein-Eltern-Familien** führt zu einer höheren Aufmerksamkeit für diese Familienform, die vor besonderen Herausforderungen steht. So sind die Belastungen hinsichtlich der Armutsgefährdung, der

5 Bei der Berechnung der Schwellenwerte wird das mittlere Einkommen berücksichtigt. Als Referenz kann entweder der Bundesdurchschnitt (Median) oder der regionale Median (Ost- und Westdeutschland) dienen. Da verschiedene Datensätze zur Berechnung verwendet werden, weisen bspw. Mikrozensus und Europäische Statistik für Einkommen und Lebensbedingungen voneinander abweichende Werte aus (vgl. dazu die Erläuterungen in BMFSFJ, 2021, S. 444).

Vereinbarkeit von Familie und Erwerbstätigkeit sowie die überwiegende Alleinverantwortung sehr hoch (Zartler & Berghammer, 2023).

Wissen | Materielle Deprivation

Armut kann nicht nur über das Einkommen, sondern ebenfalls über den verfügbaren Lebensstandard und Einschränkungen bewertet werden. Es wird betrachtet, ob und in welchem Maße sich Menschen Güter und Dienstleistungen nicht leisten können, die üblicherweise genutzt werden. Beispiele dafür sind, unerwartete Ausgaben bestreiten zu können, jedes Jahr eine einwöchige Urlaubsreise zu unternehmen, ein Auto oder auch jeden zweiten Tag eine vollwertige warme Mahlzeit einzunehmen. Besonders stark betroffen sind alleinerziehende Menschen (Bundesministerium für Familie, Senioren, Frauen und Jugend, 2021, S. 451).
Für die Entwicklung von Kindern ist es sehr wichtig, dass sie in der Lage sind, kulturelle und soziale Aktivitäten (Besuche von Konzerten, Kino, Urlaub mit anderen machen) ohne die Eltern erleben zu können. Kinder aus Haushalten mit schwieriger finanzieller Lage werden dadurch deutlich benachteiligt (Statistisches Bundesamt, 2021, S. 86).

> „7,4 Prozent der Familien in Deutschland lebten 2022 mit erheblichen materiellen und sozialen Entbehrungen." (Bundesministerium für Familie, Senioren, Frauen und Jugend, 2024, S. 147)

Das Deutsche Schulbarometer weist erhöhte Sorgen von Kindern um die finanzielle Situation nach. Darüber hinaus steigt die Anzahl der Kinder, die ohne ausreichendes Schulmaterial und Essen in die Schule kommen (Robert Bosch Stiftung, 2023, o. S.).

Die beschriebene Armutsgefährdung ist eine extreme Ausprägung von finanziellen Problemen, die Familien haben. Die Liste der sozialen Entbehrungen führt als ein Kriterium einen einwöchigen Urlaub an einem anderen Ort auf. Das zeigt erstens die Wichtigkeit des Urlaubs und zweitens die enge Verknüpfung von Finanzen und Urlaub. Der Einfluss der finanziellen Situation auf das Reiseverhalten zeigt sich ebenfalls deutlich in den Aussagen zur Reiseplanung. Während Haushalte mit einem Nettoeinkommen von weniger als 2.000 Euro nur zu einem Anteil von 43 Prozent eine Reise planen, sind es bei den Haushalten mit 3.000 Euro und mehr schon 72 Prozent (Eltern, 2002).

Für Familien in herausfordernden Situationen gibt es geförderte Möglichkeiten für den Familienurlaub wie bspw. in den Familienferienstätten (→ Interview).

Interview | Familienferienstätten

Interview von Kirsten Harms (KH) mit *Martina Bunk-Georgieva* (MBG), Referatsleitung Familienerholung, *AWO SANO gGmbH*

▸ KH: Bitte beschreiben Sie ihr Angebot für Familienurlaub kurz: welche Familien kommen zu Ihnen und was können sie erwarten? Wie sind die Familienferienstätten untereinander vernetzt, welche Gemeinsamkeiten gibt es?

▹ *MBG: In unseren gemeinnützigen Familienferienstätten ermöglichen wir Urlaub für alle Familien. Besonderes Augenmerk legen wir dabei auf Familien mit kleinem Geldbeutel sowie Familien in besonders herausfordernden Lebenssituationen, wie etwa allein und getrennt Erziehende, Pflegende, Familien mit behinderten Kindern oder Familien mit von AD(H)S betroffenen Kindern.*

Allen Familienferienstätten ist gemeinsam, dass es für Familien mit besonderen Bedarfen begünstigte Preise gibt. Hierzu müssen die Familien eines von vier Kriterien erfüllen: Ihr Einkommen muss unter einer gesetzlich festgelegten Einkommensgrenze liegen, ein Familienmitglied muss eine Behinderung von mindestens 50 % aufweisen, ein Familienmitglied muss über 75 Jahre alt sein oder es muss eine ärztlich bescheinigte dringende Erholungsbedürftigkeit vorliegen.

Darüber hinaus fördern einige Bundesländer bis zu vierzehn Tage Urlaub bei gemeinnützigen Trägern.

In Deutschland gibt es aktuell 80 anerkannte Familienferienstätten, die Mitglieder der Bundesarbeitsgemeinschaft Familienerholung e. V. sind und sich über diese regelmäßig austauschen und gemeinsam fortbilden. Darüber hinaus bestehen landesweite Arbeitskreise sowie trägerspezifische Arbeitskreise. Die AWO Sano betreibt fünf gemeinnützige Familienferienstätten und darüber hinaus vier gemeinnützige Gruppen- und Gästehäuser, die inhaltlich und organisatorisch sehr stark miteinander vernetzt sind.

Gemeinnützige Familienferienstätten unterscheiden sich zu gewerblichen Angeboten darüber hinaus durch ein pädagogisch gestütztes Freizeitprogramm. Wir legen viel Wert auf die Stärkung der familiären Bindung. Darüber hinaus gibt es naturpädagogische Angebote sowie Bewegungs- und Kreativangebote und vieles mehr.

▸ KH: Ein erklärtes Ziel von Ihnen ist es, die Eltern-Kind-Bindung im Urlaub zu stärken, wie gelingt Ihnen das?

▹ *MBG: Wir schaffen den Rahmen dafür, dass sich Familien eine sorgenfreie Auszeit nehmen können. Unsere Häuser sind so gestaltet, dass sich die Kinder frei bewegen und sich leicht orientieren können. So werden schnell Freundschaften zu anderen Familien geschlossen. Familienfreundlichkeit ist einer unserer wichtigsten Leitsätze.*

Es gibt geregelte Mahlzeiten sowie ein Rahmenfreizeitprogramm. Das verleiht dem Urlaubsalltag Struktur und Verlässlichkeit, Dinge, die nicht immer im Alltag gelingen. Einmal nicht kochen oder den Haushalt machen zu müssen, entlastet viele Eltern. Während die Kinder ihre Fähigkeiten im Freizeitangebot weiterentwickeln, können sich Eltern entspannen und endlich wieder einmal Dinge tun, die im Alltag viel zu kurz kommen.

Die Nähe zur Natur und die unterschiedlichsten Bewegungsangebote sorgen für körperliches und seelisches Wohlbefinden.

Im Laufe des Urlaubes gibt es auch immer wieder Angebote für die ganze Familie. Endlich wieder einmal Zeit füreinander zu haben, fernab von der Hektik des Alltages, einander zuzuhören und gemeinsame Erlebnisse zu schaffen, stärkt das familiäre Miteinander, tut allen Beteiligten gut und trägt noch lange nach dem Urlaub in den Alltag hinein.

Bei Fragen rund um die kindliche Entwicklung oder familiäre Herausforderungen stehen unsere Sozialpädagogen für Gespräche zur Verfügung oder können den Eltern Tipps für Unterstützungsangebote am Heimatort vermitteln.

▸ KH: Wie haben sich die Bedürfnisse der Familien, die zu Ihnen kommen in den letzten Jahren verändert? Mit welchen Erwartungen und Wünschen kommen sie zu Ihnen? Und wie gelingt es Ihnen, diese zu erfüllen?

▹ *MBG: Familien werden immer dankbarer, wenn es ein „Rundumsorglospaket“ gibt. Es sollen vor Ort möglichst wenig unvorhergesehene Extrakosten entstehen. Familien müssen mehr auf ihr Budget schauen als*

noch vor wenigen Jahren und sind daher besonders preissensibel, fahren seltener in den Urlaub und müssen ihren Urlaub oft auch verkürzen. Viele Stammgäste, die früher zwei Wochen im Sommer zu uns gekommen sind, kommen nur noch eine Woche.
Seit der Coronazeit suchen Familien verstärkt nach Sicherheit und einer klaren Orientierung. Vieles ist in Frage gestellt worden, es herrscht eine latente Unsicherheit und der stetige Wandel, der zur neuen Normalität geworden ist, beunruhigt viele Familien.
Wir merken, dass es viele Familien gibt, die durch diese Zeit noch enger aneinandergerückt sind und die gemeinsame Zeit sehr stark genießen. Viele Eltern sind sich klarer geworden, was ihnen wichtig ist und nutzen die Auszeit vom Alltag ganz bewusst für ihre Familien.
Da Urlaub leider wieder verstärkt zum Luxusgut wird, steigen auch die Ansprüche an die Auszeit. Möglichst ein hoher Standard bei der Unterkunft sowie der Verpflegung und ein abwechslungsreiches Kinder- und Familienprogramm werden gewünscht. Wir bemühen uns, hier möglichst nah an den Bedarfen der Gäste zu sein, gehen viel mit den Familien ins Gespräch und sind, wenn es möglich ist, auch flexibel in der Gestaltung des Freizeitangebotes. Gäste brauchen mehr Flexibilität sowohl bei der Urlaubsplanung als auch -gestaltung vor Ort. Mehr Familien als noch vor einigen Jahren achten auf Nachhaltigkeitsaspekte. Und natürlich spielt auch die Digitalisierung eine zunehmende Rolle. Wir begegnen diesen Trends proaktiv und stellen uns, soweit es uns möglich ist, auf Gästebedarfe ein. Wichtig ist zunehmend aber auch, unsere Mitarbeiter in der Kommunikation mit den Gästen zu schulen, um klar zu kommunizieren, was möglich ist, und eine gemeinsame Lösung zu finden, wenn Gästebedarfe nicht mit unserem Angebot übereinstimmen.
Unser wichtigstes Ziel bleibt es, allen Familien eine Auszeit zu ermöglichen. Dies ist herausfordernder geworden. Die veränderten Umstände bringen aber auch die Chance mit sich, neue Dinge auszuprobieren und neue Kooperationen einzugehen, um die Qualität des Urlaubs weiter zu verbessern und Familien für den Alltag zu stärken.

Wissen | Kriterien für materielle und soziale Entbehrungen

„Erfüllt ein Haushalt mindestens fünf der folgenden Kriterien, liegt eine materielle und soziale Entbehrung vor. Erfüllt der Haushalt sieben Kriterien, liegt eine erhebliche materielle Entbehrung vor.
Der Haushalt kann sich finanziell nicht leisten:

1. Hypotheken, Miete, Rechnungen von Versorgungsbetrieben oder Konsum-/Verbraucherkrediten rechtzeitig zu bezahlen,
2. die Unterkunft angemessen warm zu halten,
3. jedes Jahr einen einwöchigen Urlaub an einem anderen Ort zu verbringen,
4. jeden zweiten Tag eine Mahlzeit mit Fleisch, Fisch oder gleichwertiger Proteinzufuhr zu essen,
5. unerwartet anfallende Ausgaben aus eigenen Mitteln zu bestreiten,
6. ein Auto zu besitzen (kein Firmen-/Dienstwagen),
7. abgewohnte Möbel zu ersetzen.“

Quelle: BMFSFJ, 2024, S. 92

Zeitliche Flexibilität

Nicht allein die Verfügbarkeit ausreichender finanzieller Mittel, sondern auch freie Zeit und Flexibilität in der zeitlichen Gestaltung sind für Menschen wichtig, damit sie sich wohl fühlen und erholen können. Für Familien besteht die Herausforderung darin, sowohl für die Einzelpersonen als auch für die Familie als Einheit neben den Zeiten für die Erwerbstätigkeit, Haushalt, Schule etc. noch ausreichend freie Zeit zu haben. Problematisch wird es insbesondere dann, wenn die Tagesabläufe unterschiedlich sind, bspw. die Eltern auch nachts und am Wochenende arbeiten.

Einschränkende Faktoren sind insbesondere die Anzahl der möglichen Urlaubstage, die Freiheit in der Urlaubsplanung (z. B. Urlaubssperren in einigen Branchen) und die Bindungen an die Schulferien oder auch Schließzeiten von Betreuungsangeboten. Sowohl die Ferienzeiten als auch die Schließzeiten führen erstens zu einer Einschränkung der Möglichkeit zu reisen und zweitens bedeuten diese Zeiten eine Betreuungslücke. Viele Eltern müssen Urlaub nehmen, wenn die Betreuungseinrichtungen geschlossen sind, nur um die Kinder zu betreuen. Dadurch ist die Anzahl der Urlaubstage, die für den eigentlichen Urlaub genutzt werden können, deutlich beschränkt. Als Lösung werden u. a. kürzere Ferien- und Schließzeiten oder alternative Betreuungsmöglichkeiten (z. B. Sommerschulen) diskutiert (BMFSFJ, 2021, S. 401). Grundlage aller Forderungen ist eine höhere Flexibilität in der Arbeitszeitgestaltung, um den Anforderungen der Kinderbetreuung nachkommen zu können (⟶ Kapitel 3).

Die zeitliche Flexibilität steht in einem engen Zusammenhang mit den finanziellen Möglichkeiten, da eine Bindung an **Ferienzeiten** resp. den möglichen An- und Abreisedaten in vielen Fällen zu höheren Preisen führt[6]. Das liegt daran, dass es sich bei den Monaten Juli und August (sowie rund um Ostern und Silvester) um die Hauptsaison mit einer sehr hohen Nachfrage handelt. Die Preisunterschiede bei Flügen, in der Beherbergung, bei Reiseveranstaltern oder auch bei Freizeitangeboten unterscheiden sich deutlich zwischen Ferienzeit und ferienfreier Zeit.

Wie oben beschrieben, sind Ferien- und Schließzeiten für viele Eltern in Deutschland mit einer Betreuungslücke verbunden. Das gilt insbesondere für Eltern mit Kindern, die noch nicht alleine bleiben können. Aber auch Eltern mit älteren Kindern müssen Lösungen für Zeiten finden, in denen die Kinder nicht zur Schule gehen, sie selbst aber arbeiten. Das führt stellenweise dazu, dass kürzere Ferienzeiten gefordert werden. Allerdings hat Deutschland neben Dänemark und den Niederlanden bereits die kürzesten Sommerferien (⟶ Abb. 2).

6 Aussagen zur Preisgestaltung sind komplex, da u. a. Frühbucher-Rabatte wirksam sind oder Konditionen zu Stornierung und Zahlung den Preis stark beeinflussen. Die Plattform Holidu hat Preisen zwischen Haupt- und Nebensaison verglichen und Unterschiede von bis zu 50 Prozent festgestellt (Holidu, 2019, o. S.).

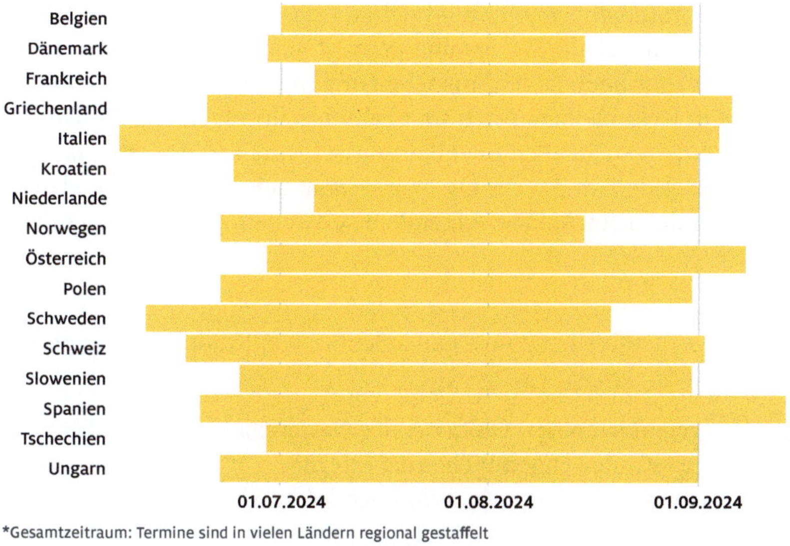

Abb. 2: Dauer der Sommerferien in Europa 2024(zum Vergleich: Deutschland 6,5 Wochen)

Häusliche Gewalt und Missbrauch

Die vorherigen Abschnitte haben bereits deutlich gemacht, dass die überwiegend positive Darstellung von Familien, insbesondere im Kontext der Familienurlaubsreisen, nur einen Blickwinkel abbildet.

Neben dem Druck, der auf Familien lastet und in Abhängigkeit von der gesellschaftlichen Stellung, finanziellen und zeitlichen Ressourcen sowie anderer Kompetenzen unterschiedlich stark auf Familien wirkt, sind familiale Spannungen und Konflikte zu berücksichtigen. Diese können in Relation zum äußeren Druck stehen, dürfen aber nicht als abhängig voneinander betrachtet werden. Gewalt in der Familie ist Zeichen einer belastenden Lebenssituation, die sich aus sozial-ökonomischen Umweltfaktoren und persönlichen sowie psychischen Faktoren seitens der Eltern ergibt (Jungbauer, 2023). Psychologische Forschungen versuchen zu beschreiben, wie Gewalt in der Familie entsteht, wie Kinder davon betroffen sind und welche Folgen die direkt erlebte oder miterlebte Gewalt hat.

Eine schwierige finanzielle Situation kann ein Faktor bei der Entstehung von Gewalt in der Familie sein, verursacht diese aber nicht zwangsläufig. So führen viele Familien trotz einer prekären finanziellen Situation ein harmonisches Familienleben, während einige finanziell gut gestellte Familien durch Gewalt innerhalb der Familie geprägt sind. Hinzu kommt, dass die Dunkelziffer sehr hoch ist und manche Formen von Gewalt lange Zeit oder immer unentdeckt bleiben. Auch sind Faktoren (bspw. Drogenkonsum), die Gewalt begünstigen, in allen Bevölkerungsschichten zu finden. Zusammenfassend kann jede Familie ein Ort von Gewalt sein mit Kindern als Opfer, Zeug:innen oder Täter:in. Die folgende Box listet einige nützliche Adressen auf.

Wissen | Anlaufstellen zum Thema Schutz von Kindern und Jugendlichen

Nummer gegen Kummer: Umfassendes Gesprächsangebot und Onlineberatung für Kinder, Jugendliche und Eltern:
https://www.nummergegenkummer.de/

Für den Tourismus wichtig: ECPAT Deutschland e. V. Schutz von Kindern und Jugendlichen vor sexueller Ausbeutung, Gewalt und Menschenhandel:
https://ecpat.de/

Eine Übersicht bietet das Familienportal:
https://familienportal.de/familienportal/lebenslagen/krise-und-konflikt/krisetelefone-anlaufstellen

Always-on und denaturiert

Abschließend werden zwei aktuelle Entwicklungen angesprochen, die viele Familien unter Druck setzen. Beim ersten Thema handelt es sich um die Präsenz und Nutzung **digitaler Medien**. Diese werden oft unter den Begriffen *Social Media,* Neue Medien und *Gaming* adressiert. Die Kombination mobiler Endgeräte, insbesondere Smartphone, Tablet und Konsolen, mit Technologien der drahtlosen Datenübertragung führt zur Option – und oft zum Druck – immer erreichbar zu sein, mit anderen zu spielen, Bilder und Videos zu teilen oder auf Nachrichten zu reagieren. Zahlen zur Nutzung belegen einen Anstieg in allen Altersgruppen und eine tiefe Durchdringung der Gesellschaft (Medienpädagogischen Forschungsverbund Südwest MPFS, 2020). Gefordert werden sinnvolle medienpädagogische Angebote sowie konstruktive Ansätze zur Mediennutzung innerhalb der Familie (BMFSFJ, 2024, S. 140).

Eltern äußern Unsicherheiten und Ängste bezüglich eines überzogenen Medienkonsums, der Gefahr des Mobbings, Konfrontation mit Hassbotschaften und *Fake News* sowie sexualisierter digitaler Gewalt und Pornografie (BMFSJ, 2024, S. 137).

89 Prozent der Jugendlichen (12–19 Jahre) sind täglich und fast ausschließlich auf eigenen Endgeräten online (MPFS, 2020, S. 67). Bei den Kindern zwischen 6 und 12 Jahren nutzen 70 Prozent der Kinder regelmäßig das Internet, häufig auf den Endgeräten der Eltern (MPFS, 2022, o. S.). In → Kapitel 3.5 wird gezeigt, welche Anforderungen sich daraus für Familienunterkunft und Freizeitgestaltung ergeben.

Wissen | Studien zur Mediennutzung von Kindern und Jugendlichen

Es liegen zahlreiche Studien zur digitalen Mediennutzung von Kindern, Jugendlichen und Familien vor, die detaillierte Daten zum medialen Verhalten, zu Einsatzmöglichkeiten und potenziellen Gefahren zur Verfügung stellen. Nachfolgend werde Studien u. a. des Medienpädagogischer Forschungsverbundes Südwest und des Bündnisses gegen Cybermobbing vorgestellt.

- **KIM-Studie:** Mediennutzung der 6–13-Jährigen. Befragung von Kindern und Haupterzieher:innen. Erscheint seit 1999 alle zwei Jahre.
- **JIM-Studien:** Medienumgang der 12–19-Jährigen. Erscheint jährlich seit 1998 und ist als Langzeitstudie angelegt.
- **miniKIM-Studie:** Medienalltag der 2–5-Jährigen. Befragung der Haupterzieher:innen. Die Studie erschien 2012, 2014, 2020 und 2023.
- **FIM-Studie:** Mediennutzung in der Familie. Befragung von Mitgliedern aus Familien mit Kindern zwischen 3 und 19 Jahren. Erschien 2011 und 2016
- **Cyberlife IV:** Im Fokus steht das Cybermobbing bei Schülerinnen und Schülern. Aktuell liegt die Studie 2022 als Folgestudie von 2013, 2017 und 2020 vor.
- **DAK-Studie:** Untersuchung des problematischen Umgangs (Mediensucht) mit digitalen Medien bei Kindern und Jugendlichen

Eine umfassende Übersicht bietet die Initiative „SCHAU HIN! Was Dein Kind mit Medien macht."

Schau hin!
https://www.schau-hin.info/ueber-uns/initiative

Internationales Zentralinstitut für das Jugend- und Bildungsfernsehen (IZI)
https://izi.br.de/deutsch/home.htm

Während mit der digitalen Transformation neue Welten entstehen, gehen parallel dazu andere Räume verloren bzw. geraten in Vergessenheit. Eine gravierende Veränderung ist die Verlegung der Wohnorte aus ländlichen Regionen in Städte. Fast 78 Prozent der Menschen in Deutschland leben in Städten („Großstädte und ihre Verflechtungsbereiche", Bundesinstitut für Bau-, Stadt- und Raumforschung BBSR, 2024, o. S.). Das hat zur Folge, dass Begegnungen mit der Natur sowie ein intensives Naturerleben seltener werden. Unter den Begriffen der „Denaturierung des Menschen" oder auch der „Naturentfremdung" (vgl. dazu die Analyse von Brämer, 2017) wird dargestellt, welche Veränderungen stattfinden und wie diese das Leben und Alltagspraktiken von Menschen allgemein und Kindern im Besonderen beeinflusst. So ist die Anzahl innerstädtischer Naturräume nicht nur beschränkt, sondern die Gestaltung (Auswahl der Pflanzen und Bäume in einem Park) und Nutzung sind ebenfalls eingeschränkt („Grünflächen nicht betreten"). Natur wird in vielen Fällen nicht mehr frei, intuitiv und neugierig erlebt, sondern als „obskurer" Ort unter Vorbehalt und unter Anleitung erkundet (Brämer, 2006).

Wissen | Last Child in the Woods

Spätestens seit dem Erscheinen des Buches *Last Child in the Woods* von Richard Louv im Jahr 2005 werden unter dem Begriff der *Nature-Deficit Disorder* die Konsequenzen fehlender Naturerlebnisse für Kinder diskutiert.
Auf der Website Natursoziologie finden sich zahlreiche Artikel sowie Daten zu diesem Themenbereich. Analysiert wird ebenfalls, was unter *Natur* zu verstehen ist und welche Folgen aus einem veränderten

Verhältnis von *Mensch* und *Natur* (wobei der Mensch je nach Verständnis ebenfalls Natur ist) resultieren.

Ein weiterer Literaturtipp: *Ratih, A. und Lude, A. (2014). Startkapital Natur. Wie Naturerfahrung die kindliche Entwicklung fördert. oekom Verlag*

Last Child in the Woods:
https://richardlouv.com/books/last-child/

Natursoziologie:
https://www.natursoziologie.de

Konrad Adenauer Stiftung – Draußen spielen:
https://lmy.de/RVgDm

Deutsche Vereinigung für Sportwissenschaft – Bildung braucht Bewegung
https://lmy.de/LuWTc

In → Kapitel 3.4 illustrieren Beispiele aus der Praxis, wie Natur, Naturerleben und -erlebnisse in den Familienurlaub eingebunden werden können.

1.3 Wie reisen Familien?

Nach den Einbrüchen während der Pandemie, die zunächst durch Reisebeschränkungen und später durch Bedenken bezüglich der gesundheitlichen Gefährdung bedingt waren, erreichen die Zahlen zum Reiseverhalten (Anzahl der Reisen, Reisenden und Übernachtungen, Ausgaben etc.) der Deutschen ähnlich hohe Werte wie vor der Pandemie (FUR, 2024a; UNWTO, 2024).

Einige Zahlen

Die Reiseanalyse[7] 2024 der Forschungsgemeinschaft Urlaub und Reisen e. V., die Vertriebsdatenbank des Deutschen Reiseverbands (DRV), sowie Daten

7 Die folgenden zwei Abschnitte wurden von FUR e. V. (→ Wissen | Die Reiseanalyse) zur Verfügung gestellt.

des Bundesverbandes der Deutschen Tourismuswirtschaft liefern folgende Zahlen:

2023 fanden 64,5 Millionen Urlaubsreisen ab fünf Tagen statt. Die durchschnittliche Reisedauer liegt mit 13,1 Tagen dabei deutlich über fünf Tagen. Die Anzahl der Reisenden lag mit 54,2 Millionen niedriger als die Zahl der Reisen, das bedeutet eine Reisehäufigkeit von 1,2 Reisen pro Person. Der Anteil der Menschen, die eine Urlaubsreise von mindesten fünf Tagen unternommen haben, liegt bei 77,1 Prozent. Zu den Urlaubsreisen ab fünf Tagen kommen noch 74 Millionen Kurzurlaube (zwei bis vier Tage) von 30,7 Millionen kurzreisenden Personen hinzu.

Insgesamt 17,9 Millionen Reisen wurden von den Reisenden im Jahr 2023 als Familienurlaub benannt, was 27,7 Prozent aller Reisen ab fünf Tagen Dauer entspricht. Familienurlaub als hauptsächliche Reiseart wurde bei 9,4 Millionen Urlaubsreisen, also 14,6 Prozent der Reisen angegeben.

In den Jahren 2021 bis 2023 haben 34,8 Prozent der deutschsprachigen Wohnbevölkerung ab 14 Jahren, bzw. rund 24,4 Millionen Personen mindestens einen Familienurlaub unternommen. Zwischen 2025 und 2027 möchten 40,1 Prozent „ziemlich sicher" einen Familienurlaub unternehmen, oder ein Familienurlaub kommt für sie „generell in Frage". Das entspricht einem Potenzial für Familienurlaube von rund 28,1 Millionen Personen.

Wissen | Die Reiseanalyse

Die Reiseanalyse (RA) ist eine jährlich durchgeführte Befragung zum Urlaubsreiseverhalten der deutschsprachigen Bevölkerung und zu ihren urlaubsbezogenen Einstellungen und Motiven. Die Daten der RA sind repräsentativ für die deutschsprachige Wohnbevölkerung in Deutschland ab 14 Jahren. Die Basis dafür bilden jährlich ca. 12.000 Interviews. Die Fragenthemen und -formulierungen sind über die Zeit weitgehend stabil geblieben und bieten umfassende Analysemöglichkeiten mit Blick auf vergangene Entwicklungen und zukünftige Trends. Die RA ist eine nicht-kommerzielle Untersuchung, getragen von der *Forschungsgemeinschaft Urlaub und Reisen e. V.* (FUR).

Quelle: FUR, 2024b

www.reiseanalyse.de

Bezogen auf **Familienreisen ab einer Übernachtung** liegen Zahlen aus den Jahren 2014 und 2019 vor (Köchling, 2017; Köchling et al., 2021). In Ergänzung werden Zahlen zum Interesse an einem Familienurlaub in den nächsten drei Jahren geliefert (⟶ Tabelle 3).

	Definition	Zahlen	Quelle
Menschen in Familien	Menschen in Deutschland, die in einer Familie leben	2024: 41,3 Mio. (49 Prozent)	Statistisches Bundesamt, 2024
Urlaubsreisen	Urlaubsreisen ab fünf Tagen der deutschsprachigen Wohnbevölkerung ab 14 Jahren	2023: 54,6 Mio. Reisende 77,1 Prozent	Reiseanalyse 2024, FUR e. V.
Reiseart: Familienurlaubsreise ab fünf Tagen (Mfn.[8])	Urlaubsreisen 2023 ab fünf Tagen der deutschsprachigen Wohnbevölkerung ab 14 Jahren	27,7 Prozent bzw. 17,9 Mio. Urlaubsreisen	Reiseanalyse 2024, FUR e. V.
hauptsächliche Urlaubsart: Familienurlaubsreise ab fünf Tagen (Efn.[9])	Urlaubsreisen 2023 ab fünf Tagen der deutschsprachigen Wohnbevölkerung ab 14 Jahren	14,6 Prozent bzw. 9,4 Mio. Urlaubsreisen	Reiseanalyse 2024, FUR e. V.
Familienreise	ins In- oder Ausland, ab einer Nacht, mindestens ein Kind unter 14 Jahren	2014: 25,2 Mio. (24 Prozent) 2019: 32,2 Mio. (25 Prozent) Inland: 16 Mio.	Köchling, 2017 Köchling et al., 2021
Interesse an Familienurlaub	deutschsprachige Wohnbevölkerung ab 14 Jahre; Interesse in den nächsten drei Jahren = „ziemlich sicher" oder „kommt generell in Frage"	Januar 2024: 40,1 Prozent bzw. 28,1 Mio. Personen	Reiseanalyse 2024, FUR e. V.

8 Mfn: = Mehrfachnennung

9 Efn. = Einfachnennung, hauptsächliche Reiseart

Haupturlaubs-reise		33 Prozent reisen mit der Familie Davon 62 Prozent mit einem Kind unter 14 Jahren	ADAC, 2023a

Tab. 3: Zahlen zu Familienreisen (eigene Zusammenstellung basierend auf den genannten Quellen)

Zusammenfassend zeichnet sich ab, dass der tatsächliche Anteil der Familienurlaubsreisen zwischen 25 und 33 Prozent liegt, abhängig vom Verständnis von Familie, Urlaubsreise (beim ADAC bspw. Haupturlaubsreise) und der Dauer.

Eine Besonderheit der Familienurlaubsreise ist, dass Deutschland als Reiseziel deutlich stärker nachgefragt wird als im Gesamtdurchschnitt. Während für letzteren der Wert bei 22 Prozent liegt, wählte die Hälfte der Familien Deutschland als Destination (Köchling, 2017). Die Beliebtheit von Deutschland als Reiseziel gilt insbesondere für Familien mit jüngeren Kindern (bis 14 Jahren). Bezogen auf die Bundesländer liegt der Anteil der Familienreisen zwischen neun (Bremen) und 34 (Brandenburg) Prozent. Als besonders beliebte Reiseziele (Regionen) werden Ostsee, Nordsee, Bayern, Schwarzwald und Bodensee genannt (Köchling et al., 2021).

Die Beliebtheit deutscher Regionen erklärt sich u. a. durch die unkomplizierte Anreise, die Vertrautheit mit dem Land und den Bedingungen, wie Sprache, Infrastrukturen und medizinischer Versorgung (→ Kapitel 2.2).

Vor dem Hintergrund der Zahlen wird verständlich, warum sich manche Bundesländer, Regionen und Unternehmen als familienfreundlich und als Familienurlaubsdestinationen positionieren. Eine Herausforderung besteht jedoch in der Konkretisierung der Zielgruppen, die immer vielfältiger werden. Es ist ein umfassendes Wissen über Wünsche, Verhaltensweisen, Urlaubspraktiken sowie Restriktionen erforderlich. Erst im Anschluss können im Idealfall interessante und attraktive Angebote entwickelt werden.

Um die große Anzahl und Vielfalt an Familien ein wenig eingrenzen zu können, ermöglichen Familientypologien eine Annäherung.

Familientypologien

Allein die Zahl von 12 Millionen Familien in Deutschland macht deutlich, dass eine große Spannbreite von Familien existieren muss (Statistisches

Bundesamt, 2024). Einige Einflussfaktoren auf die Ausgestaltung des familialen Lebens wurden bereits angesprochen. Zu diesen gehören die Anzahl der Kinder, die Familienform, das verfügbare Einkommen, das Bildungsniveau oder auch der Migrationshintergrund. Neben diesen stabilen Merkmalen sind darüber hinaus **Lebensphasen** zu berücksichtigen, die maßgeblich am Alter der Kinder hängen und sehr dynamisch sind.

Analog zum Produkt- und Destinationslebenszyklus findet sich der Begriff Familienlebenszyklus in der Literatur (Jungbauer, 2023). In Abhängigkeit von der Phase sind Familien mit unterschiedlichen Entwicklungsaufgaben konfrontiert. Auf entwicklungspsychologische Aspekte wird gesondert in → Kapitel 2.4 eingegangen. An dieser Stelle wird nur die Relevanz des Modells für Familienreisen illustriert.

In den Modellen erfolgt die Einordnung in Phasen häufig anhand des Alters des jüngsten Kindes in Kombination mit Ereignissen, welche die Familienform maßgeblich verändern (Carter & Mc Goldrick, 1988; Duvall, 1957). Die klassischen Theorien basieren auf der Annahme einer stabilen (heterosexuellen) Paarbeziehung mit klaren genderbasierten Rollenverteilungen. Jüngere Modelle berücksichtigen andere Familienformen sowie Trennungen der Partnerschaft. Die → Tabelle 4 zeigt typische Phasen, damit verbundene Aufgaben und deren Relevanz für Familienreisen. Eine Erweiterung bietet → Tabelle 5.

Phase	Entwicklungsaufgabe	Relevanz für Urlaubsreise
Bildung der Partnerschaft	Aufbau und Stabilisierung (emotional, strukturell und finanziell) der Partnerschaft Eventuell Formalisierung durch Heirat	Schaffung gemeinsames Reiseerlebnis und -erfahrung, eventuell bewusst exotische Ziele vor den zu erwartenden Einschränkungen mit Kind
Schwangerschaft[10]	Umformung der Partnerschaft, Vorbereitung auf die Elternschaft resp. auf Erweiterung der Familie	Schwangerschaft mit dem ersten Kind: Bewusste Zeit als Paar, Wellnesshotel mit speziellen Angeboten
Eltern mit Babys / Kleinkindern (jünger als 30 Monate)	Neudefinition als Paar Kindererziehung Anpassung der privaten und beruflichen Strukturen an die neue Situation, insbesondere zeitliche Organisation der Kinderbetreuung	Anpassung des Reiseverhaltens an die Bedürfnisse des Kindes
Vorschulzeit	Kinderbetreuung wird zeitweise von Externen übernommen	Schließzeiten Kindergarten etc. erfordern Betreuung durch Eltern
Eltern mit Schulkindern (6 bis 13 Jahre)	Veränderung der Eltern-Kind-Beziehung mit steigendem Alter	Schulferien als einzige Möglichkeit für längere Urlaubsreise
Eltern mit Jugendlichen (14 bis 20 Jahre)	Eltern-Kind-Beziehung verändern und lösen sich	Eventuell erste eigene Reisen der Kinder
Eltern mit jungen Erwachsenen	Übergang zu Erwachsenenbeziehungen Neubestimmung der Partnerschaft	Zwei-Generationen-Urlaub mit Erwachsenen
Eltern mit erwachsenen Kindern	Veränderung der Verantwortung Eventuell weitere Generation	Drei-Generationen-Urlaub

Tab. 4: Familienlebenszyklus (basierend auf Carter & Mc Goldrick, 1988; Jungbauer, 2023)

10 Eine wichtige Ergänzung in diesem Kontext sind Paare, die Kind(er) adoptieren oder zur Pflege aufnehmen.

Bezugnehmend auf die steigende Heterogenität von Familienkonstellationen zeigt die folgende → Tabelle 5 weitere Familienkonstellationen sowie die Entwicklungsaufgaben.

Phase	Entwicklungsaufgabe	Relevanz für Urlaubsreise
Eltern nach Trennung / Scheidung (Durchschnitt: nach 15,3 Ehejahren, Modus: 6 Jahre)	Anpassung der Strukturen an die neue Situation Umgang mit Konflikten und emotionalen Folgen der Trennung alleinige Verantwortung	spezielle Angebote für Alleinerziehende mit Kindern
Patchwork-/ Stieffamilien	Integration von Personen, Erweiterung der Familienkonstellationen, Klärung von Verantwortung und Rollen	spezielle Angebote für Patchworkfamilien (Stieffamilien)
Regenbogenfamilie	rechtliche, organisatorische Herausforderung, fehlende Akzeptanz durch das Umfeld	in Abhängigkeit von der Destination rechtliche und organisatorische Herausforderungen
Familien mit Kind(ern) mit Behinderung	Berücksichtigung von Anforderungen, Unterstützungsleistungen	spezielle Angebote und Unterstützungsleistungen, wenn erforderlich
Familien mit Eltern mit Behinderung	Berücksichtigung von Anforderungen, Unterstützungsleistungen	spezielle Angebote und Unterstützungsleistungen, wenn erforderlich
Familien mit einem Elternteil mit psychischer Erkrankung	hohe zeitweise oder durchgängige Belastung	spezielle Angebote und Unterstützungsleistungen, wenn erforderlich

Tab. 5: Erweiterte Familienlebensphasen (basierend auf Jungbauer, 2023)

Ergänzend zu den in den Tabellen beschriebenen Phasen, können Familientypologien weitere Merkmale berücksichtigen. Beispiele dafür sind die wirtschaftliche Situation, der Wohnort (Stadt oder Land), die Bindungen und Solidaritätsbeziehungen innerhalb der Familie (Bengtson, 2001) oder auch das Mobilitätsverhalten (Schneider et al, 2002).

Zusammenfassend ist das Alter des jüngsten Kindes ein wichtiges Kriterium hinsichtlich der Bedürfnisse von Familien. Im Praxisteil wird ausführlicher auf die altersbedingten Anforderungen eingegangen.

Im nächsten Abschnitt werden zentrale Wissenschaften mit Bezug zu Familienreisen dahingehend analysiert, ob und wie das Reiseverhalten von Familien thematisiert wird.

Wissenschaftliche Analyse von Familienreisen

Familienreisen werden ebenso wie Familien (→ Kapitel 1.1) von mehreren Wissenschaften thematisiert. Auf die Familienwissenschaft als grundlegende Wissenschaft und mögliche Anknüpfungspunkte zum Familienreisen wurde bereits eingegangen (Wonneberger et al., 2018). Weitere Beispiele sind die Pädagogik, Psychologie, Politikwissenschaft und Soziologie sowie die Ökonomik. Sie alle schauen mit unterschiedlichen Perspektiven und Fragestellungen auf Familien und adressieren ab und an ebenfalls Familienreisen. Selten steht letzteres im Fokus.

Nachfolgend werden Wissenschaften mit einem deutlichen Bezug zu Familienreisen kurz vorgestellt:

Pädagogik ist die Wissenschaft von der Erziehung. Sie umfasst theoretische und praktische Fragestellungen. Im Mittelpunkt stehen jene menschlichen Verhaltensaspekte, die als veränderbar angesehen werden. Die Ausrichtung an kulturell geprägten und veränderlichen Erziehungszielen macht die gesellschaftliche Prägung von Pädagogik deutlich. Zentrale Begriffe sind Lernen, Denken und die Entwicklung, womit die Nähe der Pädagogik zur Soziologie und Psychologie deutlich wird. Die Tourismuspädagogik (im deutschsprachigen oft: Reisepädagogik) adressiert Reisende als zu erziehende resp. lernfähige und -willige Wesen (Freericks et al., 2010). Das Zielsystem ist entweder auf die persönliche Entwicklung (emanzipatorische Ziele) und/oder auf ein verantwortungsvolles, umwelt- und sozialverträgliches Reisen (aufklärerische Ziele) ausgerichtet. Relevant für Familienreisen sind darüber hinaus Erkenntnisse der Freizeitpädagogik, da die Gestaltung von Freizeitaktivitäten für Familien im Urlaub sehr bedeutend ist (→ Kapitel 1.5).

In der **Psychologie** steht primär das Individuum im Mittelpunkt und es wird geforscht, wie bspw. die Entwicklung durch familiale Strukturen geprägt ist. Die Tourismuspsychologie befasst sich vor allem mit dem Erleben und Verhalten von Menschen vor, während und nach einer Reise.

Sie fokussiert auf das Verhalten Einzelner und die psychischen Vorgänge, die mit einer touristischen Aktivität verbunden sind. Das Bewusstsein von Menschen, die Entwicklung und Veränderung der Persönlichkeit über das Leben hinweg sowie Erfahrungen und Aspekte des Lernens werden mit Bezug auf den Tourismus thematisiert. Damit handelt es sich bei der Tourismuspsychologie primär um ein Anwendungsfeld der Allgemeinen und Speziellen Psychologie und nicht um eine eigenständige Teildisziplin (Angewandte Psychologie) wie beispielsweise die Arbeits- und Wirtschaftspsychologie.

Entlang der touristischen Reisekette können zentrale Themen definiert und in Relation zu Familien gesetzt werden. Beispiele sind Reisemotive und Motivation, Reiseentscheidungen sowie die Zufriedenheitsforschung. Aufschlussreich sind ebenfalls Aussagen zum Erleben und Erlebnissen beim Reisen und ihre Folgen für die persönliche Entwicklung.

Da Familien aus mindestens zwei Personen bestehen, ist die **Soziologie** besonders gut geeignet, wenn das Handeln von Menschen im familiären Kontext und auf Reisen untersucht werden soll. So stellt die Soziologie zwar – je nach Ausprägung (Heuwinkel, 2023) – ähnlich der Psychologie den einzelnen Menschen in den Mittelpunkt, es wird aber in einem stärkeren Maße nach den Wechselwirkungen mit anderen Menschen und der Gesellschaft als Ganzes gefragt. *Elias* (1970) spricht von Verflechtungszusammenhängen, in die Menschen wie Spielende in einem großen Spiel mit einander verwoben sind. Es existieren Spielregeln und Positionen, welche Handlungsräume vorgeben und zu einem ähnlichen Verhalten führen. Dennoch sind die Ausführungen der konkreten Handlungen abhängig von Fähigkeiten und Merkmalen der einzelnen Personen sowie der situativen Bedingungen. Dieses Modell des Spiels passt sehr gut zu Familien, da dort unterschiedliche Positionen und *Rollen* übernommen und aktiv ausgestaltet werden.

Aus soziologischer Sicht ist Tourismus ein komplexes gesellschaftliches und kulturelles Phänomen, das sowohl die Lebenswelten und Praktiken einzelner Menschen als auch Gruppen, Organisationen, Institutionen und Gesellschaften beeinflusst und andererseits von diesen geformt wird (Heuwinkel, 2023). Soziale Zustände und touristische Praktiken sind miteinander verwoben und werden durch zeitliche und räumliche Merkmale beeinflusst.

Die **Familiensoziologie** ist ein eigenständiger Bereich der Soziologie mit einer Nähe zur Gruppensoziologie. Das Themenspektrum umfasst theoretische Ansätze, familiale Strukturen und Verläufe, familiale Beziehungen und Dynamiken sowie soziale Ungleichheit und Konflikte. Interessanterweise finden sich in den Standardwerken zur Familiensoziologie nur selten Bezüge zu Urlaub und Reisen (vgl. exemplarisch Arránz Becker et al., 2023; Hank et al., 2023). Der Begriff Urlaub kommt nur im Kontext von Partnerwahl und Erziehungsurlaub vor. Freizeitaktivitäten werden hingegen häufiger erwähnt, jedoch primär bezogen auf die Verfügbarkeit und die zeitliche Gestaltung von Freizeit.

Ähnlich überschaubar wie die soziologische Auseinandersetzung mit Familienurlaub ist die Berücksichtigung in der **Tourismuswissenschaft**. In manchen Publikationen wird von Familienerholung gesprochen (vgl. exemplarisch Deutsches Jugendinstitut, 2019).

Eine ausgewiesene Expertin für Familienurlaub ist in der englischsprachigen Tourismuswissenschaft *Schänzel*, die 2010 über das Thema promovierte. Weitere Veröffentlichungen erschienen von ihr gemeinsam mit anderen Autor:innen in den Jahren 2011 bis 2015. Als zentrales Werk kann *Family Tourism: Multidisciplinary Perspectives* (2012) gelten. Die Stärke dieses Buches liegt in der vielschichtigen Betrachtungsweise und der Verzahnung von gesellschaftlichen Phänomenen und Familientourismus, u. a. die sich wandelnde Rolle des Vaters.

In der englischsprachigen Literatur existieren außerdem Untersuchungen zum Themenfeld *Family Holiday Experience* und *Family Leisure Experience* (vgl. exemplarisch Carr, 2011; Hilbrecht et al., 2008). Dabei wird sowohl die Perspektive der Kinder als auch die der Eltern eingenommen. Backer & Schänzel (2013) untersuchen die Relation zwischen sozialen Vorstellungen eines Familienurlaubs und dem tatsächlich erlebten Urlaub, insbesondere bezogen auf das Stressniveau. Sie listen häufige Stressoren in Unterkünften auf und stellen fest, dass romantisierende Vorstellungen von Familie die Erwartungen an den Urlaub beeinflussen, was zu einem hohen Druck auf die Eltern führen kann.

Die Berücksichtigung unterschiedlicher Perspektiven regt dazu an, Familienurlaub kritisch zu hinterfragen und kritisch zu prüfen, was die gemeinsame Zeit bedeutet, mit welchen Erwartungen, Anforderungen und Stress dieser verbunden ist. Vor diesem Hintergrund überrascht es nicht, dass feministische Betrachtungen, insbesondere hinsichtlich der Erwartungen von und an Frauen stärkere Aufmerksamkeit erhalten, vergleichbar mit dem Bereich *Solo Female Traveler* (⟶ Wissen | Solo Female Traveler – Alleinreisende Frauen). Ähnlich verhält es sich mit einer intensiveren Untersuchung der Bedürfnisse von Kindern (⟶ Kapitel 2.3).

Wissen | Solo Female Traveler – Alleinreisende Frauen

Alleinreisende Menschen und insbesondere Frauen finden seit einigen Jahren eine größere Beachtung seitens touristischer Anbieter und in der Wissenschaft (Heuwinkel, 2024a). Es zeigt sich, dass ein Unterschied zwischen der medialen Darstellung und den Bedürfnissen Alleinreisender besteht. Die Preisgestaltung, insbesondere der Umgang mit einem Elternteil mit Kind(ern), ist ebenso eine Herausforderung wie das Angebot von Aktivitäten. Aufgrund aktueller gesellschaftlicher Entwicklungen kann von einem Anstieg der Nachfrage ausgegangen werden.

In der deutschsprachigen Tourismuswissenschaft bieten Köchling (2017) sowie Köchling et al. (2021) eine datenbasierte Betrachtung des Familienurlaubs von Deutschen und in Deutschland. Karten zeigen u. a. beliebte Reiseziele und Beherbergungsangebote für Familien sowie Top 3 Aktivitäten. Darüber hinaus gehen die Autor:innen auf den Wandel von Familien ein und beschreiben Potenziale, die sich aus den Veränderungen der familialen Strukturen ergeben. Dazu gehören u. a. ein Anstieg der Ein-Eltern-Familien und der Mehrgenerationenfamilien.

Literaturempfehlungen

Carr, N. (2011). *Children's and Families' Holiday Experience.* London, UK: Routledge.

Hay, B. (2017). Missing voices: Australian children's insights and perceptions of family holidays. *Hospitality & Society, 7*(2), S. 133–155.

Kim, S. & Lehto, X. Y. (2013). Travel by families with children possessing disabilities: motives and activities. *Tourism Management.* 37, S. 13–24.

Lehto, X. Y., Fu, X., Li, H. & Zhou, L. (2017). Vacation benefits and activities". *Journal Hospitality Tourism Research.* 41, S. 301–328.

Li, M., Lehto, X., & Li, H. (2020). 40 years of family tourism research: Bibliometric analysis and remaining issues. *Journal of China Tourism Research,* 16(1), S. 1–22.

Miyakawa, E., & Oguchi, T. (2022). Family tourism improves parents' well-being and children's generic skills. *Tourism Management,* 88, 104403.

Rhoden, S., Hunter-Jones, P., & Miller, A. (2016). Tourism experiences through the eyes of a child. *Annals of Leisure Research, 19*(4), S. 424–443.

Schänzel, H., Yeoman, I., & Backer, E. (Hrsg.) (2012). *Family tourism: Multidisciplinary perspectives.* Multilingual Matters.

Schänzel, H. A., & Yeoman, I. (2015). Trends in family tourism. *Journal of tourism futures, 1*(2), S. 141–147.

Shaw, S.M., Havitz, M. E., & Delemere, F. M. (2008). "I decided to invest in my kids' memories": Family vacations, memories, and the social construction of the family. *Tourism Culture & Communication, 8*(1), S. 13–26.

Der folgende Kongressbericht gibt einen guten Überblick über aktuelle Themen: *4th International Family, Youth and Child Friendly Tourism Management Congress*

https://lmy.de/nskrQ

Der Blick in die Tourismuswissenschaft hat gezeigt, dass trotz der intensiven Betrachtung von Familie noch immer zahlreiche Wissenslücken existieren, vergleichbar mit der Einschätzung von *Schänzel* (2012). *Pagenstecher* (1988) wies in seinem Resümee zum *Enzensberger* Essay (1958) auf die fehlende Betrachtung der „familiäre[n] Funktion des Urlaubs" (Pagenstecher, 1988, S. 546) hin. Er ergänzt, dass Familie nur im Urlaub Gemeinsamkeit erfahren kann (→ Kapitel 3.2)

In → Kapitel 2 werden zentrale Fragen intensiver diskutiert. Zuvor erfolgt noch eine zusammenfassende Betrachtung der Gemeinsamkeiten von Familien und Trends bei Familienreisen.

Besonderheiten des Familienurlaubs

Trotz aller Unterschiede zwischen Familien und Familienformen lassen sich Gemeinsamkeiten feststellen, die sich aus den in diesem Kapitel beschriebenen Merkmalen von Familien für Familienreisen ergeben.

- **Gemeinsame Zeit:** Viele Familien, die gemeinsam verreisen, möchten Zeit miteinander verbringen und gemeinsam etwas erleben. Der Urlaub sollte, losgelöst von alltäglichen Verpflichtungen, Entspannung und Erholung ermöglichen. Grundlage dafür ist die sowohl räumliche als auch kommunikative und mentale Lösung vom Alltag (Heuwinkel, 2019b) und den dort existenten Verpflichtungen. Herausforderungen be-

stehen erstens in der weiterhin bestehenden Verantwortung von Eltern für Kinder und den Aufgaben der Kinderbetreuung und -versorgung. Zweitens erschwert die kontinuierliche Verbindung über soziale Medien die Lösung und die Bereitschaft, sich auf die Familie einzulassen und gemeinsam etwas zu unternehmen.
Der Wunsch nach gemeinsam verbrachter Zeit ist jedoch nicht bei allen Familien und kontinuierlich gegeben. Sowohl Kinder als auch Eltern haben ebenfalls das Bedürfnis, Zeit nur für sich zu haben und ohne Eltern bzw. Kinder unterwegs zu sein.

- **Erinnerungen:** Die gemeinsam verbrachte Zeit soll Erlebnisse kreieren, die in Erinnerung bleiben. Dazu gehören sowohl die schönen Momente als auch Situationen, die eine Herausforderung waren, aber rückblickend als sehr positiv gesehen werden, weil die Familie gemeinsam etwas durchgestanden hat.
  Die gemeinsamen Erinnerungen fließen ein in Geschichten, die in der Familie geteilt werden und sowohl für die Familie als auch für die einzelnen Familienmitglieder wesentlihc sind, da diese mit einfließen in die Geschichte des Selbst (Giddens, 1991).
- **Familienfreundlichkeit und Vielfalt:** Familien möchten freundlich aufgenommen werden und sich entspannen können. Sie wollen nicht das Gefühl haben zu stören und kontinuierlich die Kinder ermahnen zu müssen. Das bedeutet nicht, dass alles erlaubt ist, aber das Umfeld sollte angemessen auf familiale Besonderheiten reagieren.
  Familienfreundlichkeit kann beschrieben werden als eine Kombination aus Wertschätzung und Gastfreundschaft (BMFSFJ, 2023a; Kapella, 2007). Es ist eine Selbstverständlichkeit, dass Kinder und Familien Teil des öffentlichen Lebens sind und ihre Bedürfnisse auch an öffentlichen Orten Beachtung finden. Das Gegenteil davon ist eine ablehnende Haltung und insbesondere die fehlende Berücksichtigung der Bedürfnisse von Kindern.
  Die grundlegende Familienfreundlichkeit erfordert aufgrund der dargestellten steigenden Vielfalt von Familien im zunehmenden Maße ein offenes und tolerantes Umfeld, das Angebote an die Bedürfnisse von Familien anpasst.

Die in → Kapitel 1.2 dargestellten Herausforderungen für Familien sind, wie die Zahlen zeigen, keine Seltenheit und sollten grundsätzlich in die

Gestaltung von Familienurlaub einfließen. Dabei sind insbesondere die folgenden Aspekte zu berücksichtigen:

- **Finanzielle Nöte:** Wie dargestellt können sich viele Familien (in Abhängigkeit von der Familienform bis zu 47,7 Prozent bei alleinerziehenden Personen in NRW 2023) nicht jährlich einen einwöchigen Urlaub an einem anderen Ort leisten. Für die meisten, die ihn sich leisten können, bedeutet der Urlaub eine hohe finanzielle Belastung und die Sorge der nicht zu kontrollierenden Kosten (Hazel, 2005).
- **Stress und Konflikte:** Stress und Konflikte gehören zum Familienleben dazu und es ist eine falsche und romantisierende Annahme, dass im Urlaub alles *schön* und entspannt ist. Widersprüchliche Bedürfnisse finden sich ebenso wie negative Gefühle (Bronnen & Hoog, 2008).
- **Digital Detox und Naturerleben:** Urlaub ermöglicht nicht nur Erholung, sondern kann ebenfalls aktiv als Ausgleich oder Gegengewicht zu Alltagsstrukturen und -praktiken gestaltet werden. Die beiden oben beschriebenen großen Bereiche des *Always on* und der *Denaturierung* könnten im Familienurlaub durch Digital Detox und intensive Erfahrungen mit und in der Natur adressiert werden.
- **Nachhaltigkeit und soziale Verantwortung:** Beides sind wichtige Themen, die in den nächsten Jahren weitere Beachtung finden werden (vgl. nächster Abschnitt).

Die beschriebenen Punkte zeigen, wie anspruchsvoll die Gestaltung von Familienreisen ist. In Ergänzung dazu sollten die folgenden Trends berücksichtigt werden.

Trends: Der Hund muss mit!

Im vorherigen Abschnitt wurde als ein verbindendes Merkmal von Familien, die gemeinsam verreisen, der Wunsch, Zeit mit der Familie zu verbringen erarbeitet. Auch für die Zukunft kann trotz oder wegen der gesellschaftlichen und technologischen Veränderungen davon ausgegangen werden, dass Familien nach gemeinsamen Erlebnissen und kinderfreundlichen Angeboten suchen werden. Zu berücksichtigen sind veränderte Konsumgewohnheiten, technologische Innovationen, Ausdifferenzierungen von Familien und ein wachsendes Umweltbewusstsein, welche die zukünftige Entwicklung von Angeboten für Familienurlaub verändern.

Im Folgenden werden zentrale **Trends** für die kommenden Jahre dargestellt. Grundlage für die Aussagen ist eine Zusammenführung der Ergebnisse dieses Kapitels sowie der Erfahrungen aus der Praxisarbeit (⟶ Kapitel 3 und ⟶ Kapitel 4).

Vielfalt der Familienformen und Individualisierung sind wie beschrieben wichtige Trends, so dass es nie nur einen Familienurlaub geben wird. Die zentrale Anforderung an Touristiker:innen ist, genau zu analysieren, welche Zielgruppen sie innerhalb der Familien ansprechen möchten, bspw. **Personas** (⟶ Wissen | Personas) zu erarbeiten und dann die Angebote individuell zuzuschneiden und so personalisierte Produkte und Dienstleistungen zu entwickeln und sich mit ihnen von ihren Wettbewerbern abzugrenzen. Dabei gilt es, die diversen Familienkonstellationen, die verschiedenen Altersgruppen der Kinder, die unterschiedlichen finanziellen Möglichkeiten der Familien und die persönlichen Vorlieben und Bedürfnisse im Blick zu haben. So unterschiedlich wie die Familien und ihre Reisekonstellation, so unterschiedlich werden auch die Angebote für Familien gestaltet und so individuell wird die Ansprache innerhalb der gesamten **Customer Journey** sein. Ob das Baby- oder Kleinkindhotel, das Survival-Camp für Eltern und Jugendliche, der gemeinsame Sporturlaub inklusive eines Familiensurfkurses, das Adults-only-Hotel (⟶ Wissen | Adults-only-Hotel für Eltern) oder die Unterkunft für die Großfamilie, die mit Familienhund anreist – es ist eine weitere Ausdifferenzierung zu erwarten.

Wissen | Personas

Personas sind fiktive, aber realitätsnahe Darstellungen von typischen Nutzer:innen oder Kund:innen. Sie basieren auf Daten wie demografischen Merkmalen, Verhaltensweisen, Bedürfnissen und Zielen. Eine Persona verbildlicht eine Kundengruppe. Sie wird wie eine reale Person bzw. eine Personengruppe beschrieben.

Familie Pahl: Er ist selbstständiger Unternehmensberater, sie arbeitet Teilzeit in einem Architekturbüro. Die Tochter Paula ist 13 und spielt gerne Schlagzeug, die andere Tochter Johanna, acht Jahre alt, liebt es, Tennis zu spielen. Zusammen unternehmen sie gerne Fahrradtouren, eine gesunde Ernährung ist ihnen wichtig, sie ernähren sich überwiegend vegetarisch.

Unternehmen nutzen Personas, um ein besseres Verständnis für ihre Zielgruppen zu entwickeln und Produkte oder Dienstleistungen gezielter auf die Bedürfnisse dieser Gruppen abzustimmen.
Ein Beispiel für eine Umsetzung im Tourismus findet sich auf der Website des Tourismusnetzwerkes Rheinland-Pfalz. Dort wird die vielseitig-aktive Persona „Familie Wolf" beschrieben.

Tourismusnetzwerk Rheinland-Pfalz
https://rlp.tourismusnetzwerk.info/

Wissen | Customer Journey

Eine *Customer Journey* beschreibt den gesamten Prozess, den eine reisende Person durchläuft – von der ersten Inspiration bis hin zur Rückkehr und Nachbereitung der Reise. Sie umfasst alle Phasen der Interaktion zwischen Reisenden und den touristischen Anbietenden, sowohl online als auch offline. Typischerweise lässt sich die Customer Journey in fünf Phasen gliedern (Freyer, 2011):
① **Inspiration:** Eine Person wird auf eine Reiseidee aufmerksam (durch Werbung, Empfehlungen, Social Media etc.).
② **Recherche und Planung:** Die Person sucht nach Reisezielen, Unterkünften, Aktivitäten und vergleicht verschiedene Optionen (Websites, Reiseblogs, Bewertungen).
③ **Buchung:** Die Entscheidung fällt, und die Person bucht die Reise, Unterkunft, Transportmittel und möglicherweise Ausflüge oder Erlebnisse.
④ **Erlebnis vor Ort:** Die Person tritt die Reise an und erlebt den Aufenthalt, in dem sie verschiedene Dienstleistungen und Angebote in Anspruch nimmt.
⑤ **Nachbereitung:** Nach der Rückkehr reflektiert die Person die Reise, gibt Feedback (Bewertungen, Empfehlungen) und plant eventuell die nächste Reise.
Jeder Berührungspunkt entlang dieser Reise ist wichtig für das Gesamterlebnis und die Zufriedenheit der reisenden Person. Bei Familien sind Interessen mehrerer Personen, insbesondere der Kinder indirekt und direkt, zu berücksichtigen und die Entscheidungsprozesse sind deutlich komplexer.

Wissen | Adult-only-Hotel für Eltern

Adults-only-Hotels sind Hotels in denen Kinder nicht erwünscht sind oder erst ab einem Alter von 14 oder 16 Jahren. Grundsätzlich bieten sie Gästen viel Ruhe und Entspannung. Wichtig in der Vermarktung und in der Gestaltung des Angebotes ist, dass sich das Angebot nicht „gegen" Kinder, sondern „für" Erwachsene ausrichtet. Einige Unternehmen fächern ihr Angebot dementsprechend auf und unterhalten mehrere Häuser, neben dem Familienhotel gibt es dann ein Hotel, das ganz auf Erwachsene ausgerichtet ist und dessen Angebote die Eltern auch mitnutzen können.

Zur Vielfalt von Familien gehört beispielsweise eine steigende Anzahl von **Alleinreisenden** mit Kindern. Eine Teilgruppe dieser Personen ist tatsächlich alleinerziehend. Eine anderer Teil der Gruppe – eigene Beobachtungen und Rückmeldungen aus der Praxis belegen dieses – umfasst Menschen, die in einer Beziehung leben, aber dennoch den Urlaub komplett oder anteilig nur mit Kindern verbringen. Gründe dafür sind nicht ausreichende Urlaubstage, finanzielle Einschränkungen oder auch unterschiedliche Interessen. Für Alleinreisende, die nur mit einem Kind verreisen, sind Angebote für Kinder und Jugendliche besonders wichtig, da auf diese Weise Kontakt zu Gleichaltrigen aufgebaut werden kann.

Der **Mehrgenerationenurlaub** ist ein weiterer Trend. Er reicht vom Großeltern-Enkelkind-Urlaub bis zu Urlauben mit ganzen Familienverbänden. Die sogenannten *Best- oder Third-Ager* (vgl. zu Alter, Altern und altersbasierter Diskriminierung Ayalon & Tesch-Römer, 2018) sind aktiv und viele von ihnen übernehmen gerne die Betreuung von Enkelkindern einschließlich zahlreicher Aktivitäten. Da Großeltern und Enkelkinder häufig in unterschiedlichen Regionen wohnen, ist der Urlaub eine gute Gelegenheit, um gemeinsam Zeit zu verbringen (Köchling et al., 2021). Immer öfter ist auch zu beobachten, dass Großeltern mit ihren Kindern und den Enkelkindern verreisen. Manchmal ist ein runder Geburtstag ein Anlass, manchmal der Wunsch mit den oft weit entfernt wohnenden Familienmitgliedern etwas Zeit zu verbringen. Hier sind von Seiten der Touristik schlaue Unterkunftsmodelle gefragt: Eigene Wohneinheiten und trotzdem die Möglichkeit mit allen um einen Tisch zu sitzen oder großzügige Wohneinheiten mit mehreren Bädern – bisher häufig eine Herausforderung bei der Unterkunftssuche. Wer dem Trend von Großeltern-Enkelkind-Reisen folgen will, bietet für diese, oft wirtschaftlich gut gestellte Zielgruppe komfortable Unterkünfte und besonders aufmerksamen Service und eine (Klein-)Kinderbetreuung an, sodass die Großeltern, die es überwiegend nicht gewohnt sind, den ganzen Tag mit den Kindern zu verbringen, auch ihren eigenen Freiraum haben.

Ein weiterer Trend wird unter Begriffen wie **Patchworkfamilie und Stieffamilie,** *elternreiche Familie* oder auch soziale Elternschaft thematisiert (BMFSFJ, 2013; Wissenschaftlicher Beirat, 2021). Sieben bis 13 Prozent (Unterschiede in den Datenquellen) der Kinder wachsen in Stieffamilien auf (BMFSFJ, 2013, S. 9). Sie haben daher mehr als die klassischen zwei Elternteile, was eine Herausforderung bedeuten kann, aber nicht zum Nachteil führen muss (Walpeter, 2012). Einflussfaktoren sind u. a. die Ausgestaltung der Beziehung, das Rollenverständnis der biologischen Eltern und Stiefeltern sowie bei Bedarf Unterstützungsangebote. Bezogen auf den Familienurlaub kann eine Folge sein, dass die Kinder, in Abhängigkeit von den finanziellen Möglichkeiten, mehrmals im Jahr in unterschiedlichen Konstellationen in den Urlaub fahren (→ Wissen | Doppelter Urlaub).

Wissen | Stieffamilie

„Eine Stieffamilie ist eine um Dauer bemühte Lebensgemeinschaft, in die mindestens einer der Partner mindestens ein Kind aus einer früheren Partnerschaft mitbringt, wobei das Kind bzw. die Kinder zeitweise auch im Haushalt des jeweils zweiten leiblichen Elternteils leben kann bzw. können." (Döring, 2002, S. 50)

Eine Entwicklung, die sich in der Praxis abzeichnet, ist ein steigendes **Bewusstsein und Interesse** an der gemeinsamen Urlaubszeit. Familien wollen das Miteinander *mehr* – Dauer, Anzahl und Intensität der Erlebnisse – genießen. Dabei sind viele Familien dankbar für eine Unterstützung bei der Planung ihres Urlaubsprogramms und Anregungen: Klassische Bastelnachmittage, die früher nur für Kinder veranstaltet wurden, werden nun häufig zum Familien-Basteln, (digital) ausgearbeitete Familien-Wander-Touren sind ebenso interessant wie organisierte Familienolympiaden. Auch in der Ausstattung der Unterkünfte zeigt sich dieser Trend mit Familienbetten, in denen Eltern und Kinder komfortabel zusammen in einem Bett schlafen können.

Die sich wandelnden Beziehungen zwischen Eltern und Kindern zeigen sich auch darin, dass Kinder länger (bis in ein höheres Alter) mit ihren Eltern verreisen. Die Anzahl der Jugendlichen, die ihrer Angabe nach ein sehr gutes Verhältnis zu ihren Eltern haben, nimmt beständig zu (Shell Jugendstudie, 2019). Laut einer Studie fühlen sich 33 Prozent der Jugendlichen belastet, weil die Familie zu wenig Zeit miteinander hat und 55 Prozent der befragten österreichischen Jugendlichen wünschen sich mehr gemeinsame Freizeitaktivitäten in der Familie (Institut für Jugendkulturforschung, 2019). Ein gemeinsamer Urlaub kann diese Defizite auffangen. Auch die Finanzierung des Urlaubs und die damit verbundenen größeren Möglichkeiten an Aktivitäten vor Ort dürften diesen Trend der **gemeinsamen Freizeit- und Urlaubsaktivitäten** stützen.

Der Familienurlaub scheint grundsätzlich die Möglichkeit zu bieten, Werte und Aktivitäten zu leben, die im Alltag zu kurz kommen. Neben der gemeinsamen Zeit ist es Zeit mit und in der **Natur**. So zeichnet sich der Wunsch ab, viel Zeit in der (intakten) Natur zu verbringen, z. B. in Unterkünften, in denen die Familien ganz naturnah übernachten können (Trekking, Baumhäuser und Hausboote), sowie bei der Zubereitung des Essens auf dem offenen Feuer, Pilzwanderungen oder auch Survival-Camps.

Immer mehr Familien verbinden **Urlaub und Lernen**. Beispiele sind Familiensprachkurse, das Erlernen neuer Sportarten oder künstlerische und handwerkliche Fertigkeiten. Das Spektrum ist weit und steht im Kontext des lebenslangen Lernens, der Förderung der Kinder und des gemeinsamen Erlebens. Auch hier wird sich das Angebot weiter ausgestalten – ganz individuell auf die unterschiedlichen Familienkonstellationen und -bedürfnisse ausgerichtet.

Vor dem Hintergrund des Interesses an gemeinsamen Aktivitäten und der Verbindung von Urlaub und Lernen überrascht es nicht, dass **Städtereisen** ein zunehmend interessantes Segment für Familien ist. Hier verbinden sich gemeinsame Erlebnisse (in der Regel hat das Thema Kinderbetreuung hier keine Bedeutung) und das Thema Bildung beim Besuch von Museen oder Ausstellungen. Ein hoher Bedarf besteht bei Angeboten für familienfreundliche Unterkünfte, abgesehen von Ferienwohnungen oder Jugendherbergen existiert meist kein ausreichendes Angebot an Hotels mit Familienzimmern oder größeren Wohneinheiten.

Die Entgrenzung von Freizeit und Arbeit sowie die Möglichkeit in einigen Berufen ortsunabhängig zu arbeiten, zeigen auch Auswirkungen auf den Familienurlaub. In vielen Familien arbeitet ein Elternteil zumindest zeitweise im Urlaub: Vom Abrufen der Mails oder der Teilnahme an einer Videokonferenz bis zu halbtägigen oder ganztägigen Arbeiten am Laptop oder Telefon. Ein Bereitstellen von Arbeitsplätzen, die außerhalb der Unterkunft der Familie liegen, lassen dieses Modell attraktiver werden. Ein Coworking im Ort oder anspruchsvoll gestaltete Arbeitsplätze in der Unterkunft kombiniert mit einer Kinderbetreuung könnten in Zukunft das zeitweise Arbeiten im Familienurlaub (***Workation***) auch für Eltern und Kinder attraktiver machen (⟶ Kapitel 3.3).

Die **digitale Transformation** wurde bereits als Herausforderung beschrieben und bestimmt ebenfalls den Familienurlaub. Zukünftig wird nach intelligenten Möglichkeiten der Nutzung sowie nach Regeln zum Umgang mit digitalen Medien gesucht werden. Unter Umständen ist die Einrichtung smartphonefreier Zonen oder Zeiten eine dankbar angenommene Unterstützung. Gleiches gilt aber auch für digitale Angebote, welche die Familie zu gemeinsamen Aktivitäten motivieren (Harms, 2023a).

In vielen Unterkünften und Freizeiteinrichtungen werden bereits ausgearbeitete Programme angeboten, die mit dem Smartphone die Umgebung erlebbar machen. Beispiele sind digitale Rallyes, Schnitzeljagden oder interaktive Wanderrouten. Auch Führungen in Museen werden, z. B. mithilfe von Apps und VR anschaulicher und interessanter.

Nachhaltigkeit ist ein Thema, das viele Familien beschäftigt. Schon bei der Wahl der **Unterkunft** wird das Thema mitgedacht, auch wenn es letztlich nur in wenigen Fällen entscheidend ist (FUR, 2023). Die Zahl zertifizierter Angebote und Initiativen wächst, von den *Bio-Hotels* über die *Change-Maker Hotels* bis zum *Forum anders reisen* und *Futouris.* Hotelkooperationen, wie *familotel,* die Familien adressieren, fördern die Entwicklung durch die Einführung von Siegeln, anhand derer die Reisenden schnell erkennen können, wie nachhaltig das jeweilige Hotel ist.

Der Aspekt der Nachhaltigkeit betrifft ebenfalls das Angebot an **Speisen und Getränken.** 16 Prozent der 14- bis 29-Jährigen ernähren sich vegetarisch, fünf Prozent vegan, 40 Prozent flexitarisch und 70 Prozent achten beim Einkauf auf Bio-Siegel (Bundesministerium für Ernährung und Landschaft, 2023). Bezogen auf **Mobilität** wird der Wunsch geäußert, ein Urlaubsziel ohne Flugzeug oder Auto erreichen zu können. Eine Unterstützung bei der Anreise mit der Bahn oder die Bereitstellung eines kostenloses ÖPNV-Ticket sind Ansätze, um die Reisenden bei der Umsetzung einer nachhaltigeren Anreise zu unterstützen.

Der Begriff der ***Coolcation*** steht in einem direkten Zusammenhang mit der Nachhaltigkeit, da die Folgen des Klimawandels dazu führen, dass manche Familien südliche Destinationen meiden und nach kühleren Alternativen suchen. Für wie viele Menschen das tatsächlich eine Option ist, muss ebenso untersucht werden, wie die Frage, ob und inwieweit nordische Ländern über ausreichende Kapazitäten verfügen (⟶ Kommentar).

Kommentar | Der Traum vom Süden!

„Wassermangel, Wohnungsnot und Proteste der Einheimischen bestimmen die Gespräche über den Urlaub im Süden. Reisende scheinen nicht mehr willkommen zu sein. Als Alternative wird von *Coolcation* im Norden gesprochen.
Warum trotz allem die Reisewelle weiterhin in Richtung Mittelmeer, Nordostatlantik und Schwarzes Meer rollt, kann am Beispiel von Familien mit schulpflichtigen Kindern gezeigt werden. Erstens erfordert die Familienreisezeit als Hauptreisezeit hohe Kapazitäten, wie sie im Süden zu finden sind. Zweitens verspricht der Süden garantiert gutes Wetter und wenn es einmal zu heiß wird, helfen Pool und Klimaanlage. Drittens stehen südliche Länder für erschwingliche Preise und Familienfreundlichkeit. Sie bieten Abwechslung vom Alltag für alle Altersgruppen und einen Hauch von Abenteuer.
Gerade in Zeiten, die durch Krisen bestimmt sind, soll der Urlaub mit der Familie schön, einfach und unkompliziert sein – noch bietet das die Vorstellung vom Süden. Die Zeiten einfacher Urlaubsträume neigen sich jedoch dem Ende zu und es gilt, neue Bilder zu kreieren. Das erfordert allerdings Veränderung und auch Verzicht." (K. Heuwinkel im Tagesspiegel, 22. August 2024)

Der letzte Trend befasst sich mit der Frage, wer alles zur Familie gehört und deswegen auch mit in den Urlaub fahren soll. Ein prominentes Beispiel ist der **Familienhund**: Die Anzahl der Hunde in Deutschland hat in den letzten zehn Jahren signifikant zugenommen, um etwa 2,5 Millionen, sodass die aktuelle Zahl nun bei etwa 10,5 Millionen liegt (Zentralverband Zoologischer Fachbetriebe e. V., ZZF, 2023). Nach den aktuellen Erhebungen besitzen

67 Prozent aller Familien ein Haustier, was auch einen großen Anteil an Hundebesitzern beinhaltet. Hunde gewinnen nicht nur zahlenmäßig an Bedeutung. Sie gelten als vollwertiges Familienmitglied und manche dienen als Ersatzgeschwisterkind. Entsprechend werden ihre Bedürfnisse zunehmend bei der Planung von Familienurlauben berücksichtigt. Dies reicht von der Mitnahme der Hunde in Hotelzimmer oder Ferienwohnungen über spezielle Ausstattungen für die Tiere bis hin zu Angeboten wie Agility-Plätzen zur Beschäftigung der Vierbeiner.

1.4 Was wir über Familien gelernt haben

Die *Simpsons* sind zunächst eine sehr besondere Familie und die meisten realen Familien würden sich im ersten Moment davon distanzieren – bevor sie nach einigem Nachdenken dann doch zugeben, dass es gewisse Ähnlichkeiten gibt. Dieses gilt insbesondere für das Wechselspiel aus individuellen Persönlichkeiten und familialen Ähnlichkeiten sowie der Verbundenheit trotz zahlreicher Konflikte.

Die in diesem Kapitel vorgestellten Begriffe, Daten, Konzepte und Erkenntnisse haben sowohl Ähnlichkeiten als auch Unterschiede zwischen Familien sowie eine große Vielfalt an Familienkonstellationen und daraus resultierenden Bedürfnissen gezeigt. Eine Familie ist mehr als eine Menge Menschen, die gemeinsam in einem Haushalt leben. Den Kern bilden Abhängigkeiten, Verantwortung und Verpflichtungen rund um mindestens eine Eltern-Kind-Beziehung. In Zeiten großer Unsicherheit scheinen Familien an Bedeutung und Wertschätzung zu gewinnen. Ähnliches gilt für Nachbarschaften oder *Communities* (Heuwinkel, 2024b).

Bezogen auf den Familienurlaub zeigten die letzten beiden Abschnitte (*Besonderheiten des Familienurlaubs* und *Trends*) wiederkehrende Muster und Entwicklungen, die Ansatzpunkte für die Gestaltung zahlreicher, recht unterschiedlicher Familienurlaube bieten. Diese sollten als Minimum die Bedürfnisse von Kindern, Elternteilen und der Familie als Ganzes kennen und adressieren. Komplexer wird die Situation, wenn Familien um weitere Personen und Beziehungen ergänzt werden. Beispiele sind Stiefeltern, Großeltern oder die gefühlte Familie.

Das erforderliche Wissen in diesem Bereich basiert wie gezeigt auf Wissenschaften, die nur zum Teil explizit auf Familienurlaub eingehen. Die in → Kapitel 1.3 vorgestellten Zahlen belegen nicht nur ein hohes Interesse, sondern ebenfalls eine hohe Reiseintensität mit zahlreichen Aktivitäten vor Ort. Die größten Fragzeichen beziehen sich auf spezifische Bedürfnisse sowie auf die grundsätzliche Frage, warum Familien verreisen und was sie von dem Urlaub erhoffen. Im nächsten Kapitel werden sowohl Urlaubsträume als auch Hindernisse und Herausforderungen diskutiert.

2 Urlaubsträume von Familien

In diesem Kapitel findet eine tiefergehende Analyse von Familienreisen mit Fokus auf Familienurlaubsreisen statt. Es wird der Frage nachgegangen, warum Familien reisen und was ein gemeinsamer Urlaub bewirken kann. Neben den motivierenden Faktoren werden ebenfalls hemmende Faktoren, wie finanzielle und zeitliche Einschränkungen oder fehlende Reisekompetenzen diskutiert. Diese Betrachtung steht in engem Zusammenhang mit der Frage, wer eigentlich die Reiseentscheidung trifft und welche Anforderungen den Ausschlag geben. Die Ausgestaltung der Rahmenbedingungen des Familienurlaubs ist ein weiteres wichtiges Thema: Welche Unterkunft und welche Aufenthaltsdauer sind ideal für Familien? Welche Ausstattungsmerkmale sind bedingt durch das Alter der Kinder entscheidende Faktoren? Abschließend illustrieren Studien, was ein Familienurlaub, insbesondere die gemeinsame Zeit und das Spielen, bewirken kann.

Die Grundlage für die Aussagen dieses Kapitels bilden erstens Studien und journalistische Texte, die einen starken Bezug zur Praxis haben. Zweitens fließen Erfahrungen aus dreißig Jahren praktischer Arbeit mit Anbietenden von Familienurlauben ein. Im Rahmen von Zertifizierungen und Beratungen wurden zahlreiche Gespräche geführt und Erfahrungen ausgetauscht.

2.1 Was suchen Familien im Urlaub?

Familien fahren aus verschiedenen Gründen in den Urlaub, wobei diese in Abhängigkeit von individuellen Bedürfnissen, Erfahrungen und Umständen variieren können (Carr, 2011; Schänzel, 2012).

Wissen | Motivation und Motive

Einzelne Beweggründe, die Menschen zu einer Handlung bringen, Handlungen beeinflussen oder davon abhalten, werden Motive genannt (Mundt, 2013). Motive sind innere Spanungszustände, die zielgerichtetes Handeln ermöglichen. Die Bandbreite reicht von sehr einfachen und essenziellen Motiven wie Hunger, Durst und Sicherheit (vgl. Maslow → Kapitel 2.3) bis hin zu komplexen Konstrukten wie Leistungsbereit-

schaft und Ehrgeiz. Motive sind eng mit Persönlichkeitseigenschaften verknüpft und somit relativ stabil.
Im Gegensatz dazu beschreibt Motivation eine konkrete Aktivierung und Steuerung des Handelns in einer spezifischen Situation beruhend auf mehreren Motiven.
Da es sich bei Motiven und Motivation um innere Zustände handelt, welche der handelnden Person selbst oft nicht bewusst sind, ist eine wissenschaftliche Untersuchung schwierig.

Im Bereich der Reisemotivforschung werden einzelne Reisemotive kontinuierlich erforscht. Ausgehend von der allgemeinen Motivforschung werden Reisemotive sowohl mit philosophischen Fragestellungen (*Was braucht ein Mensch?)* als auch mit Aspekten der Persönlichkeit sowie Lernprozessen verknüpft. Die Reisemotivforschung versucht zu benennen, warum Menschen das gewohnte Umfeld für eine begrenzte Zeit verlassen und welche Erwartungen damit verbunden sind. Die Antworten darauf sind vielfältig: So spielen elementare Bedürfnisse wie Neugier, der Wunsch nach Abwechslung oder die Suche nach persönlicher Bestätigung eine Rolle.

Ebenfalls haben gesellschaftliche Zustände einen Einfluss. Ein Beispiel ist das Reisen als Statussymbol. Das damit verbundene Sozialprestige kann zu einer Reise motivieren. In der empirischen Reisemotivforschung werden Motive gruppiert, z. B. Entspannungs- und Erholungsmotive, Motive der Abwechslung, Gemeinschaftsmotive sowie Motive der Bildung und Reisen der Gesundheit zuliebe. Es finden sich circa 40 verschiedene Ansätze zur Reisemotivforschung mit rund 20 wiederkehrenden Aspekten, die in fünf bis sieben Kategorien gruppiert werden (Freyer, 2015).

Die Reisemotivation beschreibt die komplexe Kombination von mehreren, teils widersprüchlichen Motiven. Analysiert werden die Umstände und Kräfte, die Menschen veranlassen, zu einem bestimmten Zeitpunkt, an einen bestimmten Ort, auf eine bestimmte Art und Weise zu reisen. Diese Aspekte werden zumeist als Grundlage bzw. Rahmenbedingungen für Entscheidungsprozesse (⟶ Kapitel 2.3) thematisiert. Wechselwirkungen und Widersprüche, z. B. Wünsche versus finanzielle Mittel oder ethische Überlegungen versus Statussymbol, werden ebenfalls aufgezeigt.

Reisemotive von Familien

Die folgenden Reisemotive werden in der wissenschaftlichen Literatur (FUR, 2024a; Köchling et al., 2021; Schänzel et al., 2005; Schänzel et al., 2012; Schänzel & Yeoman, 2015) und in anderen Publikationen (Novotel, 2024) einheitlich für Familien genannt.

- **Erholung und Entspannung:** Urlaub bietet eine Gelegenheit, dem Alltagsstress zu entfliehen und sich zu entspannen. Viele Familien nutzen die Zeit, um sich körperlich und geistig zu erholen. Zeit in der Natur zu verbringen, sich körperlich zu betätigen und einfach zu entspannen, kann positive Auswirkungen auf die physische und psychische Gesundheit haben.
- **Qualitätszeit miteinander verbringen:** Der Alltag kann oft hektisch sein, sodass Familienmitglieder wenig Zeit miteinander verbringen. Urlaub ermöglicht es ihnen, gemeinsam Zeit zu verbringen und ihre Beziehungen zu stärken.
- **Neue Erfahrungen und Abenteuer:** Reisen bietet die Möglichkeit, neue Orte zu entdecken, verschiedene Kulturen kennenzulernen und spannende Aktivitäten auszuprobieren. Dies kann besonders für Kinder lehrreich und bereichernd sein.
- **Erinnerungen schaffen:** Gemeinsame Reisen schaffen bleibende Erinnerungen, die Familien oft ein Leben lang schätzen. Diese gemeinsamen Erlebnisse können den Familienzusammenhalt stärken.
- **Traditionen und Rituale:** Für manche Familien sind Urlaubsreisen eine Tradition, die von Generation zu Generation weitergegeben wird. Solche Rituale können ein Gefühl der Kontinuität und Zugehörigkeit fördern.
- **Bildung und Lernen:** Reisen kann eine Form des informellen Lernens sein. Kinder und Erwachsene können durch das Erleben neuer Umgebungen, Sprachen, Geschichte und Natur viel lernen.
- **Wechsel zum Alltag:** Ein Tapetenwechsel kann helfen, dem Alltagstrott zu entfliehen und neue Perspektiven zu gewinnen.
- **Statussymbol:** Urlaub ist neben dem Auto, dem Haus, der Wohnung und der Einrichtung ein Statussymbol, welches Aussagen über finanziellen Wohlstand, kulturelles Niveau, körperliche Fitness und Lebensstil aussagt. Über die Ausgestaltung des Urlaubs kann eine Distinktion (Abgrenzung) von anderen erreicht werden (Bourdieu, 1987). Destinationen und Aktivitäten mit hohem Status ziehen mehr Menschen an und es

kommt zu einer Abwanderung der ursprünglichen Personen oder zu einer weiteren Distinktion, bspw. durch Privatstrände (Heuwinkel, 2023, S. 173 ff.)

Urlaubsreisen sind somit für Familien weit mehr als nur eine Freizeitbeschäftigung, sie sind eine wichtige Gelegenheit für Erholung, Bildung, die Stärkung familiärer Beziehungen und die Schaffung gemeinsamer Erinnerungen.

Wissen | Lebensstil und Milieu

Der **Lebensstil** gibt eine bestimmte Richtung für die Ausgestaltung der persönlichen Geschichte und der Identität vor. Er enthält ein Set von Einstellungen und Verhaltensweisen. Laut *Giddens* (1991) können Menschen verschiedene Lebensstilsektoren (*lifestyle sectors*) aufbauen und darin ihre Identität gegenüber unterschiedlichen Zuschauer:innen zur Geltung bringen. Der Lebensstil beschreibt kulturelle Vorlieben und erlaubt eine Abgrenzung von anderen Personen.
Ein **Milieu** fasst hingegen eine Menge von Menschen mit ähnlichen Lebensauffassungen, Wertorientierungen und Einstellungen zu Arbeit, Konsum, Familie und Partnerschaft zusammen.
Milieu und Lebensstil bedingen einander und werden oft synonym verwendet. Während der Begriff Milieu jedoch auf die Gruppierung und relativ stabile Werte fokussiert, setzt Lebensstil beim Individuum und relativ leicht zu verändernden Formen des Äußeren an.
Empirische Studien, z. B. Sinus-Milieus, zeigen eine Vielfalt an Lebensstilen und Milieus. (Grundlage: Heuwinkel, 2023, S. 102 ff.)

Hinsichtlich der Aussagekraft der genannten Motive kann jedoch festgestellt werden, dass diese mit Reisemotiven der Deutschen übereinstimmen (ADAC, 2023; FUR, 2024a) und die Liste an sich keinen klaren Mehrwert liefert. Deutlich hilfreicher ist allerdings die Erkenntnis, dass das Motiv *Zeit mit der Familie* verbringen einen höheren Stellenwert im Gegensatz zu anderen Motiven hat (Schänzel & Yeoman, 2015).

Für die Entwicklung konkreter Angebote in einer Destination können Untersuchungen zu beliebten Aktivitäten herangezogen werden. Auf diese wird im nächsten Abschnitt eingegangen.

Beliebte Aktivitäten

Wenig überraschend ist eine der drei beliebtesten Aktivitäten des Familienurlaubs *Zeit mit der Familie verbringen* (Köchling et al., 2021). Dem folgen in Abhängigkeit von der Region *Aufenthalt in der Natur* und *Besuch von kulturellen/historischen Sehenswürdigkeiten.* In Städten rangieren *Einkaufen/Shopping* oder *Besuch von Events* sowie in wasserreichen Regionen *Aktivitäten am/im/auf dem Wasser* weit oben. Neben dem zentralen Motiv der gemeinsamen Zeit, beeinflussen Merkmale der Region, die Verfügbarkeit von Familienunterkünften und Aktivitäten vor Ort die Attraktivität des Familienurlaubs. Besonders beliebt sind Küstenregionen, die vor allem im Sommer mit Strand und Wasser Menschen anziehen. In Ergänzung dazu sind waldreiche Regionen und Gebirge sowie für Kurzreisen auch urbane Räume bei Familien beliebt.

Auch wenn im vorherigen Abschnitt darauf verwiesen wurde, dass neue und unbekannte Erfahrungen bis hin zum Abenteuer in einem Familienurlaub gesucht werden, verlieren Routinen und Hobbies auch im Urlaub nicht vollständig an Bedeutung. Einerseits sind Routinen wichtig für das Familienleben und erleichtern den Familienalltag. Andererseits besteht grundsätzlich im Tourismus die Tendenz auch im Urlaub weiterhin Sport zu treiben oder sich mit Freund:innen online zu treffen.

Bezogen auf beliebte Regionen und Aktivitäten haben Kindheitserinnerungen, Reiseerfahrungen und -gewohnheiten der Eltern einen Einfluss auf die Ausgestaltung des Familienurlaubs (vgl. allgemein zu Erinnerungen und Tourismus Marshall, 2012). Da Familien – insbesondere Mehrgenerationenfamilien – im Familienurlaub gemeinsame Erinnerungen kreieren wollen, ist es verständlich, wenn sie an Orte reisen, die sie bereits früher als Familie besucht haben. Für Eltern, die mit Kind (zum ersten Mal verreisen), bieten bekannte Orte aus der eigenen Kindheit und Jugend Sicherheit und Erfahrung hinsichtlich der Frage, was den Kindern wohl gefällt. Unter Umständen werden Regionen gemieden, die aus der Kindheit mit negativen Erfahrungen verbunden sind.

Grundsätzlich schätzen Familien Angebote, die den Aufenthalt interessant und angenehm gestalten. Die Beispiele reichen von Pools (mit verschiedenen Wassertiefen, Rutschen, Sprungtürmen) auf dem Gelände und Erlebnisbädern in der Nähe, über Spielplätze und Angebote für ältere Kinder bis zu Unterhaltungs- und Beschäftigungsprogrammen (ohne Verpflichtung zur Teilnahme) sowie die Möglichkeit Fahrräder, Bollerwagen,

Stand-up-Paddle-Boards etc. zu mieten. Auf die genannten Punkte wird im Praxisteil ausführlich eingegangen. Welche Aktivitäten tatsächlich in Erinnerung bleiben, ist nicht eindeutig zu sagen.

Kartoffeln am Wegesrand

Wir waren auf der Rückreise aus Frankreich und blieben für eine Nacht in der Nähe von Paris auf einem Bauernhof. Ein Teil des riesigen Gebäudes war umgebaut zu Apartments. Auf dem restlichen Gelände wurde landwirtschaftlich gearbeitet und an diesem Abend die Kartoffelernte eingefahren. Mein jüngster Sohn und ich machten noch einen kleinen Spaziergang und folgten dem Feldweg. Nach etwa einem Kilometer, wir wollten fast schon umdrehen, fanden wir eine leuchtend gelbe Kartoffel am Wegesrand, die vom Wagen gefallen war. Wir fühlten uns wie urzeitliche Sammler:innern, gingen noch weiter bis es zu dunkel war und fanden tatsächlich noch zwei Kartoffeln, die wir bei der Rückkehr stolz den anderen präsentierten und gemeinsam aßen.

Dieses – ungeplante – Erlebnis ist neben der Kanufahrt im Regen die wichtigste Erinnerung des Urlaubs. Außerdem haben Kartoffeln stark an Bedeutung für uns gewonnen. (Kerstin Heuwinkel)

Bezogen auf Aktivitäten ist das Alter der Kinder ein entscheidender Faktor. Babys und Kleinkinder haben deutlich andere Bedürfnisse als Jugendliche. In → Kapitel 2.4 wird deswegen in die Entwicklungspsychologie geschaut.

2.2 Was schränkt Familien ein?

Neben Faktoren, die Familien dazu bringen, gemeinsam zu verreisen und die bei der Auswahl von Destination, Unterkunft und Freizeitaktivitäten wesentlich sind, müssen auch einschränkende Faktoren berücksichtigt werden. Wie → Kapitel 1.2 deutlich zeigte, geraten immer mehr Familien unter Druck: Dieser kann aus einer grundlegenden sozialen Ungleichheit, konkreten finanziellen und zeitlichen Restriktionen oder aus Konflikten und Missständen innerhalb der Familie resultieren. Auf zeitliche Restriktionen, die sich aus fehlender zeitlicher Flexibilität ergeben, wurde bereits ausführlich eingegangen. Nachfolgend stehen Reisekosten und Reisekompetenzen im Vordergrund.

Reisekosten

Der Preis einer Reise ist ein Kriterium, das in den meisten Modellen zur Reiseentscheidung (vgl. exemplarisch Mundt, 2013) berücksichtigt wird, weil es ein einschränkender Faktor ist. Selbst wenn Reisen ganz oder anteilig über einen Kredit finanziert oder die Zahlungen über entsprechende Zahlungsmodalitäten zeitlich verteilt werden können, ist das Budget klar umrissen und beeinflusst die Reiseplanung, -entscheidung und -umsetzung. Bei Familien kommt hinzu, dass die Kosten für mindestens zwei Personen, zumeist aber für drei bis fünf Menschen kalkuliert werden müssen. Ebenfalls sind mögliche Überschreitungen der Kosten zu reflektieren und je nach Budget zu verhindern. Letzteres ist ein Argument, das für Pauschalreisen und insbesondere All-in-Angebote spricht.

Bezogen auf Familien wurde bereits auf finanzielle Herausforderungen und nicht ausreichende finanzielle Mittel eingegangen (→ Kapitel 1.2). Auch wenn der Urlaub Entspannung und sogar das Verdrängen der Alltagssorgen ermöglicht, kommen vor der Reise und spätestens nach der Reise bei einem Blick auf das Konto Bedenken und Sorgen auf.

Zahlen zur Armutsgefährdung in Deutschland haben die prekäre Lebenssituation vieler Menschen vor Augen geführt und insbesondere für Ein-Eltern-Familien und Familien mit drei und mehr Kindern eine Notlage gezeigt.

Es muss gefragt werden, wie sich das Recht auf Erholung und Urlaub an einem anderen Ort mit dieser sich verschlechternden Situation vereinbaren lässt (→ Kapitel 5).

Reisekompetenzen

Neben finanziellen Einschränkungen ist zu berücksichtigen, dass das Reisen je nach Ausgestaltung eine Vielzahl von Kompetenzen erfordert. Zugriff und Auswahl von Informationsquellen, die Bedienung von Buchungs- und Reservierungsportalen, die Möglichkeit online zu bezahlen sowie Sprachkenntnisse sind in der Gesellschaft nicht gleichmäßig verteilt. Grundsätzlich erleichtern der Wegfall von Grenzkontrollen innerhalb des Schengen-Raums, eine (fast) einheitliche Währung und integrierte Zahlungssysteme sowie die weite Verbreitung der englischen und deutschen Sprache das Reisen innerhalb Deutschlands und Europas, insbesondere im Vergleich mit anderen Ländern und Regionen der Welt. Dennoch bestehen weiterhin einige Herausforderungen und bei der Reise mit Kindern sind weitere Aspekte zu berücksichtigen. Beispiele dafür sind oft unübersichtliche Preise für mitreisende Kinder in Abhängigkeit vom Alter sowie Impf- und Ausweispflichten. Für getrenntlebende Eltern, manchmal auch für nicht verheiratete Paare oder andere Reisekonstellationen wie die gefühlte Familie, die mit Kind verreisen wollen, ist darüber hinaus auf die Vorlage von Vollmachten zu achten. Diese Aspekte sind bereits einige Zeit vor der Reise zu beachten und führen unter Umständen dazu, dass eine Destination gewählt wird, die *unkompliziert* erscheint.

Die Verfügbarkeit umfassenden Text-, Video- und Bildmaterials sowie die Existenz zahlreicher Bewertungsportale zu Reisezielen etc. erhöht den Druck, sich vor der Reise zu informieren und das möglichst beste Angebot zu finden.

Zusammenfassend kann die Reise mit der Familie zu einer sehr komplexen Planungsaufgabe werden. Angebote, die den Aufwand reduzieren und den Familien das Gefühl geben, eine sehr gute Leistung zu erhalten, haben in diesem Bereich Vorteile.

Mückenstich, Sonnenbrand und Co.

Eltern müssen zahlreiche Entscheidungen für Kinder treffen und viele davon sind mit großen Unsicherheiten verbunden. Das gilt für gesundheitliche Fragestellungen, für die Wahl von Kindergarten und Schule oder auch die Gestaltung von Freizeit.

Beim Urlaub, der das Familienleben für eine begrenzte Zeit an einen anderen Ort verlegt, stehen zusätzliche Entscheidungen an, etablierte Versorgungsstrukturen sind zu ersetzen und veränderte Routinen zu etablieren.

Im Bereich der gesundheitlich medizinischen Versorgung umfassen die Aufgaben in Abhängigkeit vom Reiseziel die Tabletten gegen Übelkeit im Auto, Pflaster und Sonnenschutz, eine umfassende Reiseapotheke oder auch die langfristige Planung von Impfungen.

Ein weiterer gesundheitlicher Aspekt sind die Folgen der Erderwärmung, welche in den letzten Jahren stärker in das Bewusstsein rücken: Gefahren durch hohe Hitze, intensive Sonnenstrahlung (Sonnenbrand und Spätfolgen für die Haut) sowie eine starke Ozonbelastung. Hinzu kommen Erkältungen, welche die Folge von klimatisierten Räumen sein können.

Konflikte im Urlaub

Der oft lang ersehnte Familienurlaub bietet die Möglichkeit für gemeinsame Abenteuer und unvergessliche Momente, jedoch birgt er auch das Potenzial für Konflikte und Spannungen bis hin zu Gewalt (Zentfeld, 2023). Bereits bei der Planung und Organisation des Familienurlaubs können Kompromisse notwendig werden, die nicht alle Beteiligten zufriedenstellen. In der Realität des Reisens werden Eltern und Kinder mit längeren Fahrten, ungewohnten Umgebungen und unterschiedlichen Interessen konfrontiert.

Unterschiedliche Vorstellungen und Vorlieben während des Urlaubs können zu erhöhtem Stress führen und enttäuschte Erwartungen hervorrufen. Auch die begrenzten persönlichen Rückzugsmöglichkeiten auf Reisen, sei es in einem Hotelzimmer, einem Wohnwagen oder einem Zelt, können die Spannungen innerhalb der Familie verstärken. Das Abschalten von Leistungs- und Termindruck braucht oft Zeit, und Belastungen aus dem Alltag können die Urlaubsstimmung trüben.

Streitigkeiten zwischen Eltern und Kindern oder unter Geschwistern sind normale Lernprozesse innerhalb des Familiensystems, die bewältigt werden müssen. Missverständnisse und unklare Bedürfnisse können zu Frustration und Konflikten führen, insbesondere, wenn diese nicht ausreichend ausgesprochen werden. Daher braucht es Zeit und eine offene Kommunikation innerhalb der Familie – der Urlaub kann auch hier ein Lernfeld sein, das für den Alltag stärkt.

Zusammenfassend ist der Urlaub mit der Familie verbunden mit finanziellen und organisatorischen Herausforderungen sowie Überlegungen zu gesundheitlich medizinischen Fragen. Diese bilden den Rahmen für ein komplexes Wechselspiel von Bedürfnissen und Entscheidungen, die in den nächsten Abschnitten untersucht werden.

2.3 Bedürfnisse und Entscheidungen rund um den Familienurlaub

Die bislang gemachten Aussagen dieses Kapitels haben eine weitere Annäherung an Familienurlaube ermöglicht, da Motive und beliebte Aktivitäten sowie hemmende Faktoren vorgestellt wurden.

Um den Urlaub mit der Familie nicht nur beschreiben, sondern auch verstehen und erklären zu können, folgt eine Analyse der Bedürfnisse von Kindern und Eltern, ein Blick in die komplexen Prozesse der Reiseentscheidung sowie Überlegungen zur Bedeutung von Begegnungen mit anderen Menschen im Urlaub.

Bedürfnisse von Kindern und Eltern

Ein Modell, um die Bedürfnisse von Familien im Urlaub zu erkunden, ist die Bedürfnispyramide bzw. -hierarchie von *Maslow* (1943, 1987), in der er die menschlichen Bedürfnisse in fünf Ebenen kategorisiert, die das Verhalten und die Motivation der Menschen bestimmen.

Wissen | Maslows Bedürfnishierarchie

Die hier gemachten Aussagen beziehen sich alle auf *Maslows* ergänzte Bedürfnishierarchie (1987), deren ursprüngliches Modell (1943) ein häufig genutzter Ansatz für die Strukturierung von Bedürfnissen ist. *Maslow* arbeitete mehrere Jahrzehnte an diesem Themenkomplex und ergänzte 1987 das ursprüngliche Modell mit fünf Ebenen um drei weitere (kognitive, ästhetische und transzendentale Bedürfnisse). Außerdem betonte er in seinen späteren Arbeiten, dass weder alle Bedürfnisse immer vollständig erfüllt sein müssen, noch, dass eine strenge Hierarchie existiert. Das heißt, dass Bedürfnisse einer oberen Ebene auch dann relevant sind, wenn andere darunterliegende Bedürfnisse noch nicht erfüllt sind.
Maslows Aussagen wurden mehrfach in der Tourismuswissenschaft aufgegriffen. So hat *Pearce* (2005) in vielen seiner Publikationen auf *Maslow* Bezug genommen und dessen Aussagen auf das Reisen übertragen. Ein zentrales Konzept ist die Reisekarriere (*travel career*), die Bedürfnisse mit Erfahrungen und Lernprozessen kombiniert. *Moscardo* (2011) liefert mit Einbeziehung des *Well-beings* eine wichtige Ergänzung. Sie untersucht mögliche Effekte des Reisens in Relation zu grundlegenden Bedürfnissen.

Maslows Modell hilft bei der Strukturierung von Bedürfnissen und es ermöglicht, sich zu vergegenwärtigen, was Familien sich in ihrem Urlaub wünschen und wie Voraussetzungen für einen gelungenen Familienurlaub geschaffen werden können (→ Abb. 3).

Nachfolgend werden die Ebenen anhand eines Hotels illustriert:

- **Physiologische Bedürfnisse:** Hotels sollten bequeme Betten, ruhige Zimmer und eine gute Schlafqualität gewährleisten sowie leicht zugängliche Verpflegungsmöglichkeiten zu unterschiedlichen Zeiten anbieten. Kinderzimmer, Familienbetten (s. u.), hypoallergene Bettwäsche und Temperaturregelung tragen ebenfalls zur Zufriedenheit bei.
- **Sicherheitsbedürfnisse:** Sicherheitsmaßnahmen wie elektronische Zimmerschlüssel, Videoüberwachung und das Einhalten von Sicherheitsstandards sind essenziell. Für Familien besonders wichtig, sind sichere Spielplätze und Spielräume, Kindersicherungen an Steckdosen und Fenstern sowie gut geschulte Mitarbeitende, die in Notfällen helfen können.
- **Soziale Bedürfnisse:** Hotels können durch verschiedene Zimmerkonfigurationen (z. B. Familienzimmer, Verbindungszimmer) und ansprechende öffentliche Räume (z. B. Hybrid-Lobbys für Coworking und soziale Interaktionen) die sozialen Bedürfnisse der Gäste unterstützen. Veranstaltungen und persönliche Interaktionen mit dem Hotelpersonal fördern das Zugehörigkeitsgefühl und geben Raum für den Erfahrungsaustausch mit anderen Eltern und eine Vernetzung der Familien.
- **Wertschätzungsbedürfnisse:** Durch persönlichen Service, Kommunikation auch mit den Kindern auf Augenhöhe und besondere Anerkennungen (z. B. Willkommensgeschenke für Kinder, kleine Geschenke für Stammgäste) können Hotels die Wertschätzung ihrer Gäste steigern. Spezifische Wünsche der Gäste sollten proaktiv erfüllt werden. Grundlage ist: Familien sind willkommen – nicht geduldet! Es ist ein umfassendes Verständnis für ihre Lebenssituation vorhanden.
- **Selbstverwirklichungsbedürfnisse:** Gastgeber:innen, die die Bedürfnisse ihrer Gäste kennen und individuelle Wünsche erfüllen, verschaffen den Eltern mit verschiedenen Entlastungen wie Zimmerservice oder Kinderbetreuung, die Möglichkeit Zeit für sich zu haben: Einmal in Ruhe ein Buch zu lesen oder miteinander zu reden. Dies stärkt das Gefühl der Selbstverwirklichung und trägt zur langfristigen Gästebindung bei.

Beobachtungen in der Praxis weisen darauf hin, dass das Sicherheitsbedürfnis von Familien mit kleinen Kindern größer ist als von Familien mit jugendlichen Kindern. Zur Sicherheit gehört u. a. Planungssicherheit.

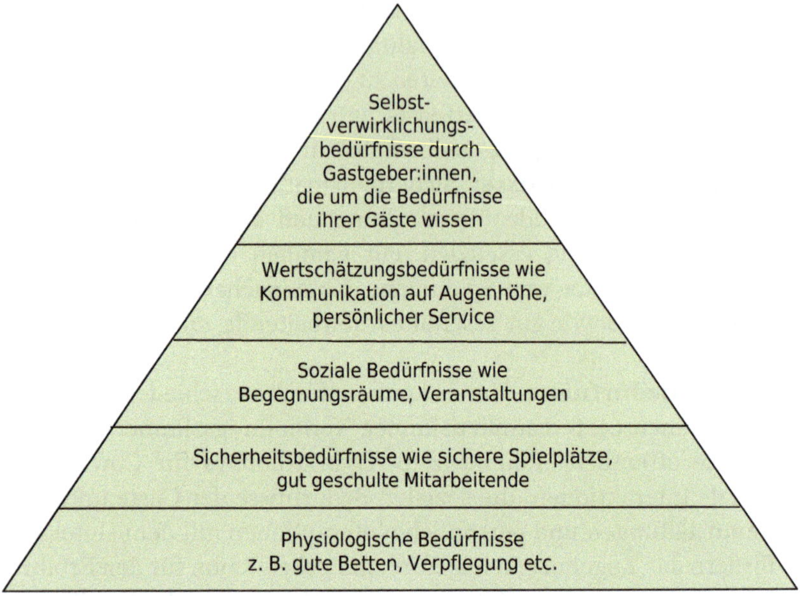

Abb. 3: Bedürfnispyramide nach Maslow [3]

Untersuchungen zu den Bedürfnissen von Kindern aus Sicht der Kinder sind vereinzelt zu finden (Rhodes et al., 2016; Seraphin & Green, 2019; Seraphin et al., 2020). Die → Tabelle 6 listet einige Aspekte auf, die in der Literatur genannt werden. In → Kapitel 3 und → Kapitel 4 wird ausführlich auf Praxiswissen eingegangen.

Was Kinder im Urlaub mögen:	Was Kinder nicht mögen:
körperliche Aktivitäten	schlechtes Wetter
Freiheit zu spielen	lange Autofahrten und Stau
neue Freundschaften	Wartezeiten in Restaurants etc.
Zeit mit der Familie	Reiseübelkeit
Abwechslung vom Alltag	

Tab. 6: Positive und negative Seiten des Urlaubs (basierend auf Rhodes et al., 2016)

Bezogen auf die Unterkunft bieten Ferienhäuser und -wohnungen den Vorteil, dass Kinder ein eigenes Zimmer und Raum für sich haben.

Reiseentscheidungen

Bei Reiseentscheidungen handelt es sich um sehr komplexe und langwierige Prozesse (Mundt, 2013). Wesentliche Einflussfaktoren sind zunächst die (selektive) Aufmerksamkeit für Informationen sowie bereits gemachte Erfahrungen. Hinzu kommen Emotionen, die sowohl positiv (Vorfreude) als auch negativ (Sorge wegen der hohen Ausgaben) ausgerichtet sein können. Sehr vielschichtig sind Aspekte der Preisgestaltung und Finanzierung (Herrmann, 2016). Darüber hinaus findet die Reiseentscheidung selten isoliert statt. Vielmehr kann vom Einfluss durch Menschen und Medien ausgegangen werden. Menschen sprechen mit Bekannten, Arbeitskolleg:innen und anderen über den bevorstehenden Urlaub. Da es sich bei Reisen zumeist um hochpreisige und einzigartige Produkte handelt, die erst in der Zukunft erlebt werden und zum größten Teil immateriell sind, ist die Entscheidung sowohl durch Risiko als auch durch Ungewissheit geprägt (Freyer, 2011). Schließlich muss nicht nur eine Entscheidung getroffen werden, sondern es stehen mehrere Entscheidungen an, z. B. über Reisezeiten und Dauer, Destination, Transportmittel, Unterkunft etc. Zusammenfassend ist der Bereich der Reiseentscheidung(en) ein Feld mit vielen Fragezeichen.

Ergänzend zum allgemeinen Wissen über Reiseentscheidungen resp. über die zahlreichen offenen Fragen, ist beim Familienurlaub der Einfluss von Kindern auf Kauf- und Reiseentscheidungen zu berücksichtigen.

Untersuchungen im Umfeld des Konsumverhaltens von Kindern (exemplarisch Bertelsmann Stiftung, 2021; KB&B, 2024) betonen, dass Kinder das Konsum- und Investitionsverhalten der Eltern verändern und zwar sowohl passiv als auch aktiv:

- Passiv: Eltern beachten Bedürfnisse der Kinder resp. die von ihnen angenommenen Bedürfnisse der Kinder.
- Aktiv: Kinder formulieren Bedürfnisse und verfügen bereits im jungen Alter über ein hohes Markenbewusstsein (Ross & Harradine, 2004)

Größere Kaufentscheidungen werden überwiegend gemeinsam mit der Familie oder Partner:innen getroffen (VuMA, 2021). Nahezu alle Eltern (95 Prozent) in Deutschland beteiligen ihre Kinder an der Auswahl des Reiseziels (Familiensterne, o. J.). Entscheidungen zur Freizeitgestaltung

(73 Prozent) oder was im Urlaub auf den Tisch kommt (49 Prozent) entscheiden die Kinder mit (Fewo-Direkt, 2019). Dabei ist zu berücksichtigen, dass Kinder in Europa über eine immer größere Reiseerfahrung im Vergleich zu den Vorgängergenerationen verfügen und sich eigenständig informieren.

Reisebegleitung und Begegnungen im Urlaub

Familienurlaub bedeutet, dass Familien gemeinsam in den Urlaub fahren. Abhängig von der Familienform und dem Alter der Kinder können die Konstellation sehr vielfältig sein. Auch wenn die Familie aus mindestens zwei Personen besteht, kommt es im Urlaub zu weiteren Kontakten und Begegnungen.

In dem Zusammenhang sind die folgenden Fragen interessant: Reicht der Kontakt innerhalb der Familie aus? Welche anderen Menschen oder Kontakte und Begegnungen sind wichtig? Welche Reisebegleitung ist für Kinder wichtig? Sind Eltern und Geschwister ausreichend?

Es lässt sich feststellen, dass Kinder gerne mit verschiedenen Personen in den Urlaub fahren möchten, wobei ihre Präferenzen von ihrem Alter, ihren Interessen und ihren familiären Bindungen abhängen können (⟶ weiter unten). Für die meisten Kinder, insbesondere die jüngeren, sind die Eltern die bevorzugte Reisebegleitung. Laut einer Umfrage (Novotel, 2024) liegt ihre Zahl bei 78 Prozent. Über Reisen mit ihren Geschwistern (und somit vertrauten Personen) freuen sich 40 Prozent. Gerade für ältere Kinder sind Urlaubsfreundschaften wichtig. Über einen Urlaub mit den Großeltern freuen sich 19 Prozent der Kinder.

Für die meisten Kinder sind weitere Kinder im Urlaub wichtig, sie freuen sich über Kinder mit ähnlichen Interessen und suchen nach Gleichaltrigen, mit denen sie spielen können. Oft entstehen dabei Urlaubsfreundschaften, die manchmal auch über den Urlaub hinaus Bestand haben. Dieses Bedürfnis nach anderen Kindern ist bei Einzelkindern meist ausgeprägter und kann auch die Reiseentscheidung dahingehend beeinflussen, dass Familien einem Familienhotel oder einem Campingplatz mit Animation der einzelnen Ferienwohnung gegenüber den Vorzug geben, da es in den erstgenannten mehr Möglichkeiten zur Begegnung gibt. Eine andere Möglichkeit ist es, Freund:innen oder Verwandte des Kindes mit in den Urlaub zu nehmen. Jugendliche, die bereits in einer Beziehung sind, möchten unter Umständen diese Person mitnehmen.

Für die meisten Eltern steht im Mittelunkt ihres Urlaubes, dass die Kinder glücklich sind. Dazu tragen andere Kinder sowie ein betreutes Kinderprogramm bei (Deutsches Jugendinstitut, 2019). Auch die Eltern profitieren von den neu gewonnenen Urlaubsfreundschaften ihrer Kinder: Die Kinder sind zufriedener und die Eltern haben auch einmal etwas Zeit für sich.

Darüber hinaus bieten Begegnungen mit anderen Eltern die Möglichkeit zum Austausch außerhalb der eigenen Familien bzw. mit anderen Erwachsenen. Organisierte Freizeitaktivitäten helfen den Menschen dabei, leicht miteinander in Kontakt zu kommen. Diesen Mehrwert belegt eine Studie des Deutschen Jugendinstituts (2020), in der besonders auf Familien in herausfordernden Situationen referiert wird. So kann insbesondere auf Campingplätzen das Entstehen von festen *Urlaubscommunities* beobachtet werden. Bei diesen werden Teile des Urlaubs zusammen verbracht und die Kontakte auch teils nach dem Urlaub weiter gepflegt. Manche treffen sich jährlich und auch dann noch, wenn die Kinder bereits erwachsen sind.

Das Zusammentreffen mit anderen Familien bietet ebenfalls die Möglichkeit einer Selbstreflektion durch die Beobachtungen anderer Familien in einer Urlaubssituation. Diese Beobachtungen können mit der eigenen Situation, den Wünschen und Verhaltensweisen abgeglichen werden. Abseits des Alltags kann es eine bereichernde Erfahrung sein, sich mit anderen Eltern über unterschiedlichste Themen auszutauschen, sei es der Medienkonsum der Kinder und der Umgang damit, Herausforderungen bei der Organisation des Alltags oder Erziehungsthemen. Manchmal fällt es außerhalb der gewohnten Kreise leichter offen über die Herausforderungen des Familienalltags zu reden. Der Urlaub ermöglicht eine Teilanonymität, da Menschen außerhalb des gewohnten Umfeldes sind und sich freier äußern können. Darüber, ob man sich noch einmal wiedersieht, kann frei entschieden werden (Heuwinkel, 2023).

In der Praxis wird der Erfahrungsaustausch zwischen Eltern bewusst gefördert. Das *Ferienland Salem* bietet einen gemeinsamen festen Anreisetermin und gemeinsame Familienaktivitäten. Ein weiteres Beispiel sind Arrangements für bestimmte Zielgruppen, wie ein Wochenende für Mütter inkl. Coachingangebot im *Das Bayrisch Zell*.

Vorfreude und die Dauer des Urlaubs

Wie im Abschnitt über Reiseentscheidungen gezeigt, umfasst die Reiseplanung einen längeren Zeitraum, der sowohl von vielen Fragen als auch von einer Vorfreude und Neugier begleitet wird (Carr, 2011). Untersuchungen (Gilbert & Abdullah, 2004; Nawijn et al., 2010) zeigen, dass Menschen glücklicher sind, wenn sie einen Urlaub planen. Die Zeit kurz vor der Abreise kann jedoch als anstrengend empfunden werden, insbesondere wenn die Aufgaben und Verantwortlichkeiten (→ Kapitel 1.2) nicht gleichmäßig verteilt sind. Somit ist es wesentlich, Menschen bei der Reisevorbereitung zu unterstützen und eventuell Tipps zu geben, wie die ganze Familie in die Vorbereitungen involviert werden kann.

In den meisten Fällen wird der in dieser Phase entstehende Stress durch die Erholung im Urlaub ausgeglichen (Backer & Schänzel, 2013). Damit die ersehnte Erholung tatsächlich gelingt, sollte auf eine ausreichende Dauer, auf genügend und erholsamen Schlaf (Pilcher et al., 1997) sowie positive Erlebnisse (Bryant & Veroff, 2007) geachtet werden. Ein Urlaub von zwei Wochen wird häufig als ideal angesehen, da dies genügend Zeit bietet, um vollständig abzuschalten und in einen entspannten Rhythmus zu kommen. Studien zu Erholungseffekten (nach Erkrankungen) zeigen, dass der Erholungseffekt nach etwa acht bis zehn Tagen seinen Höhepunkt erreicht, was eine Aufenthaltsdauer von zwei Wochen sinnvoll macht (De Bloom et al. 2013).

Im Zusammenhang mit der Dauer des Urlaubs finden sich ebenfalls Hinweise darauf, dass Kinder unter Umständen während der Sommerferien Fähigkeiten verlieren, besonders in Bereichen wie Kopfrechnen und Buchstabieren. Dieses kann jedoch durch das gemeinsame Lesen oder andere kognitive Herausforderungen aufgefangen werden. Anstatt Ferien zu kürzen, sollte über sinnvolle Unterstützungsangebote für Familien nachgedacht werden (Chrismon, 2024; Fraeulin, 2016).

Grundsätzlich ist eine regelmäßige Erholung wichtig. Daher empfiehlt es sich, lieber regelmäßig einen kürzeren Urlaub zu unternehmen als nur alle zwei oder drei Jahre einen sehr langen Urlaub. Dieses Ergebnis steht in einem direkten Zusammenhang mit der in → Kapitel 1.2 formulierten Notwendigkeit von Erholung (jährlich einwöchiger Urlaub an einem anderen Ort) für Familien.

Für den Familienurlaub lassen sich zwei zentrale Erkenntnisse ableiten. Der erste Aspekt bezieht sich auf die **Dauer**, der zweite auf den **Schlaf**: Hinsichtlich der Dauer gilt es beim Familienurlaub abzuwägen, ab welchem Zeitraum sich die Reisevorbereitungen und die oft als sehr anstrengend empfundene An- und Abreise (→ Kapitel 3.3) lohnen. Es macht oft hinsichtlich der mitzunehmenden Kleidung und Ausstattung (Kinderwagen,

Kinderbett, Strandmuschel, Laufrad, Matschhosen, Windeln, Kuscheltiere, Bälle, Spielkonsole etc.) für Kinder keinen Unterschied, ob für zwei Nächte oder zwei Wochen verreist wird. Einen Einfluss hat dabei die Form der Unterkunft. Während beim Camping die Packlisten sehr umfangreich sind, reichen beim All-inclusive-Urlaub in einem Familienresort die wichtigsten Kleidungsstücke.

Ein sehr sensibles Thema ist der Schlaf. Wenig überraschend listen Schänzel (2011) sowie Backer & Schänzel (2013) schlecht schließende Vorhänge als einen Stressfaktor des Familienurlaubs auf (→ Kapitel 4). Wenn die Kinder nicht, sehr unruhig oder zu kurz schlafen, kommen die Eltern ebenfalls nicht zur Ruhe. Die zuhause etablierten Routinen können nicht eins zu eins übertragen werden und die Hoffnung auf mehr Schlaf im Urlaub wird in das Gegenteil verkehrt. Es ist verständlich, warum Ruhezeiten in Hotels als wichtig erachtet werden (→ Kapitel 3.7).

Die Betrachtungen zeigen, dass sich vieles um das Wohlergehen der Kinder dreht und entspannte Kinder eine wichtige Grundlage für einen angenehmen Familienurlaub sind. Darüber hinaus werden altersbedingte Unterschiede deutlich, bspw. beim Schlaf. Nachfolgend zeigt ein Blick in altersbedingte Entwicklungsphasen von Kindern, was bei der Gestaltung von Angeboten zu berücksichtigen ist.

2.4 Ein Blick in die Entwicklung von Kindern

Das folgende Kapitel stellt eine Auswahl von Aspekten kindlicher Entwicklung in den Mittelpunkt, die basierend auf der Arbeit mit der Praxis für den Familienurlaub relevant sind. Grundsätzlich lässt sich voranstellen, dass die aufgeführten Aspekte kindlicher Entwicklung individuell variieren.

Familien reisen mit Kindern verschiedenen Alters, die jeweils spezifische Bedürfnisse haben. Der Familientourismus steht daher vor der Herausforderung, unterschiedliche Entwicklungsstufen der Kinder zu berücksichtigen, um zielgruppenadäquate Angebote zu entwickeln, welche mal altersspezifisch, mal altersübergreifend angeboten werden.

Die folgenden Aussagen zu spezifischen Besonderheiten kindlicher Entwicklung können touristischen Einrichtungen ermöglichen, Rückschlüsse auf die Gestaltung von Programmangeboten, Ausstattung von Räumlichkeiten, Leitsystemen in Hotels sowie Freizeitangeboten zu ziehen. Der Fokus liegt auf den für die Ausgestaltung touristischer Angebote relevanten

Merkmalen. Auf die Darstellung entwicklungspsychologischer Grundlagen wird bewusst verzichtet. Beispiele für die konkrete Umsetzung werden in → Kapitel 3 angeboten.

0-3 Jahre | Babys und Kleinkinder

Im Alter von 0–3 Jahren entwickeln sich die Kinder umfänglich und facettenreich. Was für den touristischen Kontext bedeutsam ist: Die **Eltern** sind die Spezialist:innen für ihre Kinder und in engem Bezug zueinander. Programmangebote, die diese Altersgruppe ansprechen, sind in erster Linie als Angebote an die Eltern zu verstehen.

Angebote für die Kleinen ohne Eltern sollten als Entlastungsangebote verstanden werden. Im Rahmen dieser Angebote muss liebevoll, individuell und hochflexibel auf die Bedürfnisse der Kleinsten, u. a. nach Zuwendung und Forscherdrang eingegangen werden. Erfahrungen zeigen, dass Programmangebote für Kleinkinder im Wesentlichen Orientierung und Beruhigung für die Eltern, die ihre Kinder in guten Händen wissen möchten, geben sollen. Qualität, Vertrauen und Sicherheit sind entscheidend.

Auch gemeinsame Angebote für Eltern und Kleinkinder adressieren die Eltern, die entscheiden, ob sie gemeinsam mit dem Kleinkind daran teilnehmen. Der Mehrwert solcher Angebote liegt in der Vernetzung mit anderen Betreuungspersonen und der *Befreundung* von Kindern untereinander.

Bei der zeitlichen Gestaltung von Kleinkindangeboten im Hotel ist bspw. zu beachten, dass diese parallel zu anderen Angeboten der Kinderbetreuung gelegen sind, um Betreuungspersonen, die mit Geschwistern unterwegs sind, die Möglichkeit von Freizeit ohne Kinder zu ermöglichen. Für Freizeitanbieter wie Museen besteht im Rahmen von Babyführungen für die Eltern die Möglichkeit, eine entspannte Atmosphäre sicherzustellen („Ich störe niemanden“, was entlastend erlebt wird. Kinderschwimmkurse laufen vielleicht parallel zu Babyschwimmangeboten, was Wege für Eltern von Geschwistern bündelt und die Herausforderungen an die elterlichen Logistikaufgaben erleichtert.)

3-6 Jahre | Kinder im Vorschulalter

Kinder im Alter von drei bis sechs Jahren sind besonders neugierig und wissbegierig (Raith & Lude, 2014). Sie entdecken und lernen, wo immer sie sich aufhalten. Das macht Reisen zu einem idealen Raum von Möglichkeit, ihren Wissensdurst zu stillen und die Welt zu erkunden. Kinder lernen mit allen Sinnen. Ein Wechsel der Umgebung ist inspirierend zum Lernen über Tasten, Hören, Sehen, Fühlen und Schmecken.

Kinder möchten in dieser Lebensphase den Dingen auf den Grund gehen und die Umgebung erkunden. Reisen bieten eine hervorragende Gelegenheit, andere Kulturen, Speisen, Landschaften und neue Sprachen kennenzulernen. Auch ein Besuch in einem Museum, Zoo oder einem Naturpark kann die Neugierde und den Wissensdrang eines Kindes fördern.

Verbesserte motorische Fähigkeiten in diesem Alter ermöglichen den Kindern, Aktivitäten wie Klettern, Ball werfen und Fahrradfahren zu erlernen und erlauben es Kindern, aktiv an verschiedenen Outdooraktivitäten teilzunehmen. Familienurlaube, die **Aktivitäten** wie Wandern, Radfahren oder Strandspiele beinhalten, unterstützen die körperliche Entwicklung und machen gleichzeitig Spaß.

Mit der zunehmenden **Loslösung von den Eltern**, einer zentralen Aufgabe für die Kinder in diesem Lebensabschnitt und dem Beginn von Freundschaften wird das Reisen in der Gruppe oder mit anderen Familien eine wertvolle Erfahrung. Kinder lernen sich in eine neue Gruppe einzufügen, sich durchzusetzen und manchmal auch zurückzustecken. Dies kann besonders bei organisierten Kinderprogrammen in Hotels oder Ferienanlagen gefördert werden.

Reisen bietet eine praktische Möglichkeit, Orientierung oder Verkehrserziehung in einem realen Kontext zu üben. Kinder können lernen, sich sicher in neuen Umgebungen zu bewegen, sei es im Hotel oder auf einem Bauernhof. Kurze, selbstständige Ausflüge, wie die Erkundung des Wegs zum Spielplatz in einer Ferienanlage oder auf einem Campingplatz, können die Selbstständigkeit fördern. Familienfreundliche Leitsysteme sind dabei unterstützend.

Viele Reiseziele bieten spezielle Programme für Vorschulkinder an, die spielerisches **Lernen** fördern. Themenparks, Bildungszentren und spezielle Kinderveranstaltungen können die schulische Vorbereitung unterstützen.

Wenn die Kinder in der Urlaubszeit auf Reisen Spaß beim Erfahrungslernen erleben, kann das einen positiven Einfluss auf die Vorfreude auf die Schule haben.

Die bereits thematisierte Bedeutung von Natur zeigt sich in dieser Altersgruppe sehr deutlich.

6–11 Jahre | Kinder im Grundschulalter

Die soziale Entwicklung in dieser Lebensphase ist geprägt von der Einhaltung von Regeln und dem Verständnis von moralischen Prinzipien wie Gerechtigkeit (Raith & Lude, 2014). Kinder setzen sich mit ihrer Umwelt auseinander, zeigen Interesse an Hobbys und übernehmen Verantwortung. Die Beziehung zu gleichaltrigen Kindern wird zunehmend wichtiger, ebenso wie der Wunsch, eigene Entscheidungen zu treffen.

In der geistigen Entwicklung erwerben Kinder im Grundschulalter grundlegende Fähigkeiten wie Lesen, Schreiben und Rechnen. Sie entwickeln ihre sprachlichen und geistigen Fähigkeiten weiter und vertiefen die Fähigkeit, abstrakt zu denken.

Das Gedächtnis wird verbessert und Kinder können sich längerfristige Ziele setzen. Die psychische Entwicklung ist geprägt von einer stabilen Phase, in der Kinder sich psychisch festigen und ihre Gefühle besser regulieren lernen.

Das Selbstwertgefühl wird realistischer und Genderrollen werden in diesem Alter zunehmend auch in Unterschiedlichkeit wahrgenommen. Mädchen und Jungen suchen Kontakte zu gleichgeschlechtlichen Kindern und entwickeln ihre Eigenwahrnehmung und ihr Selbstverständnis weiter.

Familientouristische Angebote im Grundschulalter sollten die Entwicklung der Kinder im Grundschulalter berücksichtigen und auf den oben beschriebenen Ebenen ansprechen. Beispielsweise werden durch Teamspiele zur Stärkung von Gruppengefühl und Gemeinschaftssinn soziale Fertigkeiten gefördert und die Kinder lernen Regeln einzuhalten.

11–16 Jahre | Kinder im Jugendalter

Auch innerhalb der Altersspanne späte Kindheit und Jugendlichkeit gibt es große Entwicklungsunterschiede. Manche Kinder fühlen sich bereits mit zehn Jahren jugendlich, andere sind mit zwölf Jahren noch eher Kind.

In der Zeit der Adoleszenz (späte Kindheit, Pubertät bis zum vollen Erwachsensein) durchlaufen Jugendliche einen wichtigen Entwicklungsprozess, in dem sie beginnen, ihre eigenen **Identitäten** zu formen, neue Interessen zu entdecken und ihre Unabhängigkeit zu suchen. Dies kann zu einer erhöhten Experimentierfreude, Risikobereitschaft und dem Streben nach **Autonomie** führen. Jugendliche in diesem Stadium benötigen daher

Möglichkeiten, um ihre persönlichen Interessen zu verfolgen und neue Erfahrungen zu sammeln.

In diesem Alter distanzieren sich die jungen Menschen von den bislang prägenden Eltern und orientieren sich verstärkt an Gleichaltrigen. Die Peergroup bestimmt den Kleidungsstil, Musikvorlieben, Freizeitgestaltung und Verhaltensweisen. Der Familienurlaub, früher ersehnt, wird für Heranwachsende oft zu einem Kompromiss, da er die Zeit mit Freund:innen unterbricht. Dennoch bleiben Familie und Beziehungen wichtige Orientierungspunkte (Shell Jugendstudie, 2019).

Jugendliche im Urlaub mit der Familie erleben eine andere Dynamik als bei selbst gestalteten Reisen mit Freund:innen oder Jugendgruppen. Auch im Familienurlaub bietet es sich an, den Jugendlichen in dieser Phase Raum für Selbstständigkeit und Eigenverantwortung zu geben, z. B., indem sie die Möglichkeit haben, ihre eigenen Ausflüge zu planen oder an speziellen Jugendaktivitäten teilzunehmen.

Im Hinblick auf Familientourismus bedeutet dies, bei der Gestaltung von Programmangeboten für Jugendliche deren Vorlieben zu berücksichtigen und aktuelle Trends aufzugreifen. Bewegungsangebote bleiben in dieser Altersgruppe für Jugendliche weiterhin essenziell. Körperliche und kognitive Herausforderungen ermöglichen es ihnen, eigene Grenzen zu erkennen und Selbstwirksamkeit sowie Kompetenzen zu erleben, besonders in Gruppen (Mein, 2023a).

Familientourismus, der die Bedürfnisse und Entwicklungsschritte von Jugendlichen in der Adoleszenz berücksichtigt, kann dazu beitragen, dass Familienurlaube für alle Beteiligten eine bereichernde und positive Erfahrung werden.

2.5 Was bringt der Urlaub?

Noch schwieriger als eine Antwort auf die Frage danach zu finden, warum Familien verreisen, ist die Benennung von Effekten des Familienurlaubs. Ausgehend von der umfassenden Liste der Reisemotive (→ Kapitel 2.1) könnte versucht werden zu messen, welche Erwartungen erfüllt wurden und welche nicht. Die Zufriedenheitsforschung adressiert diese Thematik. Sie ist jedoch ähnlich komplex wie die Motivforschung, da es um Wahrnehmungen und persönliche Empfindungen geht. Außerdem bestehen komplexe Wechselwirkungen zwischen (hohen) Erwartungen, Zufriedenheit, dem Umgang mit Enttäuschung und dem Eingeständnis, dass der (selbst geplante) Urlaub nicht so schön wie erwartet war.

Backer & Schänzel (2013) haben eigene Daten mit Daten von Plog (2012) verglichen und festgestellt, dass das Ziel der gemeinsamen Zeit mit der Familie das zentrale Element des Familienurlaubs ist, wenn es um die Effekte im Sinne erreichter Ziele geht. Überspitzt gesagt kann formuliert werden, dass ein Familienurlaub vor allem eines liefern muss: Gemeinsame Zeit miteinander und ein bewusstes Erleben dieser besonderen Zeit (oder auch nur Teilen davon) in Abgrenzung zum Alltag. Dabei stehen Qualität und Intensität im Mittelpunkt sowie die Chance, neue *Dinge* zu tun, die im Alltag nicht gelebt werden können. Neben der grundsätzlichen Erholung und Entspannung zeigt sich hier die Bedeutung des gemeinsamen Spiel(en)s.

Bruch zum Alltag

Für Eltern ist eine Urlaubsreise eine Auszeit vom Arbeitskontext, eine Entlastung von der privaten und beruflichen Verantwortung, die Möglichkeit sich zu entfernen, kurzzeitig zu vergessen und den Fokus auf die Familie zu lenken. Für Kinder gilt das gleichermaßen, für sie ist es eine Zeit, um Abstand von Kindergarten und Schule mit den dort geltenden Ansprüchen zu bekommen (Langhammer, 2019).

Laut einer Studie im Auftrag von Novotel (2024) stuften 98 Prozent der befragten Kinder zwischen sechs und 16 Jahren Urlaub als wichtig ein und 77 Prozent der Kinder sehen den Urlaub als Möglichkeit, *Quality-Time mit der Familie* zu verbringen. Auch die befragten Eltern sehen den Urlaub als ideale Möglichkeit, um *Gemeinsamzeit* zu verbringen (74 Prozent) *Erinnerungen* zu schaffen (59 Prozent), und *um zu entspannen* (66 Prozent) und ihre *Alltagssorgen zu vergessen* (46 Prozent).

Im Alltag ist die Wahrnehmung häufig eingeschränkt, um dadurch den Alltagsanforderungen gerecht werden zu können. Beim Reisen werden die Routinen des Alltags verlassen und eine Bewegung außerhalb der Komfortzone angeregt. Daraus ergeben sich Lernmöglichkeiten für alle Familienmitglieder.

Sich in fremder Umgebung zu orientieren, in anderen Sprachen zu verständigen, ungewohntes Essen zu probieren oder andere Zutaten zum Kochen zu verwenden, eine neue Sportart ausprobieren ist herausfordernd und gleichzeitig voller Chancen – für die ganze Familie. Es fördert individuellen Mut und Neugier sowie inneres Wachstum und stärkt die Bindung zwischen Eltern und Kindern. Reisen ermöglicht allen Familienmitgliedern einen Kompetenzzuwachs.

Aus der Novotel Studie geht auch hervor, dass Kinder das Bedürfnis nach Entspannung äußern. Das resultiert aus den hohen Anforderungen des Alltags, die bereits von Kindern erlebt werden.

> „Ein gelungener Familienurlaub mit schönen gemeinsamen Erlebnissen hält Familien zusammen. Mit etwas Abstand zu der Routine und den Pflichten des Alltags haben Eltern und Kinder die Chance, etwas Neues über die Welt und sich selbst zu erfahren." (BMFSFJ, 2023b, o. S.)

Bildung und Spiel

Reisen haben einen bildenden Effekt und Auslandsreisen stellen insbesondere für Kinder eine wertvolle Erfahrung dar (FeWo-Direkt, 2019). Eltern sind überzeugt, dass das Entdecken unbekannter Orte im Familienkreis das Selbstbewusstsein und die Abenteuerlust der Kinder fördert. Zudem glauben viele Eltern, dass solche Erfahrungen ihre Kinder offener und toleranter gegenüber anderen Kulturen und Lebensweisen machen und dazu beitragen, ein Interesse an kultureller Vielfalt und Fremdsprachen zu entwickeln. Begegnung mit anderen Sprachen sowie die Notwendigkeit, sich in einer anderen Sprache auszudrücken ist eine weitere Herausforderung.

Urlaub bietet Raum für Entspannung. Wenn Menschen Sport treiben oder faulenzen, entkommen sie den kognitiven Anforderungen des Arbeitsalltags. Im Alltag fehlt oft die Zeit und das neue Umfeld motiviert.

Neben der bereits erwähnten gemeinsamen Zeit zeichnet sich ab, dass das gemeinsame Spielen im Urlaub entscheidend ist und an Bedeutung gewinnt, da dafür im Alltag oft kein Raum ist. Im GEOlino-UNICEF-Kinderwertemonitor (2014) zeigt sich, dass Eltern und Kinder die gemeinsame Zeit genießen. Je mehr die Eltern arbeiten, desto unzufriedener sind sie mit dem Zeitkontingent, das sie für das Zusammensein mit ihren Kindern haben. Es wird deutlich, dass die Eltern mit dem Umfang der gemeinsamen Zeit am Wochenende deutlich zufriedener sind als unter der Woche. Zu dieser gemeinsamen Zeit zählt auch, einfach zusammen in einem Raum zu sein und verschiedenen Tätigkeiten nachzugehen.

Es fehlt jedoch nicht nur an Zeit. Vielmehr kommt auch das gemeinsame Spielen, das sowohl für die Entwicklung der Kinder wichtig ist als auch gemeinschaftsfördernd, im Alltag oft zu kurz. Der LEGO Play Well Report

(2018) hat ergeben, dass 20 Prozent der befragten Eltern aus Zeitgründen nie mit ihren Kindern spielen, 84 Prozent der befragten Kinder wünschen sich mehr mit ihren Eltern zu spielen und 87 Prozent der Erwachsenen sagen, dass Spielen ihnen hilft, sich zu erholen. Im Urlaub kann dafür die Zeit und der Raum sein, diesen Wünschen nachzugehen – ob bei angeleiteten Freizeitprogrammen oder dem gemeinsamen Brettspiel – und eventuell sogar neue Gewohnheiten festigen. Eine Studie (Brittner-Widmann, 2018) zu Urlaubsaktivitäten zeigt deutlich, dass das Familienleben und -erleben im Mittelpunkt des Urlaubs steht. Sowohl Eltern als auch Kinder möchten Zeit miteinander verbringen. Jedoch haben die einzelnen Familienmitglieder sowohl den Wunsch nach individuellen Freiräumen als auch unterschiedliche Bedürfnisse. Letztere scheinen noch stark durch Genderstereotype geprägt zu sein, wenn Mütter Lesen, Shoppen und Entspannen wollen und die Väter sich auf sportliche Aktivitäten mit den Kindern freuen. Die Kinder wünschen sich vor allem intensive Zeit mit den Eltern, Spaß und Bewegung sowie viel Eiscreme.

2.6 Gemeinsame Zeit – Ganz einfach?

Der Blick auf in Studien und journalistischen Texten behandelte Themen rund um den Familienurlaub zeigte wiederkehrende Erwartungen und Anforderungen an den Familienurlaub. Dieser ist mit vielen Wünschen verbunden, die sich im Kern alle darum drehen, gemeinsame Zeit zu erleben und Defizite des Alltags auszugleichen.

Je komplexer das Familienleben sowie das gesellschaftliche und politische Umfeld werden, desto größer sind die Herausforderungen. Viele Familien sind bereits mit der Gestaltung des Alltags sehr gefordert oder auch überfordert. Umso wichtiger wird es, dass Urlaubsangebote gemacht werden, die Familien unterstützen. Das beginnt mit einem entsprechenden Selbstverständnis und einer guten Kommunikation, geht über die Unterstützung bei der Anreise bis zu einer familienfreundlichen Gestaltung von Unterkunft, Gastronomie und Verpflegung, Freizeitprogrammen und Unterhaltung. Im nächsten Kapitel werden die genannten Punkte detailliert und praxisnah beschrieben.

Teil II · Familien als Zielgruppe

3 Familien als Zielgruppe im Tourismus - Wie gestalte ich Angebote für Familien?

Der erste Teil dieses Buches hat die Vielfalt von Familie aufgezeigt, die unterschiedlichen Erwartungen an einen Familienurlaub und die Urlaubsbedürfnisse von Familien erläutert. Dieser zweite Teil gibt nun ganz konkrete Tipps und Anregungen, wie Praktiker:innen den Familienurlaub gestalten können – ob in der Beherbergung, in der Gastronomie, als Reiseveranstalter oder verantwortliche Person in einer Erlebniseinrichtung oder einer Destination. Dieses Kapitel beruht auf den über 30-jährigen Erfahrungen im Familientourismus der Netzwerkpartnerinnen der Familientourismusberatung *Gäste von Morgen*: Antje Mein, Anne von Winterfeld und Kirsten Harms. Alle Verweise auf die genannten *Good Practice* finden sich am Ende des Buches in einer → Good-Practice-Übersicht.

3.1 Selbstverständnis

Wer sich gut für die Zielgruppe Familien aufstellen möchte, sollte in seinem Entwicklungsprozess nicht nur an der Ausstattung und dem Programm arbeiten, sondern als Grundlage das eigene Selbstverständnis und das der Mitarbeitenden überprüfen. Denn Familienfreundlichkeit äußert sich in der Einstellung der Unternehmer:innen und aller Mitarbeitenden – ob Animateur:innen, Hotelchef:innen, Servicekräfte, Ranger oder Reinigungskräfte.

Ein Weg, um die Familienfreundlichkeit im Betrieb zu verankern, ist es, in einem gemeinsamen Prozess ein Leitbild zu erarbeiten. Dabei werden die unterschiedlichen Visionen, Mission und Werte diskutiert. Auf Grundlage dieser Arbeit entsteht dann ein Leitbild, das als (Werte-)Grundlage des Handelns dient und eine Möglichkeit ist, alle Mitarbeitenden auf dem Weg zu einem Unternehmen mitzunehmen, das sich als familienfreundlich definiert (➲ Tourismus-Cluster Schleswig-Holstein).

Zusätzlich können Schulungen dabei unterstützen, dass Mitarbeitende die Bedürfnisse von kleinen und großen Gästen besser verstehen und lernen (auch) mit Kinderaugen das eigene Angebot und Handeln zu reflektieren. So werden Kinder mit ihren Bedürfnissen ernst genommen und die Kommunikation gelingt. Je besser die Bedürfnisse der Zielgruppe verstanden bzw.

vorhergesehen werden, desto pointierter können die Angebote an Familien gestaltet werden, sodass im besten Fall die Familien von der Umsicht und dem Erfüllen von Bedürfnissen überrascht werden, bevor sie selbst diese geäußert haben.

3.2 Kommunikation

Wer Familien ansprechen möchte, sollte in allen Bereichen der Kommunikation – von Print bis Web – prüfen, ob diese sich in Wort und Bild wiederfinden und Erwachsene und Kinder sich gleichermaßen und auf Augenhöhe angesprochen fühlen.

Vor der Reise: Hilfe bei der Planung

Familien, die ihren Urlaub planen, suchen Informationen überwiegend im Internet, laut einer Studie der *Bitkom* informieren sich ca. 70 Prozent der Befragten bei der Reiseplanung im Internet (Bitkom, 2022). Darüber hinaus beeinflussen auch Printprodukte und persönliche Empfehlungen sie in ihrer Reiseentscheidung. Wichtig sind daher Unternehmenswebsites, auf denen Familien sich wiederfinden: Spielende Kinder, Familien, die zusammen essen oder gemeinsam sportlich aktiv sind – das sind Bilder, die signalisieren: Hier sind Familien erwünscht und fühlen sich wohl. Familien sind dankbar, wenn sie die für sie relevanten Informationen schnell finden. Wer hier die „Familienbrille" aufsetzt und sich anhand der *Customer Journey* (→ Kapitel 1.3) die Bedürfnisse vergegenwärtigt und damit die möglichen Fragen von Familien mit Antworten versieht, zeigt, dass das Unternehmen Familien kennt und erleichtert Familien die Reiseplanung. Besonders wichtig für Familien:

- Ausstattung – was ist vor Ort? Was kann geliehen werden?
- Was gibt es für Freizeitmöglichkeiten? Auch bei schlechtem Wetter.
- Sind andere Kinder vor Ort?
- Wie ist es um die Sicherheit bestellt?
- Wie gestaltet sich die Anreise? Transfer, Eincheckzeiten

Ideal, wenn es ein **FAQ** gibt zu diesen Fragen, sodass die Familien alle Informationen auf einen Blick beantwortet bekommen oder ein Chatbot behilflich ist. Gerade für den ersten Urlaub mit Kind ist ein persönliches Beratungsangebot ein echter Mehrwert, da es mehr Sicherheit schafft.

Je nach Angebot werden auf der Website mit Fotos und Texten Großeltern mit Enkelkindern, Familien mit Babys oder Teenagern angesprochen, sodass das Portfolio der Unterkunft, des Freizeitangebotes oder des Ortes deutlich erkennbar ist. Einige gute Beispiele für die **Zielgruppenadressierung** finden sich z. B. für Babys und Kleinkinder bei den Schnullerwochen im *Hotel Lagant* (➲ Hotel Lagant a) für Mehrgenerationenurlaub im ➲ *Hotel Martinhal* (Hotel Martinhal) und für den Urlaub mit Teens bei *vamos Eltern-Kind-Reisen* (➲ vamos).

Destinationen können bei Familien punkten, wenn sie zeigen, dass sie um die Bedürfnisse der Familien wissen. Der *Hochschwarzwald* hat das auf seiner Website sehr konsequent umgesetzt: Hier finden sich Informationen zu familienfreundlichen Unterkünften, Tipps für Kinderwagen-Wanderwege, Schlechtwettertipps, Hinweise zum Urlaub mit den ganz Kleinen sowie Ausflugsziele umfassende Informationen für Familien, garniert mit Fotos von glücklichen Kindern und Eltern (➲ Hochschwarzwald a). Ebenso in *Garmisch-Partenkirchen*, wo mit Wanderwegen, Stempel-Rallye, Alpaka-Wanderungen und Geocaching-Touren die unterschiedlichen Alters- und Interessensgruppen angesprochen werden (➲ Garmisch-Partenkirchen). Die *Nordeifel* bietet mit einer Packliste Unterstützung für Familien bei der Reiseplanung (➲ Nordeifel) – eine kleine Idee mit einer guten Außenwirkung. *Serfaus* in Tirol steht für Familienurlaub, auf der Website (➲ Serfaus) ist als erstes zu lesen: „We are family. Familienregion Serfaus-Fiss-Ladis in Tirol“ mit Hinweisen auf die Website, die das Angebot für Kinder präsentiert (➲ Murmli Berta) und einer digitalen Unterstützung für die weitere Urlaubsplanung und -gestaltung. In *Lübeck* werden Familien und Kinder – ob Urlaubsgäste oder Einheimische – mit einer Übersicht von Spielplätzen über einen Actionbound bis zu unterschiedlichsten Tipps für die Freizeitgestaltung angesprochen (➲ Lübeck).

Werbung: Die Zielgruppe Familien erreichen

Familien lassen sich über spezifische Medien zielgerichtet ansprechen. **Zeitschriften** (⟶ Verzeichnis Websites am Ende des Buches) wie *Eltern*, *Luna*, *Luna Mum* oder *Family* und Magazine für Kinder wie *Matsch!* oder andere richten sich explizit an Familien. Auch für Großeltern gibt es eine Zeitschrift: *Meine Enkel & ich*, sodass die Zielgruppe sehr spitz adressiert werden kann. Genauso sprechen regionale Veröffentlichungen direkt Familien an, ob *Landknirpse* in Mecklenburg-Vorpommern oder *frankenkids* in der Region Nürnberg – in vielen Regionen erscheinen Print- oder Onlinemagazine für Familien.

Darüber hinaus gibt es eine Vielzahl von **Familienreiseblogs**, die über das Reisen mit Kindern, die Erlebnisse vor Ort und die Herausforderungen von Familienurlaub schreiben, z. B. *family4travel* oder *travelisto.* Auch diese sind teils spezialisiert, z. B. auf Reisen in der Elternzeit, Reisen allein mit Kind (z. B. *Unterwegs mit Kind*), Reisen mit älteren Kindern oder auch zum Thema „Nachhaltiges Reisen mit Kindern" wie z. B. die Blogs *Planet Hibbel* oder *Reisemeisterei.*

Das Thema Familienreisen ist ebenso auf jeglichen Social Media Kanälen sowie in Podcasts zu finden.

Interview | Familien-Reiseblog

Kirsten Harms (KH) im Gespräch mit *Jenny* und *Andreas Arnold* vom Familien-Reiseblog *travelisto* (TL)

▸ KH: Ihr seid schon seit vielen Jahren als Blogger mit dem Schwerpunkt Familienurlaub unterwegs. Was habt ihr wahrgenommen, wie haben sich die Ansprüche und Erwartungen an Familienurlaub in den letzten Jahren gewandelt? Und wie sieht es auf der Seite der Destinationen, der Reiseveranstalter und Hotels aus? Hat sich das Verständnis für die Bedürfnisse von Familien geändert und damit auch das Angebot?
▹ *TL: Was uns als Familienreisende schon immer gewundert hat und was wir schade finden ist, dass Destinationen, Reiseveranstalter und Hotels Familien oft getrennt als Eltern, die Zeit als Paar verbringen und Ruhe vor den lieben Kleinen haben wollen, und Kindern, die irgendwie bespaßt werden sollen, zu denken scheinen, anstatt den Fokus auf das Genießen eines gemeinsamen Urlaubs zu legen. Oftmals werden Ruhebereiche für Adults only und Kinderspieleparadiese angepriesen, für die sich unsere Kinder nie wirklich interessiert haben. Unser Eindruck ist, dass sich das langsam wandelt und ganz langsam gemeinsame Unternehmungen als Familie etwas mehr in den Mittelpunkt rücken. Außerdem werden unserer Erfahrung nach meist nur Familien mit jüngeren Kindern bedacht, wohingegen das Angebot für Jugendliche – wenn überhaupt – gerade mal*

eine Spielkonsolenecke umfasst. Auch das scheint sich zum Glück ganz allmählich etwas zu wandeln.

▸ KH: Wie ist euer Selbstverständnis als Familienreiseblogger: Was versucht ihr euren Leser:innen zu vermitteln? Welchen Einfluss haben Reiseblogs eurer Meinung nach auf Familien bei der Informationssuche und der Reiseentscheidung?
▹ *TL: Unsere damalige Motivation, mit Travelisto als Reiseblog zu starten, hat sich bis heute nicht verändert. Wir hatten und haben das Ziel, Familien Freude am gemeinsamen Reisen als Familie zu vermitteln, unterschiedlichste Varianten und Arten des Reisens mit Kindern vorzustellen, vom Tages- und Wochenendausflug bis hin zur exotischeren Rundreise, und Familien darin zu bestärken, Reisen als gemeinsame Familienzeit zu nutzen.*
Ein Feedback, das wir immer wieder erhalten und das uns freut ist, dass wir Inspiration und authentische Information liefern zu Destinationen und Reisen, auf die unsere Leser:innen und Hörer:innen selbst nicht gekommen wären. Und sie zu ermutigen, sich auch mit (kleineren) Kindern zu trauen, unbekanntes Terrain zu erkunden und vermeintlich altbekanntes neu zu entdecken. Reiseblogs bieten einen authentischen Blick „hinter die Kulissen" und die Möglichkeit, ehrliche Antworten zu erhalten, was viele sehr stark in ihren Entscheidungen beeinflusst.

▸ KH: Was ist euch als Familie im Urlaub wichtig? Was nehmt ihr als Familie aus dem gemeinsamen Urlaub mit? Und wie gelingt euch das?
▹ *TL: Wir versuchen, im Urlaub möglichst viele Aktivitäten gemeinsam zu erleben und Zeit miteinander zu verbringen, was im Alltag oft etwas zu kurz kommt. Je älter unsere Kinder werden, desto mehr Mitsprache haben sie bei der Urlaubsplanung. So haben wir auch neuere Varianten ausprobiert, wie zum Beispiel eine Aufteilung untereinander, Reisen mit befreundeten Familien oder eines Freundes oder der Freundin. Wir sehen jede Reise als Erweiterung des persönlichen Horizonts und unsere Kinder glücklicherweise auch.*

Eine andere, häufig genutzte Möglichkeit des Marketings, sind Kooperationen mit Unternehmen, die Produkte für Kinder anbieten. Beispiele dafür sind Spielwaren, z. B. *Brio, Lego* oder *Playmobil*, Kinderbuchverlagen, z. B.

Coppenrath Verlag, *Ravensburger* und *Thienemann Verlag* oder Kinderzeitschriften, z. B. *geolino*.

Maskottchen als Sympathieträger

Für Kinder sind die Maskottchen der Hotels, der Ferienorte und der Freizeiteinrichtungen ein Hingucker und werden – im besten Fall – zum Urlaubsfreund:innen. Sie ermöglichen ein schnelles Wiedererkennen in allen Werbeprodukten und eine hohe Identifikation mit dem Angebot. Eingesetzt werden können sie im Print- und Web-Bereich, als Held:innen in Büchern, Filmen und Geschichten, als Leitfiguren bei Schnitzeljagden, Rätseln und Detektivgeschichten und natürlich als lebensgroße Figuren, die die Kinderbetreuung oder das Kinderprogramm begleiten. Wichtig ist dabei zu beachten, dass die Maskottchen zu der angesprochenen Altersgruppe der Urlaubskinder passen – etwas ältere Kinder empfinden Maskottchen schnell als „kindisch".

Kommunikation vor Ort

Familien haben ein erhöhtes Informationsbedürfnis, das sollte bei der Gestaltung der Kommunikation vor Ort berücksichtigt werden. Ob dieses mit Plakaten bzw. Aushängen befriedigt wird oder in Hotels mit einer (digitalen oder analogen) Gästemappe, liegt bei den Anbietenden. Hilfreich ist es für Familien, wenn sie auf einen Blick erkennen können, welche Veranstaltungen oder Informationen für sie besonders wichtig sind. Daher hat sich eine Kennzeichnung durch Symbole (oder das Maskottchen) bewährt wie z. B. auf den Veranstaltungsaushängen in Orten (und analog dazu auch im Veranstaltungskalender auf der Website) oder den Angeboten in Zoos oder Museen.

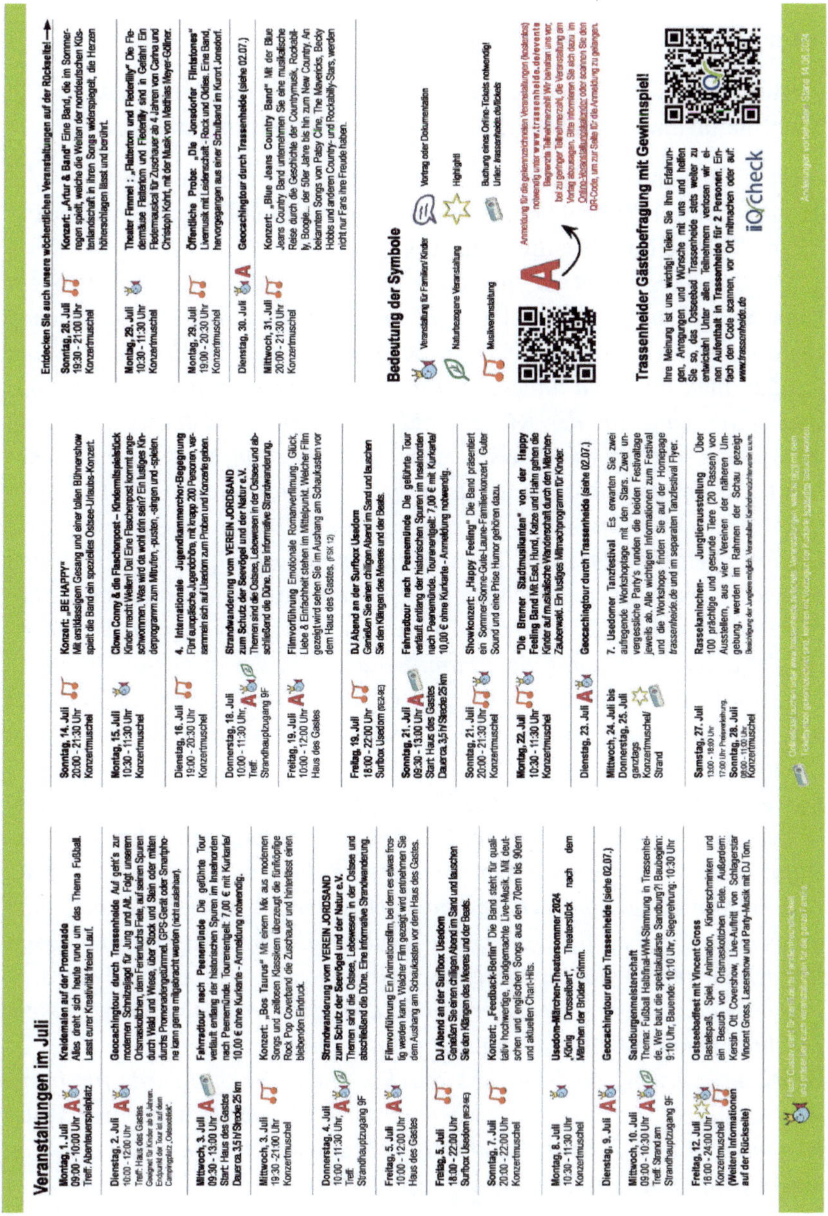

Abb. 4: Veranstaltungsprogramm in *Trassenheide* (➲ Trassenheide): Die für Familien relevanten Veranstaltungen sind mit dem „Gustav", dem Siegel des zertifizierten Familienurlaubs in Mecklenburg-Vorpommern gekennzeichnet. [4]

Interview | Events und Marketing

Kirsten Harms (KH) im Gespräch mit *Stefanie Pflock* (SP), Leiterin für Eventmanagement und Marketing der *Kurverwaltung Trassenheide*

▸ KH: Sie haben sich als Tourismusort ganz auf Familien eingestellt. Wie ist es zu dieser Entscheidung gekommen? Weshalb sind Familien für Ihren Ort eine interessante Zielgruppe?

▹ *SP: Zum Ersten ist es für uns eine Herzenssache, da Familien ein Element der Zukunft darstellen und Trassenheide durch die natürlichen Gegebenheiten im Zusammenspiel der Infrastruktur bereits vieles bietet, das Familien für einen unbeschwerten Urlaubsaufenthalt wichtig ist. Das sind unter anderem der Küstenwald, der breite Sandstrand, der flach verlaufende Wasserbereich und viele touristische Anbieter im Familiensegment. Zusammengefasst: Eine Mischung aus Familienaction und Erholung in Natur & am Strand.*

Die Entscheidung, dass sich Trassenheide zum Tourismusort für Familien entwickelt hat, war natürlich ein Prozess und dieser wird wohl nie aufhören. Der Anstoß für die explizite Ausrichtung kam jedoch vor ca. 20 Jahren im Zuge der Einführung des „Familienurlaub MV – geprüfte Qualität". Die Familienfreundlichkeit wird vom gesamten Team gelebt und das gibt uns stets von innen heraus die eigene Motivation und bereichert den Ideenreichtum.

Familien sind eine interessante Zielgruppe, da diese sich heutzutage ganz individuell gestalten können und es eine Herausforderung darstellt, den Anforderungen zu entsprechen. Ebenso sind diese interessant, da wir die Kindererinnerungen prägen und dadurch schon oft bewiesen haben, dass diese dazu neigen die positiven Urlaubserfahrungen dann auch beim Erwachsenwerden mitzunehmen. So wird auch deren späterer Familien- und Freundeskreis von uns erfahren und dies trägt wieder zu einem erhöhten Bekanntheitsgrad bei und führt zu neuen Gästen.

Es ist uns wichtig, dass wir uns durch einheitliche Standards für familienfreundliche Angebote in transparenter und nachvollziehbarer Weise präsentieren und durch beispielhafte Urlaubsgestaltung die Familien von einem Urlaub in Trassenheide begeistern können.

▸ KH: Was waren in dem Prozess zu einem Familienurlaubsort die größten Herausforderungen? Welche Bedürfnisse und Erwartungen von Familien haben Sie vielleicht auch überrascht?

▹ *SP: Im Prozess, Trassenheide zu einem Familienurlaubsort zu entwickeln, gab es sicherlich eine Reihe von Herausforderungen und überraschenden Erkenntnissen in Bezug auf die Bedürfnisse und Erwartungen von Familien. Einige der größten Herausforderungen waren die Infrastrukturentwicklung, die Saisonabhängigkeit, die Sicherheitsstandards und fortlaufend, auch im Zuge des Generationswechsels, das Vorhalten von qualifiziertem Personal. Diese Projekte/Prozesse müssen den hohen Standards und Erwartungen der Familien entsprechen, was zusätzliche Planung und Ressourcen erfordert. Nicht zu unterschätzen sind die wirtschaftlichen Aspekte, da die Finanzierung aller Maßnahmen immer eine Rolle spielt und auch eine große Herausforderung darstellt.*

Die digitale Vernetzung der Kinder und Jugendlichen hat so schnell an Relevanz gewonnen, dass es bereits zu einem Urlaubskriterium geworden ist. Es war überraschend, dass der „Empfang" auf einmal so wichtig war. Social Detox ist zwar in aller Munde, aber vor Ort ist ein up-to-date sein für die Gäste wichtig. Die Schnelllebigkeit überrascht immer wieder aufs Neue.

Wir verfolgen und sind Verfechter der Themen wie Nachhaltigkeit und des Umweltbewusstseins, aber es ist auch die Herausforderung schlechthin.

Bei unseren Veranstaltungen, die wir den kleinen und großen Gästen anbieten, haben wir schon seither auf bildungsorientierte Aktivitäten gesetzt. Das begann schon bei Kleinveranstaltungen aber auch bei großen Events, wie wir es beim Konzept der Schlaraffenlandparty umsetzen. Ein eher spielerisches Thema wird mit dem wachsenden Trend am Interesse an bildungsorientierten Aktivitäten für Kinder kombiniert. Den Eltern ist auch vermehrt wichtig, dass es nicht nur unterhaltsam, sondern auch lehrreich ist. Dieser Trend führt seit zwei Jahren dazu, dass wir Angebote wie Naturführungen, Upcycling Workshops und noch weiteres mehr in den Fokus gesetzt haben.

▸ KH: Welche Veränderungen nehmen Sie in der Gestaltung des Familienurlaubes wahr? Und wohin wird die Reise führen, inwieweit wird sich die Nachfrage in den nächsten Jahren ändern? Welche Rolle spielt Nachhaltigkeit bei Ihren Angeboten für Familien?

▹ *SP: Es ist erkennbar, dass zukünftig nicht mehr die Eltern entscheiden werden, was im Urlaub gemacht wird und auch wohin es geht – sondern die Kids. Daher müssen wir uns beim Kinder- und Familienmarketing umstellen. Die richtige Ansprache vor Ort im Urlaub ist ein relevanter Bestandteil, um auch weiterhin eine Rolle zu spielen. Auch kinderfreie Zeit zu nutzen liegt im Trend bei den Erwachsenen. Hier bieten Hotels in Trassenheide tolle Konzepte an und wir als Kurverwaltung tragen unseren Teil dazu bei, indem wir bei ausgewählten Veranstaltungen auch eine Kinderbetreuung anbieten. Weiter beeinflusst wird die Nachfrage von der Entwicklung der Familien im Allgemeinen, u. a. der monetären und nichtmonetären Faktoren. Für uns zeigt sich der Weg auf, die Infrastruktur nachhaltig weiter zu entwickeln. Die Nachfrage wird sich in den kommenden Jahren weiter in Richtung nachhaltiger und authentischer Erlebnisse bewegen. Nachhaltigkeit spielt eine zentrale Rolle, indem umweltfreundliche Unterkünfte, nachhaltige Mobilität und regionale Lebensmittel gefördert werden. Das verschmilzt mit den nachhaltigen Angeboten, die in fester Struktur aber auch in lebendigen Angeboten vorgehalten werden*
Um auch in den Zertifizierungsprozessen weiterhin Berücksichtigung zu finden ist es neben dem persönlichen Interesse, im Sinne unserer Gäste, essenziell wichtig Trassenheide weiterzuentwickeln.

▸ KH: Was sollten Familien aus einem Urlaub in Trassenheide für sich mitnehmen?
▹ *SP: In erster Linie sollten Familien erholt, entspannt und voller Kraft wieder in den Alltag gehen können. Die gemeinsame Zeit soll als Quality Time gesehen werden. Alles in Kombination mit einer Fülle an positiven Erfahrungen und Erinnerungen. Sie sollten sich hier wohl und willkommen fühlen. Ein geborgener Familienurlaub in der familiären Atmosphäre. Von der Entspannung am Strand über spannende Naturerlebnisse bis hin zu bildungsorientierten Aktivitäten – die Familie kann nicht nur Spaß haben, sondern auch als Einheit wachsen, sich erholen und neue Dinge lernen. Diese Erlebnisse und die dadurch gewonnenen Erkenntnisse und Erinnerungen nehmen Familien mit nach Hause und sie tragen zu ihrem langfristigen Wohlbefinden und ihrer Zusammengehörigkeit bei.*

Aushänge, Plakate und Tafeln, die sich an Kinder richten, sollten auch für sie gestaltet sein, d. h. gut zu lesende Schriften, wenig Text, Bilder und Piktogramme – und: Sie sollten auf Augenhöhe der Kinder angebracht sein!

Nicht nur Kinder freuen sich, wenn sie in einem Hotel, Resort oder Campingplatz von den Mitarbeitenden und vor allem den Kinderbetreuer:innen schon einmal einen ersten Eindruck gewinnen können. Deswegen sind Wände mit Fotos der Mitarbeitenden im Eingangsbereich eine gute Idee und sie schaffen gleichzeitig mehr Vertrauen bei den Eltern, wenn sie vorab die Personen gesehen haben, denen sie später ihre Kinder anvertrauen.

Was Familien vor Ort schätzen

Wer kleine und große Gäste anspricht, ist gut beraten, ihnen die Orientierung zu erleichtern und damit auch an diejenigen zu denken, die (noch) keine Schilder lesen können (Harms & Mein, 2021).

Hier erleichtert eine Skizze der Anlage, vielleicht auch verpackt in eine Schatz- und Entdeckerkarte die Orientierung, sodass die kleinen Gäste sich schnell und selbstständig zurechtfinden können und damit Eltern und Kinder an Sicherheit gewinnen. Besonders in größeren Resorts oder auf Campingplätzen wird die erste Entdeckungstour für Kinder so zu einem Erlebnis: Hier finden sich der Strandzugang, der Pool, die Kinderanimation etc. In *Pfronten* gibt es z. B. einen Kinder-Orts-Plan (➲ Pfronten). Gleichermaßen können Destinationen sich mithilfe eines Kinder-Ort-Plans familienfreundlich präsentieren und sowohl für Einheimische und Besucher:innen die wichtigsten Plätze für Kinder wie Spielplätze, Freibad, Treffpunkte, Fußballplatz oder Tischtennisplatten einzeichnen. Ein kommerzieller Anbieter für Kinderstadtpläne ist z. B. *Kobra* (➲ Kobra).

Damit Kinder sich gut orientieren, helfen Piktogramme oder Bodenlinien, um z. B. die sanitären Anlagen oder den Spielbereich einfacher finden zu können. Vor allem in größeren Anlagen ist es hilfreich, wenn die Zimmer oder Ferienwohnungen nicht ausschließlich mit Ziffern gekennzeichnet sind, sondern beispielsweise die Flure oder einzelne Häuser sich in der Farbigkeit unterscheiden und die Zimmer neben einer Nummer oder einem Namen auch über ein Symbol verfügen, wie z. B. Tiere, die in der Region typisch sind (Harms & Mein, 2021).

Schön spielerisch funktioniert die Orientierung im *Familux Resort Dachsteinkönig* (➲ Familux Resort Dachsteinkönig): Jedes Stockwerk hat ein eigenes Tier – und im Aufzug ertönt die Ansage: „Wuff“, „Kräh“ oder „Brüll“ – so verstehen auch die ganz Kleinen, wo sie aussteigen müssen.

Abb. 5: In *Karls Erlebnisdörfern* (➲ Karls Erlebnisdörfer) führt die gelbe Bodenlinie sicher zu den sanitären Anlagen – auch Menschen, die nicht lesen können, können sich so orientieren. [5]

Abb. 6: Die Zimmer im *Hotel Engel* (➲ Hotel Engel) in Todtnauberg sind nicht nur mit Nummern versehen: Die kleinen Tiere, platziert in Kinderhöhe, werden von Kindern, die noch keine Zahlen kennen verstanden und können zusätzlich ertastet werden. [6]

In Orten am Meer hat es sich bewährt, die Strandzugänge mit Symbolen oder Figuren zu kennzeichnen, sodass Kinder diese einfacher wiederfinden (Abb. 25)

Regeln für Sicherheit und gutes Miteinander

Wo viele Menschen zusammentreffen, helfen ein paar Regeln, damit das Miteinander besser funktioniert. Ein Beispiel für eine gute Formulierung hierfür findet sich auf der Website des *Haus Hirt.*

> *„Das Haus Hirt liebt Kinder. Hier weiß man, was Kinder brauchen. Ganz, ganz viel Verständnis und ein paar wenige Spielregeln und Grenzen. Und weil das mit den Spielregeln so wunderbar klappt, kann das Haus beides bieten: eine Oase der Ruhe und Entspannung und ein Refugium für Familien."*

Haus Hirt
https://www.haus-hirtcom/

Eine klare und sachliche Kommunikation weckt Verständnis für die unterschiedlichen Bedürfnisse der Gäste. Regeln und wichtige Hinweise müssen gut zu lesen und auch für die kleinen Gäste verständlich formuliert sein. Lieber Gebote als Verbote: Ein paar Erklärungen, warum etwas nicht erwünscht ist, holen die Gäste ab und sie fühlen sich nicht gemaßregelt, wie bei Verbotsschildern, z. B. den klassischen Schilder „Betreten verboten" oder „Eltern haften für ihre Kinder" (Harms, 2020a).

Abb. 7: Im *Golchener Hof* (➲ Golchener Hof) wird nicht von Regeln gesprochen, sondern von „Achtsamkeit" und damit um ein Aufeinander-Rücksichtnehmen gebeten. [7]

Besonders Kinder freuen sich über eine Vermittlung von Regeln, die mit einem Augenzwinkern einhergeht – aber auch Erwachsene fühlen sich davon mehr angesprochen als von radikalen „Verboten"-Schildern.

Abb. 8: Ein Verbot? Oder ein Spiel? Sympathische Kommunikation in *Borchard's Rookhus* (➲ Borchard's Rookhus). [8]

Bewertungen: Feedback und gute Werbung

Die Meinungen anderer Gäste, vor allem anderer Familien, die Bewertungen auf Bewertungsplattformen oder den Buchungsportalen beeinflussen die Reiseentscheidung ebenso wie die Erfahrungsberichte von Reisebloggern oder befreundeten Familien. Wer die Bewertungen aktiv auf der Website einbindet, entspricht dem Wunsch der Gäste, die Meinungen anderer Familien zu lesen – wie auf der Website des Familienbauernhofes *Bauer Martin* (➲ Bauer Martin).

Sowohl im direkten Gespräch als auch mit einem Fragebogen zur Abreise: Wer Familien als Gäste hat, sollte Erwachsene und Kinder befragen, wie ihnen der Aufenthalt oder der Urlaub gefallen hat. Ob große oder kleine Gäste, das Feedback hilft, das eigene Produkt weiterzuentwickeln und stetig zu optimieren und so z. B. neue Ideen ins Kinderprogramm zu integrieren. Ein Gästebuch lässt zugleich Raum für ein paar persönliche Zeilen oder auch die Möglichkeit für die Kinder, zum Abschied Bilder zu malen.

Eine besonders hohe Wertschätzung erfahren gemalte Kinderbilder im *Familien Wellness Hotel Seeklause* (➲ Familien Wellness Hotel Seeklause), wo neben dem Gästebuch noch eine Mappe mit den vielen Zeichnungen der Kinder an der Rezeption ausliegt.

Buchungen: Einfach, schnell, rund um die Uhr

Familien haben vorrangig am Abend, am Wochenende oder an Feiertagen Zeit, um gemeinsam den Urlaub zu planen. Sie freuen sich, wenn sie auch zu diesen Zeiten alle Informationen erhalten und buchen können. Daher sollte es eine Verfügbarkeitsanzeige bzw. einen Belegungskalender geben. Onlinebuchungen ermöglichen es den Familien, direkt und schnell ihren Urlaub oder Ausflug zu buchen.

3.3 Anreise und Abreise

Familien erleben die An- und Abreise zum Urlaubsort in der Regel als sehr herausfordernd. Je nach Familienkonstellation, Alter der Kinder und Transportmittel entstehen bei den Familien unterschiedliche Stressfaktoren: einigen Kindern wird bei der Autofahrt schlecht, viele, besonders kleinere Kinder, langweilen sich während einer Reise und müssen beschäftigt werden. Kinder streiten sich im Auto, was die Eltern stresst und zu gefährlichen Unaufmerksamkeiten führen kann. Dazu kommen noch die normalen Hürden einer Anreise vom Stau bis zu falschen Abfahrten. Auch das Verstauen des Gepäcks stellt eine Herausforderung dar: Wie gelingt es, alles – vom Kuscheltier bis zur Sportausrüstung – mit ins Auto zu bekommen?

Die Anreise mit der Bahn könnte eine Alternative zum Auto sein, denn bei der Anreise mit dem Zug muss niemand am Steuer sitzen. Bedingung ist jedoch, dass die Züge überhaupt, pünktlich und verlässlich fahren. Hinzu kommt, dass der Weg zum Bahnhof mit viel Gepäck und eventuell mehreren kleinen Kindern als eine große Hürde empfunden wird. Gleiches gilt für das Umsteigen mit Kind(ern), verpasste Anschlüsse aufgrund von Verspätungen, fehlende Zugteile und reservierte Plätze oder eine Reservierung für Familien mit kleinen Kindern im Ruheabteil. Angebote der Bahn zur Vorabversendung von Gepäck sowie Kinderfahrkarten und Betreuung im Zug sind gute Ideen, um das Bahnfahren familienfreundlicher zu machen.

Unterstützung bei der Mobilität

Hotels und andere Beherbergungsbetriebe können Familien bei der **Planung der Anreise** unterstützen und so diese besonders stressige Situation entzerren. Zum einen, indem sie ausreichend Informationen bereitstellen, wie und mit welchen Transportmitteln die Anreise gut möglich ist, z. B. durch Informationen auf der Website und die direkte Verlinkung zu den jeweiligen Verkehrsträgern wie z. B. der Bahn, dem Fernbus und den regionalen Buslinien.

Reiseveranstalter sollten bei der Reiseorganisation versuchen, die Anzahl der Umstiege weitestgehend zu reduzieren. Für eine Familie – insbesondere mit kleineren Kindern – ist jeder Umstieg ein Stressfaktor, ob bei einer Bahnreise, einer Flugreise mit Umstieg(en), einer kombinierten Flug-Bahn-Reise oder einer Reise mit Flug und Fähre. Eine durchgängige Anreise hingegen ist ein klares Argument, sich für diese Reise zu entscheiden.

Wichtige Fragen sind: Besteht die Möglichkeit, sich bei der An- und Abreise vom Bahnhof, Flughafen oder Hafen abholen zu lassen? Bietet die Unterkunft selbst einen solchen Service an oder arbeitet sie zusammen mit einem lokalen Taxi-Unternehmen? Letzteres ist dann gehalten ausreichend Kindersitze und Sitzerhöhungen in guter Qualität bereit zu halten.

Ebenso sollten die Familien sich gut über eine mögliche **Mobilität vor Ort** informieren können. An dieser Stelle sind die folgenden Fragen zu berücksichtigen: Gibt es eine Bus- oder Bahnhaltestelle in der Nähe der Unterkunft? Wie oft wird diese bedient? Gibt es die Möglichkeit, sich Fahrräder inkl. Kinderfahrräder, Fahrradanhänger und Kindersitzen auszuleihen? Ist das vielleicht sogar direkt im Hotel möglich? Und was kostet dieser Service? Vielleicht bieten Hotel oder die Destination auch einen kostenlosen Shuttleservice zum Strand oder der Skistation an? Gibt es Parkplätze und Stellplätze für die Fahrräder bzw. E-Ladestationen?

Ein Auge für besondere Bedürfnisse

Egal ob die Familie mit dem Auto, dem Flugzeug, dem Bus, der Bahn oder dem Fahrrad anreist: Familien haben viel Gepäck und gerade das macht das Reisen besonders anstrengend. Daher entlastet es Familien bei der Planung und der Durchführung der Reise, wenn sie ihr Gepäck reduzieren können, weil es vor Ort die unterschiedlichen Dinge zum Ausleihen gibt (mit und ohne Bezahlung), wie z. B. Sportausrüstungen, Spielzeug von Sandspielzeug bis zu Gesellschaftsspielen, (Vorlese-)Bücher, Matschhosen, Kinderkarren und Rückentragen.

Um die Autofahrt entspannter zu gestalten, verschenken einige Hotels als Abschiedsgeschenk kleine Reisespiele.

Die Bahn weiß um diese Bedürfnisse und bietet in einer Kooperation mit *nomadi* die Möglichkeit, z. B. Kindersitze fürs Auto oder Buggy auszuleihen und direkt zum Urlaubsort zu schicken (➲ Die Bahn). In der Bahn freuen sich Familien über ausreichend Platz für ihr Gepäck und auch über ein eigenes Abteil. Gerne mit Tischen, auf denen gespielt werden kann und auf denen schon ein Spiel aufgedruckt ist – oder die Karte der Region, durch die die Fahrt führt, wie z. B. in der Werdenfelsbahn. Die Anzahl dieser Plätze ist jedoch begrenzt.

Endlich da! Zwischen Erschöpfung und Freude

Die Ankunft ist eine sehr ausschlaggebende Situation. Die Familie ist endlich (!) angekommen, gestresst und voller Vorfreude. Die Kinder haben sich länger nicht mehr richtig bewegt und Grundbedürfnisse wie Hunger, Durst oder die Suche nach einer Toilette spielen eine ebenso große Rolle, wie die Neugier, das Gelände zu erkunden, endlich das Auto auszuladen bzw. das Gepäck aufs Zimmer zu bringen Um diese Situation zu entstressen, ist es hilfreich, dass die Rezeptionsmitarbeitenden sich der Relevanz bewusst sind und die Bedürfnisse der Familien kennen. Eine entspannte Atmosphäre, in der ein paar Willkommensgetränke für Klein und Groß (oder ein Wasserspender) bereitstehen, eine kleine Spielecke oder ein Spielplatz in Sichtweite der Rezeption, wo die Kinder sich etwas beschäftigen oder toben können und eine gute ausgeschilderte Toilette helfen dabei.

Abb. 9: Vom Auto direkt auf den Spielplatz: Im *Familien Wellness Hotel Seeklause* auf Usedom (➲ Familien Wellness Hotel Seeklause) können die kleinen Gäste nach der langen Autofahrt erstmal toben. [9]

Sowohl Eltern als auch Kinder sollten persönlich begrüßt werden, die jüngeren Gäste freuen sich über ein kleines Willkommensgeschenk – bei größeren Anlagen und Campingplätzen kann das auch ein schön gestalteter Lageplan sein, der ihnen hilft, sich schneller zu orientieren.

Im Empfangsbereich signalisieren ein abgesenkter Rezeptionstresen oder eine kleine Treppe, dass hier auch die kleinen Gäste willkommen sind. Informationsmaterial liegt für die gesamte Familie bereit und die Infos für Kinder sind auf deren Augenhöhe platziert.

Abb. 10: Kleine Gäste willkommen! Im *Strandresort Markgrafenheide* (➲ Strandresort Markgrafenheide) können Kinder mithilfe der Treppen an der Rezeption ihre Fragen stellen. [10]

Abreise: In guter Erinnerung bleiben

Während die Ankunftssituation sozusagen die Weichen für den Urlaub stellt, hat die Abreise einen großen Einfluss auf die Erinnerung an den Urlaub. Eine persönliche Verabschiedung von Eltern und Kindern, ein kleines Andenken zum Abschied, das trägt dazu bei, dass der Urlaub in besonders guter Erinnerung bleibt und das kleine Spiel oder Heft vielleicht die Fahrt verkürzt.

3.4 Familienorientierte Ausstattung

So wie bei der Kommunikation haben Familien auch bei der Ausstattung besondere Bedürfnisse. Diese unterscheiden sich vor allem nach dem Alter der Kinder. Von der Unterkunft bis zu Spielbereichen, vom Leitsystem in einem Ort bis zur Wegeführung: In vielen Punkten lässt sich das Angebot auf Familien ausrichten.

Ausstattung von Zimmern und Ferienwohnungen

Für eine komfortable Unterbringung sollten ausreichend Zimmer mit getrennten Schlafbereichen vorhanden sein. Ideal sind Zimmer, die sich modular zusammenschließen lassen, sodass auch größere Familien ausreichend Platz haben.

Besonders Kinder freuen sich über eine phantasievolle Gestaltung des Zimmers, das macht die Übernachtung zu einem außergewöhnlichen Erlebnis: Ob Drachenzähmen, Piraten oder Peppa Pig das Thema sind (alle im ➲ *Heide Park Resort*), eine Zirkussuite in *Efteling* (➲ Efelting), das fußballbegeisterte „Vereinsheim" im *Postel* (➲ Postel Wolgast) oder „Schlafen bei Schafen" in den Ferienwohnungen in *Middenmank* (➲ Middenmank), wo man aus der Wohnung in den Schafstall schaut.

Abb. 11: Zimmer, die durch eine besondere Ausstattung begeistern und allein die Übernachtung schon zum Erlebnis machen wie hier im *Postel* (➲ Postel Wolgast) in Wolgast das „Vereinsheim". [11]

Ausreichend Platz ist wichtig – für die ganze Familie inklusive Gepäck und Ausrüstung, Ablagemöglichkeiten und Stauraum.

Manche Familien sind auch dankbar für ein überdimensionales, großes Familienbett, in dem alle zusammen übernachten können und dennoch ausreichend Platz haben.

Abb. 12: Ein Bett für alle – in diesem überdimensionierten Bett in *Borchard's Rookhus* (➲ Borchard's Rookhus) haben alle ausreichend Platz und schlafen trotzdem zusammen. [12]

Für Familien mit Kleinkindern sind Windeleimer und Babybadewanne wichtig, mit kleinen Kindern dann Töpfchen oder WC-Aufsatz und ein Tritt, um das Waschbecken erreichen zu können. Kinderbetten, Zustellbetten und ein Rausfallschutz sollten vorhanden sein, ebenso wie eine Verdunklungsmöglichkeit und ein Fliegen- und Mückenschutz.

Ein Kinderhochstuhl oder eine Sitzerhöhung leisten in Ferienwohnungen gute Dienste. Auch über ein Nachtlicht, einen Flaschenwärmer oder ein Baby Fon (vor allem, wenn das Handynetz nicht stabil ist) freuen sich viele Familien mit kleinen Kindern ebenso wie über einen Wasserkocher. Alle Gegenstände sollten sowohl intakt als auch sauber sein, regelmäßig überprüft und bei Bedarf ersetzt werden.

Freizeitangebote

Abb. 13: Eine Beschilderung, die den Rundgang durch den *Tiergarten Neustrelitz* (➲ Tiergarten Neustrelitz) auch für kleine Besucher:innen interessant macht: Fun Facts zu den tierischen Bewohnern. [13]

Familien freuen sich bei dem Besuch eines **Zoos oder Freizeitparks** über eine abwechslungsreich gestaltete Wegeführung mit Spielbereichen für Kinder und zahlreiche Sitzplätze sowie über eine ausreichende Anzahl an sanitären Anlagen. Wetterunabhängige Spielmöglichkeiten runden das Angebot ab.

Abb. 14: Das macht den Besuch entspannt: Indoorspielbereiche wie hier im *Vogelpark Marlow* (➲ Vogelpark Marlow), wenn das Wetter beim Rundgang mal nicht so mitspielt. [14]

In **Museen** sollten sich die Vitrinen und die Beschilderungen auch auf Kinderhöhe befinden, interaktive Elemente laden die Kinder zum Ausprobieren und Erleben ein. In Zoos mit ihren Aquarien gilt es eine Balance zwischen der für die Tiere oft zuträglichen Dunkelheit und der für Kinder angsteinflößenden Finsternis zu erlangen.

Abb. 15: Als Lernort ist die Kinderwelt des *Jüdischen Museums* in Berlin (➲ Jüdisches Museum) gestaltet mit vielen Workshopangeboten und Mitmach-Stationen. [15]

In **Erlebnisbädern** bieten separate Becken Möglichkeiten für die verschiedenen Altersgruppen. Familienumkleiden, Babyschwimmringe zum Ausleihen und Spielbereiche für Familien runden das Angebot ab.

Gemeinsam genutzte Räumlichkeiten

Flure und öffentlich zugängliche Räume in Hotels und Freizeiteinrichtungen sollten über eine Lichtautomatik verfügen, sodass auch kleine Kinder sich frei bewegen können.

Ein Wickeltisch, der für beide Elternteile erreichbar ist, also entweder jeweils in den Sanitäranlagen für Frauen und Männer integriert ist oder separat als Wickelraum oder alternativ in einem für alle zugänglichen barrierefreien WC wird mittlerweile erwartet. Für einen eventuellen Notfall bietet es sich an, einen kleinen Vorrat an Windeln und Feuchttüchern an der Rezeption oder Information zu haben und darauf mit einem Schild in den Sanitäranlagen hinzuweisen – oder diese direkt dort auszulegen. Für die kleinen Kinder sind ausgewiesene Kindertoiletten wichtig oder ein WC-Aufsatz und ein kleiner Tritt, damit sie sich selbst die Hände waschen können. Hygiene und Sauberkeit sollten dabei selbstverständlich sein.

Abb. 16: Jeder hat seine eigene Tür: Im *Landhaus zur Ohe* (➲ Landhaus zur Ohe) führen unterschiedliche Türen in den Sanitärbereich. [16]

Auf **Campingplätzen** zeigen extra Familienbäder, dass an die Bedürfnisse von Familien gedacht wurde. In ihnen können die Eltern zusammen mit ihren Kindern duschen, ein abnehmbarer Duschkopf und eine Babybadewanne runden das Angebot ab.

Abb. 17: Sanitäre Anlagen auf Campinglätzen: Früher eher grau und dunkel, mittlerweile hell, farbig und sehr einladend für Familien wie hier auf dem *Camping Walkyrien.* [17]

Viele Eltern sind dankbar für eine Möglichkeit, **Wäsche** zu waschen, zum einen reduziert sich dadurch die Gepäckmenge, zum anderen macht es für viele die Ankunft im Alltag entspannter, wenn bei der Rückkehr aus dem Urlaub die Wäsche schon gewaschen ist. Wer nicht in der Ferienwohnung mit eigener Waschmaschine übernachtet, freut sich über einen Wäscheservice oder eine Waschmöglichkeit – ob eine Münzwaschmaschine im Hotel oder auf dem Campingplatz, genauso wie über die Möglichkeit die Wäsche zu trocknen – ob mithilfe eines Trockners oder eines Wäscheständers für den Balkon. Umso angenehmer, wenn dieser Service zu angemessenen Preisen angeboten wird und auch noch die Bereitstellung eines ökologischen Waschmittels beinhaltet.

Aufenthaltsräume für Familien bieten die Möglichkeit, auch außerhalb des eigenen Hotelzimmers oder des Zeltes zusammen zu spielen und dabei andere Familien zu treffen. Gut, wenn Bücher für alle Altersgruppen und Gesellschaftsspiele vorhanden sind, ebenso wie Tische zum Spielen oder Sofas zum Vorlesen. Ein individuelles Highlight im gemeinschaftlich genutzten Raum bietet z. B. die *Jugendherberge Büsum* mit ihrem Aquarium mit festen Fütterungszeiten (➲ Jugendherberge Büsum) – gleichzeitig ein Programmangebot mit regionalem Bezug.

Abb. 18: In der *Jugendherberge Büsum* (➲ Jugendherberge Büsum) werden die Themen Wattenmeer und Naturschutz mit der Fütterung der Fische im Aquarium verbunden. [18]

Viele Familien sind es im Alltag gar nicht gewohnt, so viel Zeit miteinander zu verbringen, wie sie es im Urlaub tun: Gut, wenn es für alle **Rückzugsräume** gibt. Neben den Räumen für die Kinder bieten sich auch Räume für die Eltern an wie z. B. ein Lesezimmer oder ein Kaminzimmer, in dem diese in Ruhe lesen oder vielleicht auch arbeiten können.

Wissen | Workation

Ein besonderes Angebot sind schön gestaltete Arbeitsplätze, die es ermöglichen, dass die Eltern bei Bedarf kürzer oder länger arbeiten können. Ein guter Service für alle, die, aus welchen Gründen auch immer, im Urlaub erreichbar sein wollen oder müssen, vielleicht an einem Projekt weiterarbeiten oder an einer Videokonferenz teilnehmen – ob einmalig oder als geplante Workation. Räumliche Möglichkeiten außerhalb des Hotelzimmers oder der Wohnung trennen Arbeit und Urlaub und ermöglichen dem Rest der Familie, den Urlaub weiter zu genießen. Besonders hilfreich ist es, wenn gute Arbeitsplätze mit einem Betreuungsangebot für die Kinder kombiniert sind. Da es für viele Familien immer schwieriger ist, die Betreuung in den schul- oder kindergartenfreien Zeiten zu gewährleisten, ist das eine Möglichkeit, dass die ganze Familie zusammen in den Urlaub fährt, auch wenn eines oder beide Elternteile arbeiten müssen. Das ist bisher ein seltenes Angebot, das Potential hat. Im Hotel Bayrisch Zell (➲ Das Bayrisch Zell) wurde dieser Bedarf erkannt. Das Hotel positioniert sich als Familien- und Tagungshotel und wirbt mit einer „Symbiose aus Arbeit und Familie“ und der Möglichkeit einer Seminarteilnahme mit mitreisender Familie. Ein weiteres Beispiel ist ➲ COWORCare ein Projekt, bei dem die erste Plattform für Co-Working-Spaces mit Kinderbetreuung bzw. Pflegeangeboten aufgebaut wurde und Handlungsempfehlungen für die weitere Umsetzung dieses Angebotes erarbeitet wurden.

Kinderspielräume: Raum für Kreativität

Kinderräume sollten über Tageslicht und am besten über einen Zugang in den Außenbereich verfügen. Gerade wenn unterschiedliche Gästegruppen in dem Hotel oder der Appartementanlage Urlaub machen, werden Konflikte vermieden, wenn der Spielraum entfernt von den Zimmern und ebenso dem Wellnessbereich liegt.

Bei der **Einrichtung und Planung** sollte die Überlegung leitend sein, wie alt die Kinder im Durchschnitt sind, die diesen Raum nutzen und unterschiedliche Zonen eingeplant werden: Zum einen aufgeteilt nach dem Alter der Kinder, zum anderen nach den jeweiligen Bedürfnissen. So kann es beispielsweise eine Ruhezone geben mit Schlafmöglichkeiten, einer Vorleseecke und einer Kuschelecke, eine Bastelzone mit Tisch und Stühlen, gutem Licht und Material sowie einen Bereich, in dem getobt und gespielt werden kann.

Es ist hilfreich, den Kinderraum multifunktional zu denken: Eine Leinwand, die heruntergelassen wird, verwandelt mit Sitzwürfeln den Raum in ein Kino, die Sitzwürfel werden zu Spielsteinen etc. Der Raum soll einladen zum Spielen, Entdecken, Gestalten, Entspannen und Träumen – und so Zeit und Raum für freies Spiel und die Entfaltung der Fantasie bieten.

Eine freundliche Atmosphäre durch natürliches und künstliches Licht und eine dezente farbliche Gestaltung wirken für Eltern und Kinder einladend. Hier gilt in der Regel: Weniger ist mehr und lässt ausreichend Platz für Kreativität! Durch die Kinder und ihre Aktivitäten sowie die immer wiederkehrenden Ausstellungen ihrer Bastelergebnisse wird der Raum schnell bunt und interessant genug, ohne dass an allen Wänden zusätzliche Dekoration hängt. Wenn eine Veränderung im Raum gewünscht ist, lässt sich dieses auch als Projekt im Kinderprogramm integrieren und zusammen beispielsweise eine Wand gestalten oder sogar Möbel bauen (➲ Fliegende Werkstatt).

Als **Grundstock** für einen Kinderraum bieten sich eine Auswahl an Bastelmaterialien an (ergänzt mit Naturmaterial, was gemeinsam mit den Kindern gesammelt werden kann), Brett- und Kartenspiele, eine Auswahl an Büchern und Vorlesebüchern, Mal- und Zeichen-Equipment sowie Angebote zum Toben (Bobby Car, Rutsche, Sitzwürfel, Sprossenwand, Matten zum Turnen etc.) und Bausteine o.ä. an. Gute Anregungen gibt der Verein *spiel gut e. V.*, der mit dem gleichnamigen Siegel Spielsachen auszeichnet (➲ spiel gut e. V.). Kriterien für die Verleihung des Siegels sind u. a., ob sie Fantasie und Vorstellungsvermögen fördern, immer wieder neue Spielmöglichkeiten gewähren und für die adressierte Altersgruppe empfehlenswert sind. Eine Übersicht über die Empfehlungen findet sich auf der Website des Vereins. Wie sich bewährte Ideen einmal modern und nachhaltig präsentieren, zeigt ein deutsches Start-up-Unternehmen: *Spielwende* hat den Spielteppich an die heutige Lebenswelt der Kinder angepasst – nun fahren hier nicht nur Autos, sondern auch Fahrräder und Busse, es gibt eine Kita, einen Bahnhof und einen Tierpark und damit vielfältige Spielmöglichkeiten (➲ Spielwende).

Teens (je nach Definition Kinder im Alter 10–16 Jahren) brauchen einen eigenen Raum, in dem sie sich entfernt von kleineren Geschwisterkindern und den Eltern treffen können. Ein paar gemütliche Sessel oder Sitzsäcke, Sofas oder Hängematten sowie eine Box, um zusammen Musik zu hören und eine Gestaltung, die nicht „zu kindlich" ist schaffen einen guten Rahmen. Wenn viele Teens vor Ort sind, sind ein Billardtisch oder ein Kicker ein gutes Angebot. Eventuell noch Fernseher oder eine Spielkonsole (mit der Möglichkeit den Zugang nur nach Absprache mit den Eltern zu ermöglichen und die Verfügbarkeit zu beschränken) runden eine Grundausstattung für die älteren Kinder ab.

Es ist zu überlegen, welche **Regeln** für die Nutzung dieser Räume gelten. Meist sind die Betreuungsräume während des Betreuungsangebotes für Eltern nicht zugänglich und oft auch nur in den Zeiten des Kinderprogramms geöffnet. Eine schöne Ergänzung ist ein Raum, der rund um die Uhr für Kinder in Begleitung ihrer Eltern offen ist und wo diese gemeinsam spielen können. Dieser wird auch gerne einmal nachts genutzt, wenn ein Kind krank ist oder ein Baby nicht schlafen mag – so haben die Eltern eine Möglichkeit auszuweichen und nicht die ganze Familie muss auf ihren Schlaf verzichten.

Große **Indoorspielhallen** sind vor allem in den Zeiten attraktiv, in denen das Wetter nicht mitspielt und werden von Familien gut besucht, ob innerhalb eines Hotelkomplexes, einer Ferienanlage oder als separates Angebot. Auch hier ist wichtig, dass die unterschiedlichen Altersgruppen ihren Platz finden, von einer Kleinkindzone, in der die kleinen Kinder sich geschützt bewegen können bis zur Tobezone für die älteren Kinder. In einigen Indoorspielhallen wird auch ein Zeitfenster extra für die ganz Kleinen und ihre Eltern angeboten – eine gute Idee! Ebenso sollte an die Eltern gedacht werden, die oft viel Zeit hier verbringen und sich daher auch wohlfühlen sollten. Im *Familien Wellness Hotel Seeklause* (➲ Familien Wellness Hotel Seeklause) wurde daher ein Elternbereich wie ein gemütliches Wohnzimmer gestaltet, von dem aus die Erwachsenen ihre Kinder im Auge behalten können und gleichzeitig in entspannter Atmosphäre relaxen können.

Abb. 19: Die Kinder toben im Indoorspielbereich des *Familien Wellness Hotels Seeklause* (➲ Familien Wellness Hotel Seeklause) und die Eltern genießen gleichzeitig einen Kaffee im angeschlossenen Wohnbereich (immer mit Blick auf die Kleinen) – so sind alle glücklich. [19]

Außenanlagen: Orientierung und Anregung

Eine spielerische und fantasievolle Gestaltung der gesamten Anlage bereitet Eltern und Kindern Freude. Großzügige Wege und Abstellmöglichkeiten für Buggys und Kinderwagen erleichtern die Mobilität, ebenso wie z. B. in Tierparks die Möglichkeit, sich diese vor Ort auszuleihen und so die eigene Reichweite zu erhöhen.

Abb. 20: Jeder Kinderwagen hat sein Häuschen – Kinderwagenparkplätze im ↄ *Ferien- & Freizeitpark Weissenhäuser Strand.* [20]

Die Außenanlagen sollten für alle attraktiv und bei unterschiedlichen Wetterlagen nutzbar sein. Daher sind **Sonnenschutz** sowie Windschutz relevant, bei größeren Anlagen und Parks auch Möglichkeiten, sich bei Regen unterzustellen und kurz zu verweilen oder zu spielen. Wichtig ist, dass die Gestaltung Kinder jeglichen Alters anspricht und auch Platz für die Eltern bietet. Getrennte Spielbereiche für kleinere und größere Kinder stellen sicher, dass alle auf ihre Kosten kommen.

Eine schöne Gestaltung und der Einsatz hochwertiger Materialien wie Holz statt Plastik trägt zum Wohlfühlen bei. Unverwechselbar macht das Angebot eine regionale und individuelle Ausgestaltung der Spiel- und Sportmöglichkeiten.

Ob ein ganzer Spielplatz neu gestaltet wird oder nur ein oder zwei neue Geräte angeschafft werden – es gibt viele und sehr unterschiedliche Anbieter, die kreative **Spielplätze** aus Holz gestalten oder künstlerisch, z. B. individuelle Wipptiere bauen. Beispiele sind *HJR Holzmanufaktur,*

Künstlerische Holzgestaltung Bergmann, Hü und Hott Spielskulpturen, Ziegler-Spielplätze, Zimmer-Obst, Klettermax Kinderspielplätze (→ Kapitel 6.2).

Abb. 21: Der Abenteuerspielplatz an der Strandpromenade in *Großenbrode* (➲ Großenbrode). [21]

Wer bei der Gestaltung und Auswahl von Spielgeräten auch die Nachhaltigkeit im Blick behalten will ist u. a. bei *Kompan* und *Westfalia Spielgeräte* richtig, die Spielgeräte aus Recyclingmaterial fertigen oder deren Geräte mit dem Blauen Engel ausgezeichnet sind.

Die Kleinsten finden Gefallen an einer Nestschaukel und einem Sandkasten – umgeben von schönen Sitzgelegenheiten für die Eltern und gerne mit sauberen Sanitäranlagen inklusive Wickeltisch in der Nähe.

Besonders spannend für die etwas älteren Kinder sind neben Rutschen und Klettergerüsten Spielmöglichkeiten mit Wasser und Matsch – ein Wasserspielplatz mit Pumpe verspricht viel Abwechslung. Außergewöhnliche und neue Angebote wie z. B. eine Steckenpferdarena zum Hobby-Horsing auf dem Familienferien- und Reiterhof *Küselhof* (➲ Küselhof) oder eine eigene Rallyestrecke für das Fahren mit Kettcars überraschen die jungen Gäste und regen vielleicht zu neuen Aktivitäten an.

Abb. 22: Was könnte besser zu einem Reiterhof passen als eine Steckenpferdarena für das Hobby-Horsing? Auf dem *Küselhof* (➲ Küselhof) sind Pferde und Reiten das Thema, das spiegelt sich in allen Bereichen wider, von der Ausstattung der Zimmer bis zu den Außenanlagen! [22]

Abb. 23: Eine Rallyestrecke mit Ampeln und Geschwindigkeitsmessung führt rund um das Indoorspielhaus des *Familien Wellness Hotels Seeklause (*➲ Familien Wellness Hotel Seeklause*)*. [23]

Die **Teens** freuen sich über sportliche Angebote wie Tischtennis, einen Basketballkorb, einen Beachvolleyballplatz, eine Halfpipe oder einen Fußballplatz. Wer viele ältere Kinder und Teens als Gäste hat, kann diese auch mal mit neuen Ideen überraschen wie z. B. Teqball – einer Kombination aus Tischtennis und Fußball.

Generationenübergreifende Angebote wie dieses oder z. B. ein Calisthenics Park, (ein Fitnessparcours auf dem mit Hilfe des eigenen Körpergewichts trainiert werden kann) sprechen die älteren Kinder und Erwachsene jeden Alters an.

Tiere: Immer ein Highlight im Urlaub

Ob Ponies und Pferde auf dem Reiterhof, Alpakas für Wanderungen, der Streichelzoo oder die Hühner, von denen sich die Familien morgens das Frühstücksei holen können: Die meisten Kinder lieben Tiere und freuen sich sehr, wenn sie ihnen im Urlaub nah sein können. Ob innerhalb des Kinderprogramms, bei Veranstaltungen wie einer Eselwanderung, dem Reitkurs oder zu festgelegten Zeiten, in denen sie die Tiere streicheln oder füttern können (➲ Bio-Hotels). Nicht umsonst ist Urlaub auf dem Bauernhof gerade bei Familien mit kleineren Kindern sehr beliebt (➲ z. B. Landreise). Wichtig dabei: Regeln für den Besuch bei den Tieren bzw. den Umgang mit ihnen, um das Tierwohl nicht zu gefährden.

Barrierefreiheit: Leben für alle leichter machen

Barrierefrei gestaltete Räume und Anlagen nutzen nicht nur den Menschen, die auf Hilfsmittel wie einen Rollstuhl oder eine Gehhilfe angewiesen sind bzw. schlechter lesen, sehen oder schwerer hören können. In vielen Fällen sind sie auch besonders geeignet für Familien. Treppenstufen sind eine Herausforderung für jeden Menschen mit Gehbehinderung – aber auch für Kinderwagen und Buggys beschwerlich, während sich beide über einen Fahrstuhl freuen. Symbole helfen Menschen mit kognitiven Einschränkungen ebenso wie allen, die der deutschen Sprache nicht mächtig sind – und ebenso Kindern, die noch nicht lesen können. Klare, deutliche Schrift mit starken Kontrasten ist für Kinder besser lesbar – genau wie für Menschen, die schlecht sehen können. Hier gibt es viele Überschneidungen, umfangreiche Informationen zu dem Thema Barrierefreiheit bietet die Initiative *Reisen für Alle* (➲ Reisen für Alle).

Barrierefreie Zugänge zum Restaurant oder Museum sind ebenfalls für Rollstühle, Gehhilfen und Kinderwagen wichtig. Um die gesetzlich verankerte Teilhabe von allen Menschen am gesellschaftlichen Leben in allen Bereichen zu sichern, sollte dies für alle leitend sein! Viele Hotels gehen schon Schritte in diese Richtung, einige haben sich sehr auf diese Zielgruppe eingestellt. Auf immer mehr Spielplätzen gibt es mittlerweile auch Spielgeräte, die mit einem Rollstuhl genutzt werden können, Inklusion beim Spielen – sehr geglückt.

Abb. 24: Ein Spielplatz für alle! Inklusionsspielgerät in der *Casa Familia* (➲ Casa Familia) auf Usedom. [24]

Rollstuhlgerechte Wanderwege sind auch für Familien mit Kinderwagen oder Buggy sehr attraktiv, auch hier stellen sich Gemeinden und Urlaubsorte gut auf wie z. B. *Oberstdorf* (➲ Oberstdorf 2024)

Destinationen: wenn alle mitspielen

Orte und Gemeinden können sich in vielen Bereichen gut auf Familien einstellen. Angefangen mit einem **Leitsystem**, das auch von kleinen Kindern – mit Hilfe von Piktogrammen – verstanden wird und auch die, für die jungen Gäste interessanten Orte wie Spielplätze berücksichtigt (Harms & Mein, 2021).

Die **Weggestaltung** im Ortsbereich, Spazierwege oder Wanderwege, sollten für Familien attraktiv gestaltet werden, indem kleine Spielmöglichkeiten integriert werden, es immer wieder schöne Rastplätze gibt oder die ganze Tour als Schnitzeljagd oder Rallye angelegt wird, sodass auch Kinder Freude an der Bewegung haben. Ein Beispiel für einen sehr attraktiven Weg für Kinder ist der Burmiweg im Gebiet *Oberstdorf Kleinwalsertal* (➲ Oberstdorf Kleinwalsertal). Eine Kinderwagenwanderstrecke oder eine Joggingrunde mit Kinderwagen sind für Eltern von kleinen Kindern interessant, wie hier in *Rheinland-Pfalz* (➲ Rheinland-Pfalz). Auch beim *Deutschen Wanderverband* finden sich zum Thema Wandern mit Kinder ganz praktische Tipps für die Gestaltung der Wege und der Aktivitäten drumherum (➲ Wanderverband).

Ausreichende **Outdoorangebote** für Kinder aller Altersgruppen sollten vorhanden sein: Ein Bolzplatz, Basketballkorb, Beachvolleyball oder Halfpipe für die älteren Kinder, Spielplätze für die unterschiedlichen Altersgruppen von Kleinkindschaukel und Sandkasten bis zu Klettergerüsten und Seilbahnen für die etwas Älteren – umrahmt von ausreichend Sitzmöglichkeiten für die Eltern. Ergänzt durch Wetterschutz vom Sonnensegel bis zu Windschutz oder einer überdachten Hütte. Ein gutes Angebot für Regenwetter reicht von der Bücherei, einem Multi-Funktions-Veranstaltungsraum und Freizeitangeboten von unterschiedlichen Anbietern wie z. B. einem Kino, einer Kletterhalle, einem Schwimmbad bis zu einem Museum und bietet für Familien ausreichend Gestaltungsoptionen. Ein gutes Beispiel: Im *Hochschwarzwald* (➲ Hochschwarzwald b) findet eine Familie auf der Website eine umfassende Darstellung ihrer Urlaubsoptionen. Schön, wenn es besondere Angebote gibt wie zum Beispiel in Heringsdorf den *Kinderheilwald* (➲ Heringsdorf), in dem Kinder (und Eltern) unterschiedliche Dinge ausprobieren können: Vom barfuß laufen über Klettern bis zum Naturgeräusche erkennen – ein Urlaubsspaß und gleichzeitig ein Beitrag zur Kindergesundheit.

Die sanitären Anlagen sollten auch auf Kinder ausgerichtet sein, entweder durch Kindertoiletten oder die entsprechende Zusatzausstattung. Bei Orten, die am Wasser liegen, trägt ein bewachter Badestrand zur Familienfreundlichkeit bei. Innerorts sollten ausreichend gesicherte Möglichkeiten zur Straßenüberquerung vorhanden sein.

Trinkwasserbrunnen im öffentlichen Raum, an denen kostenlos die Wasserflasche wieder aufgefüllt werden kann, sind ein gutes Angebot, um die Familienkasse zu entlasten sowie zur Gesundheitsförderung. Einen Schritt weiter sind einige Städte gegangen. Beispielsweise Norderstedt, Düsseldorf oder Konstanz bieten Sonnencremespender an. Dies ermöglicht nicht nur Familien, sich gegen Sonnenbrand und die damit verbundenen gesundheitlichen Schäden zu schützen – ein weiterer toller Service.

Abb. 25: Strandzugang in *Trassenheide* (➲ Trassenheide): Alle wichtigen Informationen sind vorhanden und für die Kinder ist der Strandabschnitt auch am Symbol erkennbar. [25]

3.5 Freizeitprogramm und Unterhaltung

Gemeinsame Erlebnisse sind eines der wichtigsten Elemente in einem Familienurlaub ebenso wie abwechslungsreiche Aktivitäten für Klein und Groß den Urlaub besonders machen – schön, wenn Familien bei der Gestaltung ihres Urlaubsprogramms Unterstützung erhalten.

Familienprogramm: Ein Programm für alle!

Familien freuen sich über Programmangebote und Erlebnisideen. Sie sollten sich mühelos darüber informieren können, welche Aktivitäten und Ausflugsziele für sie interessant sein könnten. Anbieter können sie bei der Freizeitplanung unterstützen, z. B. in Form von Empfehlungen für Eltern-Kind-Wanderungen oder Radtouren (die entlang von Spielplätzen, Rastplätzen, Badestellen etc. führen) – Empfehlungen hat der *ADFC* veröffentlicht (➲ ADFC, 2023) oder Rallyes, auf denen sie zusammen etwas entdecken können – ob ganz klassisch als Schatzkarte oder digital. Einen weiteren Mehrwert bieten Programmangebote für Familien, die im Ort stattfinden: Von der Puppenbühne, dem Auftritt des Clowns oder Zauberer bis zu organisierten Sportturnieren.

In Freizeiteinrichtungen, Museen, Hotels oder auf Campingplätzen freuen sich Familien über Angebote, bei denen sie gemeinsam etwas erleben, etwas lernen oder ausprobieren können, wie z. B. im *Naturerbezentrum Rügen*, hier werden Führungen, Geocaching-Touren oder Bernstein-Schleifen angeboten (➲ Naturerbezentrum Rügen). Besonders ist es, wenn die Angebote einen regionalen Bezug haben und die Familie zusammen die Besonderheiten der Region kennen lernen kann: Dadurch entsteht ein einzigartiges und wiedererkennbares Angebot. Gemeinsam (regionales) Handwerk ausprobieren – dafür gibt es in einigen Hotels Werkstätten wie z. B. im *Entdecker-Hotel* (➲ Entdecker-Hotel), in denen die Urlauber:innen zusammen schnitzen, bauen oder werkeln können.

Wer Programme an Familien adressiert, trägt nicht nur zu einer schönen Urlaubsgestaltung für die Familie bei, sondern schafft damit auch einen Raum, in dem Familien einander auf andere Art begegnen und sich neu kennen lernen können. Die gemeinsamen Erlebnisse sorgen für eine tiefere Verbundenheit zwischen den Eltern und bzw. oder den Kindern (Mein, 2022). Einige Hotels setzen ganz bewusst auf diese gemeinsame Zeit wie das *Fa-*

milienresort Schlüchtmühle (➲ Schlüchtmühle) mit seinen Angeboten unter der Überschrift „Gemeinsame Familienzeit mit euren Kindern erleben".

Auch das gemeinsame Erlernen von Sportarten ist für Familien attraktiv, ob Stand-up-Paddling, Surfen oder der gemeinsame Besuch im Hochseilgarten.

Klassische Programmangebote für Familien sind: Turniere und Sportwettkämpfe jeglicher Art wie ein Beachvolleyballturnier, ein Fußballturnier oder eine Strandmeisterschaft oder Poolspiele, ebenso wie ein Sandburgen-Bau-Wettbewerb oder ein ganz klassischer Brettspielenachmittag. Auch beliebt sind Schatzsuchen, Rallyes oder ein Quiz. Dabei ist darauf zu achten, dass mindestens eine Aktion auch kleinere Kinder anspricht und eine andere die Kompetenzen älterer Kinder abfragt. Auch die Eltern sollten sich nicht langweilen, sondern gut eingebunden werden. Wichtig ist, gemeinsame Erlebnisse für die ganze Familie zu schaffen, dabei helfen Inszenierungen, die die ganze Familie spielerisch in eine andere Welt entführen.

Wer nicht selbst die finanziellen und personellen Möglichkeiten hat, eine Familienrallye oder eine Schatzwanderung anzubieten, kann auf unterschiedliche Angebote zurückgreifen und diese verwenden oder auf das eigene Unternehmen anpassen. Beispiele sind eine Geocaching-Suche, eine digitale Schatzsuche über den kommerziellen Anbieter ➲ *Actionbound* oder ein Escape-Game über die in weiten Teilen kostenlose Website bzw. App ➲ *Escape Team*.

Eine Bereicherung für das Angebot und gleichzeitig die Möglichkeit, das Angebot mit externen Fachkräften zu gestalten, können **Workshops** sein. Das Portfolio reicht von den verschiedensten Sportangeboten über Fitnesskurse wie *Fit dank Baby* für junge Mütter (➲ Fitdankbaby), Theater- oder Musikworkshops für Kinder, z. B. *Musik mit Apps von Frauke Hohberger* (➲ Frauke Hohberger) bis zum Kurs für Gebärdensprache von *Babysignal*, um mit Babys zu gebärden (➲ Babysignal). Ein Angebot für die ganze Familie, für Groß und Klein zusammen oder getrennt, sind im *Hotel Rosenhof* im Kleinwalsertal die Nähworkshops, die zu unterschiedlichen Terminen angeboten werden und bei denen die Gäste ihre eigenen Projekte „bearbeiten" – unter Anleitung einer externen Workshopleiterin, die vor dieser Tätigkeit schon oft als Gast in dem Hotel war (➲ Rosenhof).

Sehr nachgefragt sind **Schwimmkurse**. Noch immer gibt es, ausgelöst durch die während der Corona Pandemie verursachten Schließungen der Schwimmbäder, einen Überhang an Kindern, die nicht schwimmen können, sodass Eltern sehr dankbar für ein entsprechendes Urlaubsangebot sind. Der

Tourismusverband Mecklenburg-Vorpommern hat diesen Bedarf erkannt und aufgrund der großen Nachfrage eine Übersicht der Schwimmkurse zusammengestellt – interessant für einheimische Familien ebenso wie für die Urlauber:innen (➲ Tourismusverband Mecklenburg-Vorpommern).

Das Freizeit- und Spielprogramm sollte für alle Altersgruppen und Familienkonstellationen geeignet sein. Besondere Führungen in **Museen**, die auf die Interessen von Kindern zugeschnitten sind, machen Ausstellungen und Sammlungen kurzweilig. Wer Kinder als Zielgruppe fest im Blick hat, hat viele Möglichkeiten: Im *Schlossmuseum Arnstadt* haben Schüler:innen für Gleichaltrige in einem Schulprojekt einen Audioguide gestaltet (➲ Thüringen Tourismusnetzwerk). Im *Deutschen Meeresmuseum* gibt es eine eigene Website für die jungen Besucher:innen, einen Detektivpass, um die Ausstellung zu entdecken, ein Pixi-Buch, das im Museum spielt sowie die *Frag Walfred*-App, in der ein Schweinswal im Chat die jungen Besucher:innen auf einer Rallye durch das Museum begleitet. Ergänzt wird das Angebot durch Jacques' Besserwisser-Battle, einen *Actionbound* rund um das Ozeaneum. Kinder und Familien können hier auf vielfältige Art die Museen spielerisch entdecken (➲ Deutsches Meeresmuseum). Andere Museen gestalten Escape Games für die jungen Besucher:innen wie das *Museum König* in Bonn mit dem Project Pollination (➲ Project Pollination), in dem die Teilnehmenden viel über Biodiversität lernen. Acht Museen präsentieren sich zusammen mit einer App – *twiddle* begleitet beim Besuch der Forschungsmuseen und unterstützt beim Verständnis (➲ twiddle).

Abb. 26: Ob eine Führung und ein „Erfahren“ mit allen Sinnen, eine App oder eine digitale Rallye – Trumpf ist, wenn es interaktiv ist, wie hier im *Nationalpark-Zentrum Königsstuhl* (ↄ Nationalparkzentrum Königsstuhl). [26]

Kinderprogramm: Viel Spaß für kleine Gäste!

Der Mehrwert einer Kinderbetreuung: Während die Kinder betreut werden, mit anderen Kindern spielen und Spaß haben, genießen die Eltern einmal die Zeit zu zweit oder für sich allein und können ihren Bedürfnissen nachgehen.

Der **Umfang** eines Angebotes für Kinder im Urlaub unterscheidet sich dabei sehr. Es reicht von ein- bis zweistündigen themenspezifischen Workshops in Museen, Hotels oder Destinationen bis zu einer fast ganztägigen Betreuung in ausgewiesenen Familienhotels oder auf Campingplätzen. Je nach den eigenen Bedürfnissen entscheiden sich die Familien schon bei der Buchung für das Angebot, das am besten zur eigenen Familie passt.

Eine qualitativ hochwertige Kinderbetreuung hat ein **pädagogisches Konzept** und motivierte, liebevolle und im besten Fall gut ausgebildete Mitarbeitende, die es umsetzen. Dafür ist unter anderem wichtig, dass die Angebote für die unterschiedlichen Altersgruppen konzipiert werden und die verschiedenen Interessen und Vorlieben der Kinder berücksichtigen:

Bewegungsangebote sollten sich mit Ruhephasen abwechseln, kreative Aktionen, freies Spiel und ein Aufgreifen von neuen Trends sollten das Angebot ergänzen. Wichtig ist auch der passende Betreuungsschlüssel: Je nach dem Alter der Kinder, den geplanten Aktivitäten und der Ausbildung und Erfahrung der Betreuer:innen unterscheidet sich dieser, eine gute Hilfestellung sind dabei die Erfahrungswerte, die in die Kriterien der Zertifizierung *OK für Kids* (➲ Kinderschutzbund NRW Zertifizierung Okay für Kids) eingeflossen sind.

Je nach Hotel und Anbieter werden Kinder ab dem siebten Lebenstag (➲ familux The Grand Green) und bis zum Teenageralter betreut. Mal geschieht dieses altersübergreifend (Mein, 2022) – als Teil eines pädagogischen Konzeptes, wie z. B. bei *vamos-Eltern-Kind-Reisen* (➲ vamos). Oder die Kinder werden in drei oder mehr Altersgruppen nach Kleinkindern, Kindern und Teens aufgeteilt – mit jeweils unterschiedlichen Programmen. Die Konzepte sind vielfältig. Im *Ulrichshof* (➲ Ulrichshof) richtet sich das Programm an Kinder von 0–100 und ist auf gemeinsames Tun ausgerichtet.

> „Es geht darum, den Kindern das Gefühl zu geben, gebraucht zu werden, anstatt ihnen ständig neues Spielzeug zu geben. Kinder bekommen heutzutage immer mehr Spielzeug und trotzdem reicht es oft nicht aus, weil sie von klein auf an diese Überflutung gewöhnt sind. Deshalb sind unsere Räumlichkeiten bewusst minimalistisch gestaltet, um mehr Raum für die individuelle Betreuung der Kinder zu schaffen. Weniger Bespaßungsmaterial bedeutet mehr echte Interaktion und mehr Konzentration auf die Kinder."
>
> Ulrichshof
> https://www.ulrichshof.com/

Familien, deren Kinder Einschränkungen haben, ob körperlich oder geistig, freuen sich über Informationen, ob ihre Kinder auch an dem Kinderprogramm teilnehmen können und der Zugang barrierefrei ist. Ein gutes Beispiel ist das *Hotel Sonnenhügel*: Hier gibt es auf der Website sehr transparent viele Informationen (➲ Hotel Sonnenhügel). Das ist leider noch selten.

Für einen guten Ablauf in der Kinderbetreuung ist es wichtig, dass die Kinderbetreuer:innen rechtzeitig alle Informationen haben, sodass zum einen der Betreuungsschlüssel auf die besonderen Anforderungen angepasst werden und auch das Programm darauf abgestimmt werden kann.

Viele Kinder kommen im Alltag immer weniger mit der **Natur** in Kontakt (→ Kapitel 1.3). Der Urlaub bietet dazu einen Ausgleich (Harms 2022b;

Harms 2023b). Für Leistungserbringende bedeutet das, dass sie die Kinder in den Ferien für die Natur begeistern können. Studien haben gezeigt, dass der Aufenthalt und das Spiel in der Natur wichtig für Kinder sind (Raith & Lude, 2014). Das gilt sowohl unter gesundheitlichen Aspekten als auch für die kindliche Entwicklung (Konrad-Adenauer-Stiftung, 2018; Deutsche Vereinigung für Sportwissenschaft, 2022). Manche Kinder müssen erstmal an den Spielraum Natur herangeführt werden – das kann mit vielen erlebnis- und naturpädagogischen Elementen gelingen (Harms, 2023b): Naturforscher:innen lernen durch Experimente Zusammenhänge verstehen – für Kinder, die von Natur aus neugierig sind, sind das geeignete Programmbausteine. Viele Anregungen dazu gibt es bei der *Stiftung Kinder forschen* (➲ Kinder forschen).

Das Thema Nachhaltigkeit hat Einzug gehalten in das Programm – ob im Rahmen von Naturerkundung, bei Upcycling-Aktionen oder dem gemeinsamen Müllsammeln (Harms, 2022b).

Ein regionaler Bezug im Kinderprogramm macht das Angebot besonders. Eine Einbindung eines gemeinsamen Gartens – ob Kräutergarten, Treibhaus oder Gemüsebeet kann gerade für Stadtkinder spannend sein – ebenso die Teilnahme am Hofleben auf dem Urlaubsbauernhof. Anregungen finden sich bei unterschiedlichen Initiativen wie *Minigärtner* (➲ Minigärtner*), Ackerhelden* (➲ Ackerhelden) oder der *Gemüseackerdemie (*➲ Gemüseackerdemie).

Ein Abendprogramm beinhaltet je nach Altersgruppe eine Vorlesestunde, ein Kinderkino, eine Nachtwanderung, Stockbrot am Lagerfeuer oder eine Kinderdisco. Im Unterschied zur Kinderbetreuung können die einzelnen Programmangebote auch von unterschiedlichen Mitarbeitenden angeboten werden: Im *Golchener Hof* (➲ Golchener Hof) wird das Freizeitangebot so von den unterschiedlichsten Menschen gestaltet: Vom Hoteldirektor, der mit den Kindern Verstecken spielt, dem Gartenexperten, der mit ihnen im Treibhaus Gemüse erntet und die Natur entdeckt bis zu den FÖJler:innen, die mit ihnen die Tiere besuchen.

Auch **edukative Inhalte** sind in der Betreuung ein Thema, sei es, die Kenntnisse in einer anderen Sprache zu vertiefen oder naturwissenschaftliche Zusammenhänge zu verstehen.

Für die Eltern ist besonders wichtig, dass sie den Menschen vertrauen können, die ihre Kinder betreuen und ihre Kinder gut aufgehoben wissen. Dafür ist vor allem der Erstkontakt entscheidend, entweder, wenn die Mitarbeitenden sich und ihr Angebot z. B. beim Empfangscocktail vorstellen oder, wenn ihr Kind das erste Mal zur Kinderbetreuung gebracht wird und ein Willkommensgespräch geführt wird (mehr dazu unter „Sicherheit").

Angebote für Kleinkinder

Wie oben erwähnt, beginnt ein Betreuungsangebot für Kinder – je nach Anbieter – ab dem siebten Lebenstag. Damit Eltern ihre Kinder in diesem jungen Alter mit gutem Gewissen in eine Betreuung geben, ist es besonders wichtig, dass sie ein „gutes Gefühl" haben, d. h. dass die Themen Sicherheit und Verantwortungsbewusstsein einen hohen Wert haben ebenso wie der persönliche Kontakt zum Betreuungspersonal. Hier werden Babys und Kinder in die Betreuung gegeben, die teils noch keine Betreuungserfahrung haben (vgl. Mein 2023b).

Es kann zwischen einer Babybetreuung und einer Kleinkindbetreuung differenziert werden. Die Babybetreuung stellt die Erfüllung der Grundbedürfnisse der Babys sicher und verschafft den Eltern etwas Freiraum. Wird sie angeboten, ist in der Regel auch eine umfangreiche Ausstattung für Babys im Hotel/in den Wohneinheiten verfügbar, beispielsweise im ➲ *Hotel Strandkind* (Hotel Strandkind), es gibt z. B. einen Babyschlafraum oder zusätzliche Angebote wie Babyschwimmen oder Babymassagen.

Auch in der Kleinkindbetreuung, die sich an Kinder ab einem Jahr (familux), 18 Monaten (vamos Eltern-Kind-Reisen), zwei Jahren (Robinson Club) richtet, nehmen die Erfüllung der Grundbedürfnisse und das Versorgen der Kinder eine große Rolle ein: Vom Essen und Trinken über das Wickeln oder zusammen zur Toilette gehen. Ein eigener Spielraum – getrennt von den Älteren – ermöglicht abwechslungsreiche Angebote: Vom Fingerspiel über Vorlesezeit bis zum Malen mit Fingerfarben oder dem Einsatz von Bauklötzen – je nach Altersgruppe. Auch im Außenbereich sollte es für die kleinsten Kinder einen „geschützten" Spielbereich geben: Sandkiste, eine Nestschaukel oder eine Mini-Rutsche stehen hoch im Kurs.

Herausforderung Jugendliche - *Challenge accepted*

Teens einen schönen Urlaub zu gestalten, das ist keine ganz einfache Aufgabe, aber gerade deswegen eine umso interessantere (Mein, 2023a). Die Gruppe der Teens wird mittlerweile immer weiter gefasst (nach dem Sozialgesetzbuch umfasst es Kinder im Alter von 14–18 Jahren) und beginnt z. B. in den *Familotels* (➲ familotel) schon mit zehn Jahren, bei dem

Reiseveranstalter *vamos Eltern-Kind-Reisen* (➲ vamos) ab zwölf Jahren. Bei der Gestaltung eines Programmes hilft es, sich zu vergegenwärtigen, wie Menschen in dieser besonderen Lebensphase „ticken". Dabei wird deutlich, dass auch Teenager ganz unterschiedliche Interessen und Vorlieben haben.

Fast alle wünschen sich, Gleichaltrige kennen zu lernen und mit diesen Zeit zu verbringen. Für die meisten ist es wichtig, einen eigenen Raum zu haben (s. o.). Sehr viele Jugendliche schätzen sportliche Offerten: Vom Basketballkorb über Beachvolleyball oder eine Tischtennisplatte – alle schaffen die Möglichkeit eines unverbindlichen Kennenlernens der anderen Gäste in dem Alter.

Die Teens wollen direkt angesprochen werden, ob auf der Website oder im Hotel. Das Programm für sie sollte nicht Teil des ausgehängten Kinderprogramms sein, sondern einen extra Platz haben, oft funktioniert die direkte Ansprache durch die Jugendbetreuer:innen am besten, um erste Hemmungen zu überwinden und das Angebot anzunehmen.

In Museen, Tierparks oder bei anderen Freizeitangeboten gilt es ebenso, die Teens separat anzusprechen und exklusiv für diese Zielgruppe z. B. eine Führung oder Workshops anzubieten zu Themen, die sie ansprechen wie z. B. Upcycling, Graffiti oder Film wie im *Alpenpark Seefeld* (➲ Alpenpark Seefeld)

Ein oftmals heikles Thema bei der Konzeption eines Programms für Teens ist der Einsatz von digitalen Medien. Die Jugendlichen sind meist begeistert, die Eltern meist weniger. Daher sollten Smartphone & Co nur dosiert eingesetzt werden und wenn, dann so, dass damit die Teens selbst damit aktiv werden wie z. B. bei Lightpainting, einer Actionbound-Rallye oder dem Drehen eines Stop-Motion-Films und nicht nur Inhalte konsumieren.

Angebote für Eltern: Zeit zu zweit

Familienurlaub bedeutet Urlaub für die ganze Familie aber eben auch Urlaub für Kinder und Urlaub für Eltern. Denn auch Eltern freuen sich über ein Angebot, das sich nur an sie richtet. Ob Sport- oder Ausflugsmöglichkeiten, Workshops zu unterschiedlichsten Themen oder am Abend Kulturveranstaltungen wie Kino, Lesungen oder Konzerte. Wichtig ist dann, dass es eine Betreuung für die Kinder gibt, entweder über die Kinderbetreuung oder einen Babysitterservice. Eine ganz besondere Idee: der Ausschlafservice für die Eltern im *Hotel Lagant* in Österreich, dort werden die Kinder an der

Zimmertür am Morgen abgeholt und die Eltern dürfen einmal länger liegen bleiben (➲ Hotel Lagant, 2024b).

3.6 Gastronomie und Verpflegung

Ob der erste Restaurantbesuch mit Baby, der Familienurlaub mit All-inclusive-Buffet oder das Essengehen mit der Großfamilie, Familien haben ganz unterschiedliche Bedürfnisse, wenn sie ein (Hotel-)Restaurant besuchen: Von der Ausstattung, der Raumgestaltung bis hin zum Service und dem gastronomischen Angebot gibt es viele Ansatzpunkte für gastronomische Betriebe sich auf Familien einzustellen.

Angebot: an Familien ausrichten

In der Gastronomie schaffen ausreichender Platz (auch für Kinderwagen etc.) und eine angemessene Ausstattung eine familienfreundliche Umgebung. Für die kleinen Gäste sollten Kinderhochstühle, Sitzerhöhungen, Garderobenhaken in Augenhöhe und ein unzerbrechliches Kindergeschirr vorhanden sein. Eine schön gestaltete Stillecke empfinden einige Mütter als angenehmen Rückzugsbereich, eine Mal-/Spielecke verkürzt die Wartezeit für Kinder, während eine spezielle Speisekarte zum Ausmalen oder ein Malheft für entspannte Stimmung sorgen. In einigen Cafés, ist das *Backgammon* oder *Mensch ärgere dich nicht*- Spiel gleich auf den Tisch aufgedruckt, sodass er als Spielfläche dienen kann. Ein Spielplatz, der vom Restaurant oder der Restaurantterrasse einsehbar ist, ist besonders im Sommer perfekt, um die Wartezeit für die kleinen Gäste abzukürzen – und sichert, dass die Eltern ihren Nachwuchs im Auge behalten können. Ein Hotel, das ganz auf Familien eingestellt ist, hat im Speiseraum kleine Abkürzungen geschaffen – nur für Kinder zu nutzen und für die etwas ganz Besonderes.

Abb. 27: Im *Landhaus zur Ohe* gibt es für die kleinen Kinder „geheime" Gänge zwischen den Restaurantbereichen (➲ Landhaus zur Ohe). [27]

Für Hotelgäste ist es sehr angenehm, wenn der Familientisch über den ganzen Aufenthalt der gleiche bleibt, so können sich Kinder besser orientieren. Der Tisch ist dann auch schon für die Familie eingerichtet – ob mit Sitzerhöhung oder Hochstuhl – oder wie in *Borchard's Rookhus* (➲ Borchard's Rookhus) mit Wiegen für die ganz Kleinen.

Abb. 28: In *Borchard's Rookhus* (➲ Borchard's Rookhus) ruhen die ganz kleinen Gäste sanft in den Wiegen im Speiseraum. [28]

Ein Kinderbuffet auf Höhe der Kinder und mit einer kleinen Auswahl an Kindergerichten ermöglicht es den Kindern, die Auswahl selbst zu erkunden und sich eigenständig zu bedienen. Alternativ dazu dient eine Stufe, sodass die kleinen Gäste an das Buffet gelangen. Servierbesteck etc. sollten nicht zu schwer sein, damit die Kinder sich bedienen können, Wärmeplatten auf den Tischen müssen vor dem Zugriff von Kinderhänden geschützt sein. Ein betreuter Extra-Kindertisch kann eine willkommene Abwechslung bieten, sodass die Kinder im Rahmen des Kinderprogramms zusammen essen und die Eltern ihre Zeit als Paar genießen können. Eine Aufwärmmöglichkeit für Babybrei sowie eine Babyausstattung mit Flaschenwärmer runden das Angebot ab. Wer sich auf kleine Kinder als Gäste spezialisiert, kann auch selbstgemachte Breis zur Verfügung stellen wie z. B. im *Hotel Lagant* (➲ Hotel Lagant 2024c) oder gebrandete Babylätzchen.

Abb. 29: Alles da! Kindergeschirr, Kinderbesteck und Lätzchen im *Strandhotel Fischland* (➲ Strandhotel Fischland). [29]

Die **Essenszeiten** sollten möglichst flexibel sein und den Gewohnheiten der Familien entgegenkommen. Gerade für Familien mit kleineren Kindern sind oft frühe Essenszeiten wichtig, sowohl beim Frühstück als auch beim Abendessen. Schön ist es, wenn es die Möglichkeit gibt, sich ein Lunchpaket zuzubereiten oder es am Mittag ein kleines Angebot an Speisen gibt, sodass die Kinder etwas essen können (das kann auch Bestandteil des Kinderprogramms sein, sofern vorhanden). Bei Familien auch sehr beliebt: Eine kleine Teeküche oder eine kleine Kochmöglichkeit auf dem Zimmer, um „zwischendurch" etwas zuzubereiten bzw. zu erwärmen oder dem Nachwuchs abends im Bedarfsfall noch einen Tee kochen zu können.

Auf Selbstversorgeranlagen und Campingplätzen sind Unterstützungen wie ein Brötchenservice oder Getränkekühlschränke/Automaten (entweder auf Vertrauensbasis oder mit EC/Münzzahlung) zur Selbstbedienung oder ein kleiner Kiosk (in dem es auch Windeln etc. und regionale Angebote gibt) bzw. Hofladen hilfreich.

Verschiedene Qualitätsinitiativen setzen sich für eine familienfreundliche Gastronomie ein, ein Ansprechpartner ist der Deutsche Hotel- und Gaststättenverband (DEHOGA), andere sind z. B. die Zertifizierungen der Tourismusverbände (s. u.) oder regionale Initiativen wie das Familienbündnis in der Region Osnabrück (➲ Familienbündnis Osnabrück) oder Wuppertal (➲ Familienfreundlich Wuppertal).

Essen: gesund und lecker - geht das?

Das Essensangebot bietet viel Raum für Wünsche und ebenso für Kritik. Je nach Alter der Kinder gibt es unterschiedliche Vorlieben und auch innerhalb der Familie essen die einen vegan, während sich die anderen über ein Steak freuen. Die meisten Eltern wünschen sich, dass ihre Kinder sich abwechslungsreich und gesund ernähren. Die meisten Kinder lieben Pommes, Spaghetti, Würstchen und Eis. Daraus ergibt sich eine Aufgabe für die Gastronomie: Wie kann beiden Wünschen entsprochen werden?

Eine Möglichkeit liegt in der Vielfalt des Angebotes, so sollten sich auf der Kinderkarte bzw. dem Angebot für Kinder sowohl gesunde Angebote finden sowie auch die bei den Kindern beliebten Leckereien in unterschiedlichen Varianten.

Gesunde Alternativen zu den Standards Pommes, Fischstäbchen, Milchreis, Nudeln mit Tomatensauce oder Chicken Nuggets können Gemüsesticks mit Humus, eine selbst belegte Vollkornpizza oder Dinkelpfannkuchen sein. Obstspieße, Suppen mit knackigen Backerbsen oder eine Gemüselasagne sind weitere Ideen für mehr Abwechslung auf Kindertellern.

Oft lassen sich Kinder durch eine ansprechende (und bunte) **Präsentation** der Lebensmittel wie z. B. aufgeschnittenem Obst und Gemüse in allen Farben dazu bewegen, dieses auszuwählen, auch Spieße mit mehreren Zutaten machen Lust aufs Ausprobieren. Wer mehr Initiative und Zeit aufbringt, dekoriert Gemüse noch in Figuren oder Gesichtern. Unterschiedliche Komponenten erhöhen das Erlebnis, weiche und knackige Zutaten, wie Kartoffelpüree und Rohkost oder die unterschiedlichen Formen der Präsentation und der Duft – all das ist auch für Kinder anregend.

Abb. 30: Buntes, gesundes Essen: Kinder genießen mit allen Sinnen (➲ Sonne Bezau). [30]

Interview | Gesundes und leckeres Kinderessen

Kirsten Harms (KH) im Gespräch mit *Christian Meusburger* (CM) von der *Sonne Bezau*, die Inhaber des Hotels beschäftigen sich seit Jahren mit dem Thema gesundes und leckeres Kinderessen.

▸ KH: Ich weiß, dass euch gesunde Ernährung ein großes Anliegen ist und ihr euch viel mit dem Thema beschäftigt habt. Wie begeistert ihr eure kleinen Gäste für eine Vielfalt beim Essen?

▹ *CM: Die tägliche frische Gemüse-Rohkostplatte – schön dekoriert mit Karotten, Kirschtomaten, Gurken, Paprika, Radieschen – liebevoll angerichtet und als Figuren dargestellt wie Gurkenschlangen oder einer Blumenwiese in Form von Karottenblumen oder Radieschenkronen. Ebenfalls machen wir das mit der Obstplatte. Das Wichtigste dabei – die Kids dürfen das, was sie wollen, auch mit den Fingern wegnehmen! Die Abwechslung und Vielfalt der Hauptspeisen von Klassikern und Trendigem, regionalen Spezialitäten aus dem Bregenzerwald wie der Ribel mit Apfelmus (Milch, Butter und Grieß werde aufgekocht und dann ca. 30 min geröstet) bieten einen bunten Mix und lassen Kinder auch mal was Neues probieren!*

Natürlich fehlt das Schnitzel mit Pommes nicht, aber eben gibt es dieses auch nur einmal pro Woche! [...] Und Kinder haben meiner Meinung nach noch die natürliche Körperintelligenz, die ihnen sagt, was sie bzw. ihr Körper derzeit für Ernährungsbausteine braucht – und eben diese stehen bei unseren Kinderbuffets zur Verfügung!

Viele Kinder zucken vor vermischten Speisen zurück (z. B. eine Sauce mit unterschiedlichem Gemüse). Dafür kann eine Lösung sein, die unterschiedlichen Komponenten bei Salaten oder Nudelgerichten einzeln zu präsentieren, sodass die Kinder sich „ihre" Mahlzeit zusammenstellen können. Zur Perfektion gelangt dieses Konzept, wenn sie aus unterschiedlichen Modulen wählen können: Pommes, Reis, Kartoffeln, Nudeln etc. mit Gemüse, Rohkost, Salat und Wurst, Fisch, Frikadelle, Tofu, Burger etc. und dazu Sauce, Ketchup, Mayo, Senf – das bietet den Vorteil, dass die Komponenten Bestandteile der „normalen" Küche sind und so keine extra Produktion nötig ist. Auch bittere Lebensmittel werden oft von Kindern abgelehnt (DLG Expertenwissen, 2024). Die Angst vor allem Neuen – Neophobie (eine Phase im Leben der Kinder in der Regel von zwei bis sechs Jahren) ist unterschiedlich stark ausgeprägt und führt zum Ablehnen von unbekannten Lebensmitteln (DLG Expertenwissen, 2024). Zudem gilt: Je mehr Einfluss die Kinder auf die Auswahl haben, desto eher essen sie schließlich auch, was sie auf dem Teller haben. Und der Spieltrieb wird zusätzlich angesprochen, wenn sie sich zum Nachttisch aus Eis, Obst und Nüssen ein eigenes Dessert komponieren können.

Auf **Kinderkarten** sorgen kindgerechte Namen der Gerichte – ob Piratenteller oder Hexenschmaus, verbunden mit einer ansprechenden Gestaltung für Begeisterung. Sehr ausführlich als zweisprachiges Heft mit einer kulinarischen Reise um die Welt findet sich das bei der *van der Valk Gruppe* (➲ van der Valk).

Laut einer Untersuchung von Ernährungswissenschaftler:innen wurden beispielsweise Karotten, die an einer Schule angeboten wurden, doppelt so häufig gegessen als sie nicht als „Karotten" oder „Gemüse des Tages" sondern als „Röntgenblick-Karotten" angeboten wurden (Just et al., 2023). Ein Grund mehr, sich spannende Bezeichnungen einfallen zu lassen. In den vergangenen Jahren gab es – initiiert vom Bundesministerium für Ernährung und Landwirtschaft (BMEL 2021) einen Wettbewerb für Kinderspeisekarten, der Anregung bietet.

Wo möglich, ist es für die Kinder interessant, das Essen mit zuzubereiten: Vom Ernten im Kräutergarten über die Pizza, bei der der Teig selbst geknetet wird und die anschließend belegt wird, bis zum Schneiden von Gemüse. Oft lassen sich diese Aktivitäten in das Kinderprogramm oder einen Workshop einbinden. **Kochkurse** für Familien oder für die Kinder runden das Angebot ab. Viele Anregungen geben Initiativen wie die *Miniköche* (➲ Miniköche) und Angebote wie von den *Jugendherbergen* (➲ Jugendherbergen Kochkurse) oder in einzelnen Hotels, wie dem *Hotel Vier Jahreszeiten* am Schluchsee (➲ Hotels Vier Jahreszeiten am Schluchsee) oder Spielewelten wie *Tommys turbulente Tobewelt* (➲ Tommys turbulente Tobewelt).

Ein kleines Erlebnis, das Kindern viel Spaß macht: Im *Golchener Hof* (➲ Golchener Hof) sammeln die Kinder die Eier im Hühnerstall, markieren sie mit ihrem Namen und bekommen dann beim Frühstück am nächsten Tag ihr eigenes Ei serviert – eine schöne Idee!

Ein gutes Angebot ist, dass Kinder bei ihren Eltern mitessen, sie also nur einen leeren Teller erhalten – oft als Räuberteller auf der Speisekarte zu finden.

Manche Kinder entscheiden sich für ein Gericht aus der ganz normalen Speisekarte, hier ist die Möglichkeit einer reduzierten Portionsgröße von Vorteil – und damit auch eines günstigeren Kinderpreises.

Selbstverständlich sollte sein, dass die Kinder, die ja am ungeduldigsten warten, als erstes bedient und direkt nach ihren Wünschen gefragt werden. Dabei kann direkt auch der Hinweis auf die Spielmöglichkeiten erfolgen und ein Malheft oder ein Puzzle etc. angeboten werden. Hier gilt: nicht über sie sprechen, sondern mit ihnen und sie damit wahrnehmen. Ein kleiner Gruß aus der Küche kann gegen den ersten Hunger helfen.

Bei den **Getränken** ist es für Familien preislich attraktiv, wenn sie größere Flaschen bestellen können, statt für jedes Familienmitglied einzeln ein Getränk zu bezahlen. Und die alkoholfreien Getränke, insbesondere Wasser, sollten deutlich günstiger als die alkoholischen Getränke sein. Abwechslung und weniger Zucker als fertige Produkte bieten selbst gemachte Limonaden oder Schorlen ebenso wie Kindercocktails, gerne garniert mit (plastikfreien) Strohhalmen. Besonders attraktiv sind Familienmenüs oder Familienangebote, die es auch größeren Familien finanziell ermöglichen, zusammen essen zu gehen. Eine weitere Idee sind große Schalen, aus denen sich dann alle am Tisch bedienen – wie beim gemeinsamen Essen zuhause.

Viele Familien achten sehr auf eine gesunde Ernährung und freuen sich daher besonders über eine regionale Küche ebenso wie den Einsatz von Bio-Lebensmitteln. Und auch die vegetarische und vegane Ernährung spielen bei Familien eine große Rolle und sollte sich im Speiseangebot wiederfinden. Eine Beschriftung am Buffet zeigt den Gästen, welche Lebensmittel aus der Region und aus einer nachhaltigen Landwirtschaft kommen.

Buffets laden große und kleine Gäste dazu ein, sich auch mal mehr auf den Teller zu füllen, als vielleicht hinterher gegessen wird. Das Thema *Food Waste* sollte im Sinne der Nachhaltigkeit mitgedacht werden. Eine Idee, die in einem Familienhotel gelebt wird: Die Kinder werden aktiv aufgefordert lieber öfter ans Buffet zu gehen und sich immer wieder nachzuholen statt sich zu viel auf einmal aufzufüllen (was sie vielleicht auch gar nicht mögen) – wer dann seinen leeren Teller dem Kellner zeigt, erhält einen Stempel und schließlich können diese Stempel gegen ein kleines Geschenk eingelöst werden. Eine kreative Idee gegen *Food Waste* solange es nicht dazu führt, dass die Kinder sich gezwungen fühlen wirklich alles zu essen, wenn sie sich dann doch verschätzt haben.

Eine andere Idee ist das Buffet, in dem aus „Resten" etwas Neues entsteht.

Abb. 31: Im *Landhaus zur Ohe* (➲ Landhaus zur Ohe) erhalten Lebensmittel auf dem Buffet eine zweite Chance. [31]

3.7 Sicherheit

Sicherheit ist im Familientourismus ein sehr umfassendes und wichtiges Thema. Es reicht von der medizinischen Versorgung über die Unfallvermeidung bis zu Gefahrenhinweisen. Ein Verbandskasten sowie eine Liste von Ärzt:innen und Notfalladressen sollten leicht zugänglich sein. Für Verletzungen und deren Behandlung innerhalb einer Betreuung muss ein Verbandsbuch vorhanden sein. In diesem müssen alle Verletzungen (auch die, die keinen Arztbesuch erfordern) eingetragen und fünf Jahre lang aufbewahrt werden (Versicherungsanspruch des Kindes bei eventuellen Spätschäden (Deutsche Gesetzliche Unfallversicherung, 2020, S. 11). Eine Kinder-Notfall-Box mit Zeckenzange und Zahnrettungsset gibt weitere Sicherheit (➲ Kindernotfall Bonn). Einen ganz besonderen Service, gerade für Eltern mit kleinen Kindern, bietet ein Hotel, was sich ganz auf diese Zielgruppe fokussiert hat mit der Magen-Darm-Box.

Abb. 32: Für alle Fälle gut vorbereitet. Im *Bochard's Rookhus* (➲ Borchard's Rookhus) sind die Bedürfnisse von Familien in unterschiedlichen Lebenslagen bekannt. [32]

Hilfreich sind Ersthelfer:innen im Unternehmen, die nicht nur den üblichen Erste-Hilfe-Kurs, sondern einen speziellen Ersthelferkurs „Erste Hilfe am Kind“ absolviert haben, dieser wird von verschiedenen Hilfs- und Rettungsorganisationen angeboten (➲ Gesund Bund). Ergänzend dazu gibt es die Kindernotfall-App, die kostenlos im App-Store zur Verfügung steht und mit Tipps und einer Suche nach Kinderarztpraxen im Notfall unterstützt (➲ Barmer).

Im Innenbereich sind Sicherheitsvorkehrungen bei Treppen mit Treppengittern und gut erreichbare Handläufe bzw. ein zweiter, niedrigerer Handlauf für die kleinen Gäste wichtig. Hinweise auf mögliche Gefahren wie Brüstungen oder Fenster im Inneren machen Eltern aufmerksam. Alle Steckdosen, die für kleinere Kinder erreichbar sind, müssen gesichert sein.

Abb. 33: Auf einen Blick: Diese Steckdosen sind kindersicher! Steckdosensicherung im *Hotel Kaiserhof* (➲ Hotel Kaiserhof) in Tirol. [33]

Abb. 34: Ein zweiter Handlauf sorgt im *AWO Sano Ferienpark Dambeck* (➲ AWO Sano Ferienpark Dambeck) dafür, dass auch kleine Kinder sicher die Treppen gehen können. [34]

Auch für den **Außenbereich**, das Außengelände, gilt es, das Thema Sicherheit im Auge zu haben: Welche Pflanzen wachsen hier? Giftige Pflanzen wie Maiglöckchen, Engelstrompete oder die Eibe mit ihren für Kinder so interessanten roten Beeren sollten hier nicht zu finden sein (➲ Informationszentrale gegen Vergiftungen). Ein weiteres Risiko sind Teiche, Bäche und Tümpel. Diese müssen gesichert sein und die Gäste aktiv auf die Gefahren hingewiesen werden – Ertrinken ist die zweithäufigste Todesursache bei Kindern (Kindersicherheit, 2024a). Im besten Fall ist das Außengelände eingezäunt, zumindest sollte es entfernt von einer befahrenen Straße liegen und so gestaltet sein, dass Eltern oder Mitarbeitende die Kinder gut im Auge behalten können.

Zusätzlich zu einer Prüfung durch den TÜV oder andere unabhängige Institute müssen alle **Spielgeräte** einer regelmäßigen Sichtprüfung unterzogen werden, die auch dokumentiert wird (Deutsche gesetzliche Unfallversicherung, 2020). Spielzeug und Spielgeräte sollten das „GS-Zeichen" – Geprüfte Sicherheit – tragen, weitere Orientierung bietet die Norm *DIN EN1176-1* „Spielplatzgeräte und Spielplatzböden" (Baunormenlexikon, 2024). Selbst gebaute Spielgeräte sind meist fantasievoller oder individueller, bergen aber auch oft höhere Risiken und sind daher aus Haftungsgründen nicht unbedingt zu empfehlen. Einige Spielgeräte sind besonders Risiko behaftet, dazu gehören beispielsweise Trampoline, die bei den Kindern sehr beliebt sind. Beim Aufstellen von Trampolinen sollte daher verstärkt auf Sicherheit geachtet werden, nicht nur beim Material, sondern auch bei der Nutzung – hierfür gilt es, Regeln zu kommunizieren auf deren Einhaltung geachtet werden muss, ob durch die Eltern oder die Betreuung (Kindersicherheit, 2024b).

Die Bundesarbeitsgemeinschaft ➲ *Mehr Sicherheit für Kinder e. V.* ist in Sicherheitsfragen ein guter Ansprechpartner und hat viele Informationen zusammengetragen, wie eine Liste mit allen DIN-Normen, die für Familien wichtig sind (Kindersicherheit, 2024c).

Für die Durchführung der **Kinderbetreuung** ist es wichtig, dass die Verantwortlichen relevante Informationen über die Kinder erhalten, die teilnehmen. Das kann über die Rezeption geschehen oder in einem Gespräch, wenn die Kinder das erste Mal in die Kinderbetreuung kommen. So sollten den Mitarbeitenden Informationen zu Allergien und Krankheiten sowie (wenn erforderlich) zu Schwimmkenntnissen vorliegen. Ebenso benötigen sie die Kontaktdaten der Eltern, sodass sie diese im Notfall erreichen können.

Regeln für den Umgang mit **Hunden** müssen die Unternehmen festlegen, um unbeschwerten Spielspaß für Kinder zu gewährleisten, ob Leinenpflicht oder bestimmte Räume bzw. Areale, zu denen die Vierbeiner keinen Zutritt haben – in der *Jugendherberge Niebüll* gibt es dafür eine Haus-Hundeordnung (➲ Jugendherberge Niebüll).

Sicherheit bedeutet auch einen Schutz für die Wahrung der **Rechte der Kinder** und das Recht am eigenen Bild. Gerade in Schwimmbädern ist die Gefahr von unerwünschten Fotoaufnahmen, Belästigungen und Übergriffen groß. In den meisten Schwimmbädern herrscht daher ein Fotoverbot, einige Bäder nutzen die Möglichkeit des Abklebens der Handykamera mit einem Aufkleber den Besucher:innen an der Kasse erhalten, zusätzlich sind die Mitarbeitenden dazu gehalten, aufmerksam zu sein und gegebenenfalls Besucher:innen anzusprechen, die fotografieren. Einige Bäder untersuchen mittlerweile auch die Umkleiden und Duschen in regelmäßigen Abständen aufmerksam nach kleinen Kameras (AK Frauen, 2024; Frankfurter Neue Presse, 2018).

Informationen zum Fotografieren im Urlaub und den Rechten am eigenen Bild finden sich z. B. bei *klicksafe* (➲ Klicksafe). Eine Initiative unterschiedlicher Akteure (KölnBäder, Kinderschutzbund, Lobby für Mädchen, Fachberatungsstelle Zartbitter) haben 2024 die Kampagne „Ich sag's" mit ansprechend illustrierten Plakaten in den *KölnBäder* gestartet, die dazu aufruft, in Fällen von Belästigung Hilfe zu holen und so Kindern und Jugendlichen mehr Sicherheit zu geben (➲ KölnBäder).

3.8 Buchungsverhalten und preisliche Angebotsgestaltung

Aktuelle Trends zeigen, dass Familien ihren Urlaub zunehmend kurzfristiger buchen. Gründe dafür sind die wachsende Unsicherheit durch wirtschaftliche und geopolitische Faktoren, die Flexibilität bei Last-minute-Angeboten sowie die sich ändernden Reisegewohnheiten. Viele Familien entscheiden sich aus praktischen Gründen dazu, ihre Reisepläne spontan zu gestalten und somit auf aktuelle Umstände reagieren zu können. Auch ein Trend zu kürzeren Reisen ist wahrzunehmen: Aus wirtschaftlichen Gründen verkürzen Familien ihren Urlaub und reisen im Durchschnitt zwei Tage weniger als in den Jahren zuvor und damit nur noch zehn Tage (⟶ Kapitel 1.3).

Dennoch buchen Familien im direkten Vergleich mit anderen Reisenden ihren Urlaub früher, da sie durch die Schließzeiten der Kita und die Schulferien schon weit im Voraus wissen, wann sie in den Urlaub fahren können und immer in den Saisonzeiten unterwegs sind, in denen viele Menschen reisen. Schon seit Jahren werden Forderungen der Touristik laut, die Sommerferien zu entzerren, ein Ziel ist es, damit eine bessere Auslastung und Verteilung für die touristischen Angebote zu erreichen. Eine andere Bestrebung ist es, die Fülle an den Reisezielen und auf den Straßen und Schienen zu entzerren und durch die Ausdehnung der Zeiten der zunehmenden Klimaerwärmung Rechnung zu tragen. Dabei gilt es natürlich die touristischen Interessen, die Vor- und Nachteile für die Schüler:innen und auch die Betreuungsherausforderung abzuwägen. Politisch scheint eine Änderung zurzeit nicht gewollt zu sein (Die Zeit, 2024). Daher sind für Familien nach wie vor Frühbucherrabatte interessant.

Denn Familien fühlen sich willkommen, wenn auch bei der Preisgestaltung an sie gedacht wird. Das ist der Fall, wenn es eine deutliche Reduktion des Preises für Kinder gibt, es in Freizeiteinrichtungen z. B. Familienkarten gibt, die auch berücksichtigen, dass es Familien mit drei oder mehr Kindern gibt und auch an Alleinreisende mit Kind(ern) gedacht ist, ein gutes Angebot für Alleinreisende mit Kind/ern ist für viele Hoteliers eine Herausforderung.

Um die Nebensaisonzeiten zu füllen, können Angebote für Eltern mit kleinen Kindern gestaltet werden: In Kleinkindwochen gibt es z. B. ein Betreuungsangebot für die Kleinen oder besonders attraktive Preise, die Ausstattung für Kleinkinder wie Babybetten etc. ist inklusive. Bei der Ansprache dieser Zielgruppe können die Anbieter treue Gäste für die nächsten Jahre des Familienurlaubs gewinnen.

Auch Großeltern-Enkelkind-Reisen können einzeln beworben werden. Bei den Großeltern sind oft erhöhte Bedürfnisse nach Komfort vorhanden und die Ausgabebereitschaft ist in der Regel höher (Zur Preisgestaltung: Kohl, 2013). Für Familientreffen mit der ganzen Familie gibt es eine Nachfrage nach Unterkünften und Programmangeboten für Familientreffen, auch hier kann es sich lohnen, entsprechende Packages zu schnüren.

Exkurs | Ein Hotel – unterschiedliche Zielgruppen – wie kann der Mix vor Ort gelingen?

Ein Nebeneinander von Zielgruppen ist oft eine Herausforderung. Einige Hotels haben gute Erfahrungen damit gemacht, die verschiedenen Zielgruppen zeitlich etwas auseinander zu dividieren. Ein Beispiel dafür sind unterschiedliche Nutzungszeiten des Schwimmbades. In einem festen Zeitfenster dürfen Kinder das Schwimmbad mit Gejauchze, Badetieren, Schwimmnudeln und Sprüngen von der Beckenkante nutzen, zu anderen Zeiten ist es Erwachsenen zum Schwimmen vorbehalten. Ebenso werden auch oft die Essenszeiten so gelegt, dass Familien mit kleineren Kindern zu Beginn essen und in einem späteren Zeitfenster die Paare in das Restaurant kommen (Harms, 2023c).

3.9 Personal und Mitarbeitende

Ein guter Service und Mitarbeitende, die Freude an der Arbeit mit Familien haben und Kinder mögen sind für einen gelungenen Familienurlaub unverzichtbar. Eine Investition in eine gute Aus- und Weiterbildung des Personals und gute Arbeitsbedingungen machen sich daher bemerkbar.

Weiterbildung

Regelmäßige Fortbildungen sollten für alle Mitarbeitenden selbstverständlich sein. Für Kinderbetreuer:innen werden diese z. B. von den Reiseveranstaltern oder Hotelkooperationen angeboten. Ebenso können Fortbildungen im Bereich Erlebnispädagogik und anderen pädagogischen Bereichen hilfreich sein. Auch Agenturen wie *Gäste von Morgen* (➲ Gäste von Morgen) oder das *BundesForum Kinder- und Jugendreisen* bietet spezielle Teamer-Seminare (➲ Teamer-Seminare) an.

Für Mitarbeitende der unterschiedlichsten Bereiche bieten einige Tourismusverbände Fortbildungen an, die unterschiedliche Facetten des Familientourismus beleuchten und dabei unterstützen, sich immer besser auf diese Zielgruppe einzustellen – wie z. B. der *Tourismusverband Mecklenburg-Vorpommern*, der im Qualitätsmanagement Familienurlaub sehr aktiv ist (➲ Tourismusverband Mecklenburg-Vorpommern).

Betriebsinterne Familienfreundlichkeit

Nicht erst seitdem es immer herausfordernder wird, Mitarbeitende für das Unternehmen zu gewinnen, sollte Familienfreundlichkeit nicht nur nach außen, für die Gäste, gelebt werden, sondern ebenso nach innen. Themen sind dabei die Arbeitszeiten, der Wunsch, auch in Ferienzeiten mit der eigenen Familie in den Urlaub fahren zu können und die starke Arbeitsbelastung in den Hochsaisonzeiten sowie ein nicht ausreichendes Angebot an Kinderbetreuung in den Arbeitszeiten und die Bezahlung. Im Tourismus findet in vielen Unternehmen ein Umdenken statt: Urlaub wird auch in der Hochsaison möglich (vor allem für Mitarbeitende mit Familie wichtig), Fortbildung wird gefördert und oft dürfen die Mitarbeitenden ihre eigenen Kinder in die hauseigene Kinderbetreuung geben (wenn vorhanden) oder die Angebote ihres Arbeitgebers in ihrer eigenen Freizeit nutzen (➲ familux Hotels und ➲ Familien Wellness Hotel Seeklause b).

Erfolgsfaktor Familie ist die Plattform für die Vereinbarkeit von Familie und Beruf des Bundesfamilienministeriums (➲ Erfolgsfaktor Familien) und liefert zu dem Thema viele Anregungen, insbesondere die Broschüre Vereinbarkeit von Beruf und Familien in Hotellerie und Gastronomie (BMFSFJ, 2016).

3.10 Zertifizierungen

Zertifizierungen können Familien Sicherheit bei der Auswahl ihres Urlaubsziels geben, vor allem Familien, die das erste Mal mit einem Baby oder Kleinkind in den Urlaub fahren, empfinden es oft als Erleichterung, wenn sie wissen, dass sie sich auf definierte Standards verlassen können.

In einigen Bundesländern gibt es Qualitätsinitiativen für den Familienurlaub: *Mecklenburg-Vorpommern* (➲ Tourismusverband Mecklenburg-Vorpommern e. V. Zertifizierung), *Sachsen* (➲ Sachsen Tourismus Zertifizierung), *Niedersachsen* (➲ Reiseland Niedersachsen Zertifizierung), *Baden-Württemberg* (➲ Tourismus Marketing GmbH Baden-Württemberg Zertifizierung), *Thüringen* (➲ Dehoga Thüringen Zertifizierung) und *Schleswig-Holstein* (➲ Tourismusverband Schleswig-Holstein Zertifizierung). Ein deutschlandweites Siegel gibt es bedauerlicherweise nicht. Eine solche Zertifizierung, die eine verlässliche Aussage über Familienfreundlichkeit im Urlaub überregional und in ganz Deutschland geben würde, würde für Familien mehr Sicherheit und Verlässlichkeit bei der Urlaubsplanung bedeuten.

Ein weiteres Siegel ist *OK für Kids vom TÜV Nord* (➲ Kinderschutzbund NRW Zertifizierung Okay für Kids) mit dem Dienstleistungen, Unternehmen oder Produkte zertifiziert werden. Die Kriterien werden aktuell überarbeitet und sollen demnächst auf der Website des Kinderschutzbundes Nordrhein-Westfalen abrufbar sein. Der deutsche Familienverband vergibt das Siegel *Familiensterne* (➲ Familiensterne) der Kriterienbogen ist online einsehbar. Einige Anbieter haben ihre eigenen Zertifizierungen wie beispielsweise bei *Landsichten* ein Siegel *„Qualitätsgeprüfter Kinderhof"* vergeben wird, wenn die Mitglieder bestimmte Kriterien erfüllen (➲ Landsichten).

In dem Segment Familienreisen haben sich in den letzten Jahrzehnten unterschiedliche Spezialisten herausgebildet. Eine kleine Übersicht über Reiseveranstalter, Reisebüros, Hotelkooperationen und Plattformen, die sich explizit dem Familienurlaub verschrieben haben – natürlich ohne Anspruch auf Vollständigkeit – findet sich im ⟶ Good-Practice-Verzeichnis.

3.11 Praxistransfer

Zusammenfassend lässt sich sagen, dass viele unterschiedliche Aspekte dazu beitragen, einen guten Urlaub für Familien zu gestalten: Von der Kommunikation, der Gestaltung der An- und Abreise, der Ausstattung, dem Programmangebot über das gastronomische Angebot bis zu Sicherheitsaspekten, der Angebotsgestaltung und dem Personal. Im folgenden Kapitel folgen Checklisten, die diese Punkte zusammenfassen und nach den unterschiedlichen Anbietern clustern: Von der Beherbergung über die Gastronomie bis zu Destinationen und Freizeitangeboten.

4 Checklisten für die Praxis

Diese Checklisten sollen dabei unterstützen, sich gut auf die Bedürfnisse von Familien auszurichten und dienen zur Selbstreflektion: Wo stehen wir momentan mit unserem Betrieb? Wo ist Entwicklungspotential? Und in welchen Bereichen sind wir schon gut aufgestellt? Je mehr „Kreuze" gemacht werden können, desto mehr sind Familien als Gäste schon mitgedacht. Die Checklisten fassen die in → Kapitel 3 beschriebenen Hinweise und Anregungen zusammen. Sie erheben selbstverständlich keinen Anspruch auf Vollständigkeit, sondern können eher als Ansporn verstanden werden, weiter nach Ideen für eine gute Ansprache von Familien, für besondere Ausstattungsdetails oder für kreative Programmangebote zu suchen und damit das Angebot für Familien weiter zu entwickeln und zu gestalten.

✎ Checkliste Hotel, Pension, Bauernhof

Download | Sie können die Checkliste auch ausdrucken. Nutzen Sie für den Download den folgenden Link oder den QR-Code.
🔗 https://files.narr.digital/9783381122813/01_Checkliste_Hotel.pdf

Allgemein

- ☐ Regelmäßige Fort- und Weiterbildungen (Pädagogik, Qualitätsmanagement, Sport, Sicherheit ...)
- ☐ Familienfreundlichkeit wird von allen Mitarbeitenden getragen, im besten Fall gibt es ein Leitbild, das alle zusammen erarbeitet haben
- ☐ Kommunikation aller Mitarbeitenden mit den Kindern auf Augenhöhe
- ☐ An der Rezeption/Empfang gibt es einen Kinder-Check-in (niedrige Theke bzw. kleine Treppe davor)

Kommunikation & Information

- ☐ Familiengerechte Ansprache in Web und Print (z. B. Bilder von Familien auf der Website) und eigene Kategorie „Familien" auf der Website
- ☐ Bereitstellen von für Familien relevanten Informationen vor der Reise (Anreise, Ausstattung vor Ort ...) und während des Aufenthaltes (Ärzt:innen, Apotheken, Freizeitangebote, Ideen für Regenwetter etc.)

- ☐ In den Social-Media-Kanälen werden auch Familien angesprochen
- ☐ Kennzeichnung von Angeboten für Familien in Flyern/auf Infotafeln bspw. mit Symbol
- ☐ Kindgerechte Kommunikation, bspw. Aushänge für Kinder auf deren Augenhöhe
- ☐ Leitsystem, das auch für kleine Kinder verständlich ist
- ☐ Bewertungsabfragen bei Groß und Klein (Fragebögen, Online etc.)

Preisgestaltung

- ☐ Großzügige Kinderermäßigungen
- ☐ Angebote für Alleinreisende mit Kind(ern)

Sicherheit

- ☐ Steckdosen sind gesichert
- ☐ Treppengeländer, Handläufe auf Kinderhöhe
- ☐ Sicherheitshinweise sind vorhanden und verständlich
- ☐ Ausreichende Anzahl an Ersthelfer:innen, zusätzlich auch geschult in Erster Hilfe am Kind (Schulungen mind. alle zwei Jahre)
- ☐ Jederzeit zugängliche Verbandskästen sind vorhanden (inkl. Coolpack, Kinderpflaster)

Ausstattung Unterkünfte

- ☐ Familienzimmer, ausreichend große Wohneinheiten
- ☐ Kinderbett
- ☐ Bett-Rausfallschutz
- ☐ Verdunklungsmöglichkeit
- ☐ Insektenschutz am Fenster
- ☐ Babyfon (wenn Handynetz nicht zuverlässig)
- ☐ Babybadewanne, Windeleimer, Töpfchen Wickelmöglichkeit, Nachtlicht, Flaschenwärmer
- ☐ Wasserkocher
- ☐ Treppengitter (bei mehrgeschossigen Wohneinheiten)
- ☐ Waschmöglichkeit (Waschmaschine, Wäscheservice)
- ☐ Verpflegungsmöglichkeiten: Getränkekühlschrank, Hofladen, Brötchenservice etc. (wenn keine Gastronomie vorhanden bzw. zur Verpflegung außerhalb der Öffnungszeiten)
- ☐ Gästemappe (gedruckt oder digital) liegt aus

Ausstattung Sanitärräume innerhalb/außerhalb des Hotelzimmers

- ☐ Kinder-Toiletten-Sitz/Kindertoilette
- ☐ Tritt/niedriges Waschbecken
- ☐ Wickeltisch (zugänglich für alle Geschlechter)
- ☐ Notfallutensilien (Windeln, Feuchttücher, erhältlich auf Nachfrage)

Außenbereich

- ☐ Spielgeräte für unterschiedliche Altersgruppen
- ☐ Die Geräte sind geprüft und werden regelmäßig kontrolliert (Protokoll)
- ☐ Verweilmöglichkeiten für die Eltern
- ☐ Schattenbereich
- ☐ Umzäunte Fläche bzw. entfernt von Straße, Parkplatz und anderen Gefahren
- ☐ Teiche und andere Wasserstellen sind gesichert
- ☐ Keine giftigen oder gefährlichen Pflanzen, gepflegter Bereich
- ☐ Attraktive Angebote wie Streichelzoo, Bademöglichkeit, Lagerfeuerplatz, Grillstelle o.ä. sind vorhanden

Spielbereich, innen

- ☐ Ausreichend großer (in Relation zur Zahl der Gäste) Spielbereich, Aufenthaltsbereich mit Tageslicht und wenn möglich Zugang zum Außenbereich
- ☐ Spiele und Spielgeräte für unterschiedliche Altersgruppen (regelmäßig geprüft und erneuert)
- ☐ Gesellschaftsspiele (auch zum Ausleihen)
- ☐ Lese- und Vorlesebücher

Kinderprogramm & Familienprogramm

- ☐ Angebote für unterschiedliche Altersgruppen
- ☐ Angebote für Kinder und auch die ganze Familie
- ☐ Betreuungsschlüssel dem Alter der Kinder angemessen
- ☐ Gut ausgebildete Mitarbeitende für das Kinderprogramm
- ☐ Pädagogisches Konzept – auf die Zielgruppen abgestimmt
- ☐ Bei Bauernhöfen: Teilnahme am „Hofleben“

Ausstattung Gastronomie

- ☐ Kinderhochstuhl

- □ Sitzerhöhung
- □ Kinderbesteck
- □ Bruchsicheres Kindergeschirr
- □ Lätzchen
- □ Ausreichend Platz für Kinderwagen

Gastronomie

- □ Aufwärmmöglichkeit für Babynahrung
- □ Kinderkarte mit abwechslungsreichen Angeboten für Kinder/reduzierte Portionen der Erwachsenenkarte möglich
- □ „Räuberteller“ – Kinder bedienen sich bei ihren Eltern
- □ Auf der Karte stehen auch vegetarische und vegane Gerichte, regionale Lebensmittel werden eingesetzt
- □ Mindestens drei alkoholfreie Getränke sind günstiger als alkoholische Getränke
- □ Es gibt Wasser u. ä. auch in größeren, kostengünstigeren Flaschen.
- □ Bei Buffets: Buffet auf Kinderhöhe
- □ Essenszeiten sind auf Familien abgestimmt, frühes Frühstück und Abendessen sind möglich.
- □ Kinderkarte zum Ausmalen/Spielen
- □ Kleine Spielecke mit Malsachen (regelmäßig erneuert, gespitzte Stifte) und kleinen Spielen

✎ Checkliste Ferienwohnung und Appartementanlagen

Download | Sie können die Checkliste auch ausdrucken. Nutzen Sie für den Download den folgenden Link oder den QR-Code.
https://files.narr.digital/9783381122813/02_Checkliste_FeWo.pdf

Allgemein

- □ Regelmäßige Fort- und Weiterbildungen (Pädagogik, Qualitätsmanagement, Sport, Sicherheit …)
- □ Familienfreundlichkeit wird von allen Mitarbeitenden getragen, im besten Fall gibt es ein Leitbild, das alle zusammen erarbeitet haben
- □ Kommunikation aller Mitarbeitenden mit den Kindern auf Augenhöhe

- ☐ An der Rezeption/Empfang gibt es einen Kinder-Check-in (niedrige Theke bzw. kleine Treppe davor)

Kommunikation & Information

- ☐ Familiengerechte Ansprache in Web und Print (z. B. Bilder von Familien auf der Website) und eigene Kategorie „Familien“ auf der Website
- ☐ Bereitstellen von für Familien relevanten Informationen vor der Reise (Anreise, Ausstattung vor Ort ...) und während des Aufenthaltes (Ärzt:innen, Apotheken, Freizeitangebote, Ideen für Regenwetter etc.)
- ☐ In den Social-Media-Kanälen werden auch Familien angesprochen
- ☐ Kennzeichnung von Angeboten für Familien in Flyern/auf Infowänden bspw. mit Symbol
- ☐ Kindgerechte Kommunikation, bspw. Aushänge für Kinder auf deren Augenhöhe
- ☐ Leitsystem, das auch für kleine Kinder verständlich ist
- ☐ Bewertungsabfragen bei Groß und Klein (Fragebögen, Online ...)

Preisgestaltung

- ☐ Großzügige Kinderermäßigungen (Verpflegungsleistungen)
- ☐ Angebote für Single mit Kind(ern)

Sicherheit

- ☐ Steckdosen sind gesichert
- ☐ Treppengeländer, Handläufe auf Kinderhöhe
- ☐ Sicherheitshinweise sind vorhanden und verständlich
- ☐ Ausreichende Anzahl an Ersthelfer:innen, zusätzlich auch geschult in Erste Hilfe am Kind (Schulungen mind. alle 2 Jahre)
- ☐ Jederzeit zugängliche Verbandskästen sind vorhanden (inkl. Coolpack, Kinderpflaster)

Ausstattung Unterkünfte

- ☐ Ausreichend große Wohneinheiten
- ☐ Kinderbett
- ☐ Bett-Rausfallschutz
- ☐ Verdunklungsmöglichkeit
- ☐ Insektenschutz am Fenster
- ☐ Babyfon (wenn Handynetz nicht zuverlässig)

- ☐ Babybadewanne, Windeleimer, Wickelmöglichkeit, Kinder-Toilettensitz, Töpfchen, Tritt zum Erreichen des Waschbeckens, Hochstuhl/Sitzerhöhung, Nachtlicht, Flaschenwärmer
- ☐ Wasserkocher
- ☐ Treppengitter (bei mehrgeschossigen Wohnungen)
- ☐ Waschmöglichkeit (Waschmaschine, Wäscheservice)
- ☐ Verpflegungsmöglichkeiten: Getränkekühlschrank, Hofladen, Brötchenservice etc. (wenn keine Gastronomie vorhanden)
- ☐ Gästemappe (gedruckt oder digital) liegt aus

Außenbereich

- ☐ Spielgeräte für unterschiedliche Altersgruppen
- ☐ Die Geräte sind geprüft und werden regelmäßig kontrolliert (Protokoll)
- ☐ Verweilmöglichkeiten für die Eltern
- ☐ Schattenbereich
- ☐ Umzäunte Fläche bzw. entfernt von Straße, Parkplatz und anderen Gefahren
- ☐ Teiche und andere Wasserstellen sind gesichert
- ☐ Keine giftigen oder gefährlichen Pflanzen, gepflegter Bereich
- ☐ Attraktive Angebote wie Streichelzoo, Bademöglichkeit, Lagerfeuerplatz, Grillstelle o.ä. sind vorhanden

Spielbereich, innen (bei Appartementanlagen)

- ☐ Ausreichend großer (in Relation zur Zahl der Gäste) Spielbereich, Aufenthaltsbereich mit Tageslicht und wenn möglich Zugang zum Außenbereich
- ☐ Spiele und Spielgeräte für unterschiedliche Altersgruppen (regelmäßig geprüft und erneuert)
- ☐ Gesellschaftsspiele (auch zum Ausleihen)
- ☐ Lese- und Vorlesebücher

Kinderprogramm & Familienprogramm

- ☐ Angebote für unterschiedliche Altersgruppen
- ☐ Angebote für Kinder und auch die ganze Familie
- ☐ Betreuungsschlüssel dem Alter der Kinder angemessen
- ☐ Gut ausgebildete Mitarbeitende für das Kinderprogramm
- ☐ Pädagogisches Konzept – auf die Zielgruppen abgestimmt

✎ Checkliste Campingplatz

Download | Sie können die Checkliste auch ausdrucken. Nutzen Sie für den Download den folgenden Link oder den QR-Code.
https://files.narr.digital/9783381122813/03_Checkliste_Campingplatz.pdf

Allgemein

- ☐ Regelmäßige Fort- und Weiterbildungen (Pädagogik, Qualitätsmanagement, Sport, Sicherheit …)
- ☐ Familienfreundlichkeit wird von allen Mitarbeitenden getragen, im besten Fall gibt es ein Leitbild, das alle zusammen erarbeitet haben
- ☐ Kommunikation aller Mitarbeitenden mit den Kindern auf Augenhöhe
- ☐ An der Rezeption/Empfang gibt es einen Kinder-Check-in (niedrige Theke bzw. kleine Treppe davor)

Kommunikation & Information

- ☐ Familiengerechte Ansprache in Web und Print (z. B. Bilder von Familien auf der Website) und eigene Kategorie „Familien" auf der Website
- ☐ Bereitstellen von für Familien relevanten Informationen vor der Reise (Anreise, Ausstattung vor Ort …) und während des Aufenthaltes (Ärzt:innen, Apotheken, Freizeitangebote, Ideen für Regenwetter etc.)
- ☐ In den Social-Media-Kanälen werden auch Familien angesprochen
- ☐ Kennzeichnung von Angeboten für Familien in Flyern/auf Infowänden bspw. mit Symbol
- ☐ Kindgerechte Kommunikation, bspw. Aushänge für Kinder auf deren Augenhöhe
- ☐ Leitsystem, das auch für kleine Kinder verständlich ist
- ☐ Bewertungsabfragen bei Groß und Klein (Fragebögen, Online …)

Preisgestaltung

- ☐ Großzügige Kinderermäßigungen
- ☐ Angebote für Single mit Kind(ern)

Sicherheit

- ☐ Steckdosen in öffentlichen Räumen sind gesichert
- ☐ Wenn vorhanden: Treppengeländer, Handläufe auf Kinderhöhe

- □ Sicherheitshinweise sind vorhanden und verständlich
- □ Ausreichende Anzahl an Ersthelfer:innen, zusätzlich auch geschult in Erste Hilfe am Kind (Schulungen mind. alle 2 Jahre)
- □ Jederzeit zugängliche Verbandskästen sind vorhanden (inkl. Coolpack, Kinderpflaster)

Ausstattung (Miet-)Unterkünfte, Bungalows etc.

- □ Ausreichend große Wohneinheiten
- □ Kinderbett
- □ Bett-Rausfallschutz
- □ Verdunklungsmöglichkeit
- □ Insektenschutz am Fenster
- □ Babyfon (wenn Handynetz nicht zuverlässig)
- □ Babybadewanne, Windeleimer, Wickelmöglichkeit, Kinder-Toilettensitz, Töpfchen, Tritt zum Erreichen des Waschbeckens, Hochstuhl/Sitzerhöhung, Nachtlicht, Flaschenwärmer
- □ Wasserkocher
- □ Treppengitter (bei mehrgeschossigen Wohnungen)
- □ Gästemappe (gedruckt oder digital) liegt aus

Ausstattung Campingplatz

- □ In den Sanitäranlagen sind Kinder-Toilettensitz, Töpfchen, Tritt zum Erreichen des Waschbeckens vorhanden oder können ausgeliehen werden
- □ Es gibt Familienbäder
- □ Es gibt Bäder mit abnehmbaren Duschköpfen, Babybadewannen
- □ Es gibt eine Wickelmöglichkeit (zugänglich für alle Geschlechter)
- □ Eine Waschmaschine ist vorhanden, ebenso Wäschetrockner
- □ Versorgungsmöglichkeit: Shop mit Dingen des täglichen Gebrauchs für Familien (Windeln, Spielmaterial etc.), Brötchenservice etc.
- □ Kühlfächer, Kühlmöglichkeiten zur Miete

Außenbereich

- □ Spielgeräte für unterschiedliche Altersgruppen
- □ Die Geräte sind geprüft und werden regelmäßig kontrolliert (Protokoll)
- □ Verweilmöglichkeiten für die Eltern
- □ Schattenbereich

- □ Umzäunte Fläche bzw. entfernt von Straße, Parkplatz und anderen Gefahren
- □ Teiche und andere Wasserstellen sind gesichert
- □ Keine giftigen oder gefährlichen Pflanzen, gepflegter Bereich
- □ Attraktive Angebote wie Streichelzoo, Bademöglichkeit, Lagerfeuerplatz, Grillstelle o.ä. sind vorhanden

Spielbereich, innen

- □ Ausreichend großer (in Relation zur Zahl der Gäste) Spielbereich, Aufenthaltsbereich mit Tageslicht und wenn möglich Zugang zum Außenbereich
- □ Spiele und Spielgeräte für unterschiedliche Altersgruppen (regelmäßig geprüft und erneuert)
- □ Gesellschaftsspiele (auch zum Ausleihen)
- □ Lese- und Vorlesebücher

Kinderprogramm & Familienprogramm

- □ Angebote für unterschiedliche Altersgruppen
- □ Angebote für Kinder und auch die ganze Familie
- □ Betreuungsschlüssel dem Alter der Kinder angemessen
- □ Gut ausgebildete Mitarbeitende für das Kinderprogramm
- □ Pädagogisches Konzept – auf die Zielgruppen abgestimmt

✎ Checkliste Museen

Download | Sie können die Checkliste auch ausdrucken. Nutzen Sie für den Download den folgenden Link oder den QR-Code.
https://files.narr.digital/9783381122813/04_Checkliste_Museen.pdf

Allgemein

- □ Regelmäßige Fort- und Weiterbildungen (Pädagogik, Qualitätsmanagement, Sport, Sicherheit ...)
- □ Kommunikation aller Mitarbeitenden mit den Kindern auf Augenhöhe
- □ Familienfreundlichkeit wird von allen Mitarbeitenden getragen, im besten Fall gibt es ein Leitbild, das alle zusammen erarbeitet haben

- □ An der Rezeption/Empfang gibt es einen Kinder-Check-in (niedrige Theke bzw. kleine Treppe davor)

Kommunikation & Information

- □ Familiengerechte Ansprache in Web und Print (z. B. Bilder von Familien auf der Website) und eigene Kategorie „Familien“ auf der Website
- □ Bereitstellen von für Familien relevanten Informationen vor der Reise (Anreise, Möglichkeiten vor Ort …) und während des Aufenthaltes (Führungen, Audioguides, Workshops, Veranstaltungen etc.)
- □ In den Social-Media-Kanälen werden auch Familien angesprochen
- □ Kennzeichnung von Angeboten für Familien in Flyern/auf Plakaten bspw. mit Symbol
- □ Kindgerechte Kommunikation, bspw. Aushänge für Kinder auf deren Augenhöhe
- □ Leitsystem, das auch für kleine Kinder verständlich ist
- □ Bewertungsabfragen bei Groß und Klein (Fragebögen, Online …)

Preisgestaltung

- □ Großzügige Kinderermäßigungen
- □ Familientickets, Familientage

Sicherheit

- □ Steckdosen in öffentlichen Räumen sind gesichert
- □ Treppengeländer, Handläufe auf Kinderhöhe
- □ Sicherheitshinweise sind vorhanden und verständlich
- □ Ausreichende Anzahl an Ersthelfer:innen, zusätzlich auch geschult in Erste Hilfe am Kind (Schulungen mind. alle 2 Jahre)
- □ Jederzeit zugängliche Verbandskästen sind vorhanden (inkl. Coolpack, Kinderpflaster)

Ausstellung

- □ Führungen für Kinder/Familien
- □ Kindgerechte Beschilderung/Information
- □ Spielerische Elemente wie bspw. Rallye, Schatzsuche, Quiz zum Erleben der Ausstellung
- □ Möglichkeiten zur Interaktion in der Ausstellung
- □ Vitrinen auf Augenhöhe oder durch Tritt/Podest erreichbar
- □ Ausreichende Sitzgelegenheiten

Ausstattung Sanitärräume

- ☐ Kinder-Toilettensitz/Kindertoilette
- ☐ Tritt/niedriges Waschbecken
- ☐ Wickeltisch (zugänglich für alle Geschlechter)
- ☐ Notfallutensilien (Windeln, Feuchttücher, erhältlich auf Nachfrage)

Ausstattung Gastronomie (wenn vorhanden)

- ☐ Kinderhochstuhl
- ☐ Sitzerhöhung
- ☐ Kinderbesteck
- ☐ Bruchsicheres Kindergeschirr
- ☐ Lätzchen
- ☐ Ausreichend Platz für Kinderwagen

Gastronomie (wenn vorhanden)

- ☐ Aufwärmmöglichkeit für Babynahrung
- ☐ Kinderkarte mit abwechslungsreichen Angeboten für Kinder/reduzierte Portionen der Erwachsenenkarte möglich
- ☐ „Räuberteller“ – Kinder bedienen sich bei ihren Eltern
- ☐ Auf der Karte stehen auch vegetarische und vegane Gerichte, regionale Lebensmittel werden eingesetzt
- ☐ Mindestens drei alkoholfreie Getränke sind günstiger als alkoholische Getränke
- ☐ Es gibt Wasser u. ä. auch in größeren, kostengünstigeren Flaschen.
- ☐ Kleine Spielecke mit Malsachen (regelmäßig erneuert, gespitzte Stifte) und kleinen Spielen

Außenbereich (wenn vorhanden)

- ☐ Spielgeräte für unterschiedliche Altersgruppen
- ☐ Die Geräte sind geprüft und werden regelmäßig kontrolliert (Protokoll)
- ☐ Verweilmöglichkeiten für die Eltern
- ☐ Schattenbereich
- ☐ Umzäunte Fläche bzw. entfernt von Straße, Parkplatz und anderen Gefahren
- ☐ Teiche und andere Wasserstellen sind gesichert
- ☐ Keine giftigen oder gefährlichen Pflanzen, gepflegter Bereich

✎ Checkliste Zoo, Tierpark, Naturpark

Download | Sie können die Checkliste auch ausdrucken. Nutzen Sie für den Download den folgenden Link oder den QR-Code.
https://files.narr.digital/9783381122813/05_Checkliste_Zoo.pdf

Allgemein

- ☐ Kinderermäßigungen
- ☐ Regelmäßige Fort- und Weiterbildungen (Pädagogik, Qualitätsmanagement, Sport, Sicherheit …)
- ☐ Kommunikation aller Mitarbeitenden mit den Kindern auf Augenhöhe
- ☐ Familienfreundlichkeit wird von allen Mitarbeitenden getragen, im besten Fall gibt es ein Leitbild, das alle zusammen erarbeitet haben
- ☐ An der Rezeption/Empfang gibt es einen Kinder-Check-in (niedrige Theke bzw. kl. Treppe davor)

Kommunikation & Information

- ☐ Familiengerechte Ansprache in Web und Print (z. B. Bilder von Familien auf der Website) und eigene Kategorie „Familien“ auf der Website
- ☐ Bereitstellen von für Familien relevanten Informationen vor der Reise (Anreise, Möglichkeiten vor Ort …) und während des Aufenthaltes (Veranstaltungen, Fütterungszeiten, Workshops etc.)
- ☐ In den Social-Media-Kanälen werden auch Familien angesprochen
- ☐ Kennzeichnung von Angeboten für Familien in Flyern/auf Plakaten bspw. mit Symbol
- ☐ Kindgerechte Kommunikation, bspw. Aushänge für Kinder auf deren Augenhöhe
- ☐ Leitsystem, das auch für kleine Kinder verständlich ist
- ☐ Bewertungsabfragen bei Groß und Klein (Fragebögen, Online …)

Preisgestaltung

- ☐ Großzügige Kinderermäßigungen
- ☐ Attraktive Preise für Familie: Familientickets, Familientag etc.
- ☐ Angebote für Single mit Kind(ern)
- ☐ Attraktive Jahreskarten für Familien

Sicherheit

- ☐ Steckdosen in öffentlichen Räumen sind gesichert
- ☐ Treppengeländer, Handläufe auf Kinderhöhe
- ☐ Sicherheitshinweise sind vorhanden und verständlich
- ☐ Ausreichende Anzahl an Ersthelfer:innen, zusätzlich auch geschult in Erste Hilfe am Kind (Schulungen mind. alle 2 Jahre)
- ☐ Jederzeit zugängliche Verbandskästen sind vorhanden (inkl. Coolpack, Kinderpflaster)

Ausstattung Sanitärräume

- ☐ Kinder-Toilettensitz/Kindertoilette
- ☐ Tritt/niedriges Waschbecken
- ☐ Wickeltisch (zugänglich für alle Geschlechter)
- ☐ Notfallutensilien (Windeln, Feuchttücher, erhältlich auf Nachfrage)

Angebote in der Anlage

- ☐ Beschilderung für Erwachsene und Kinder
- ☐ Einladung zur Interaktion: Fühlkisten, Barfußpfad, Quiz, Schautafeln
- ☐ Spielerisches Erleben: Rallye, Schatzsuche, Quiz etc. durch die Anlage
- ☐ Attraktive Angebote wie Streichelzoo etc.
- ☐ Ausleihangebote wie Bollerwagen etc., wenn sinnhaft
- ☐ Spielgeräte für unterschiedliche Altersgruppen
- ☐ Die Geräte sind geprüft und werden regelmäßig kontrolliert (Protokoll)
- ☐ Schattenbereiche
- ☐ Umzäunte Fläche bzw. entfernt von Straße, Parkplatz und anderen Gefahren
- ☐ Teiche und andere Wasserstellen sind gesichert
- ☐ Keine giftigen oder gefährlichen Pflanzen, gepflegter Bereich
- ☐ Möglichkeit zur Selbstverpflegung
- ☐ Ausreichende Sitz-/Pausenmöglichkeiten

Ausstattung Gastronomie

- ☐ Kinderhochstuhl
- ☐ Sitzerhöhung
- ☐ Kinderbesteck
- ☐ Bruchsicheres Kindergeschirr
- ☐ Lätzchen

- ☐ Ausreichend Platz für Kinderwagen

Gastronomie

- ☐ Aufwärmmöglichkeit für Babynahrung
- ☐ Kinderkarte mit abwechslungsreichen Angeboten für Kinder/reduzierte Portionen der Erwachsenenkarte möglich
- ☐ „Räuberteller“ – Kinder bedienen sich bei ihren Eltern
- ☐ Auf der Karte stehen auch vegetarische und vegane Gerichte, regionale Lebensmittel werden eingesetzt
- ☐ Mindestens drei alkoholfreie Getränke sind günstiger als alkoholische Getränke
- ☐ Es gibt Wasser u. ä. auch in größeren, kostengünstigeren Flaschen.
- ☐ Kleine Spielecke mit Malsachen (regelmäßig erneuert, gespitzte Stifte) und kleinen Spielen

✎ Checkliste Indoorspielplatz, Freizeitpark

Download | Sie können die Checkliste auch ausdrucken. Nutzen Sie für den Download den folgenden Link oder den QR-Code.
https://files.narr.digital/9783381122813/06_Checkliste_Freizeitpark.pdf

Allgemein

- ☐ Kinderermäßigungen
- ☐ Regelmäßige Fort- und Weiterbildungen (Pädagogik, Qualitätsmanagement, Sport, Sicherheit ...)
- ☐ Kommunikation aller Mitarbeitenden mit den Kindern auf Augenhöhe
- ☐ Familienfreundlichkeit wird von allen Mitarbeitenden getragen, im besten Fall gibt es ein Leitbild, das alle zusammen erarbeitet haben
- ☐ An der Rezeption/Empfang gibt es einen Kinder-Check-in (niedrige Theke bzw. kl. Treppe davor)

Kommunikation & Information

- ☐ Familiengerechte Ansprache in Web und Print (z. B. Bilder von Familien auf der Website) und eigene Kategorie „Familien“ auf der Website

- ☐ Bereitstellen von für Familien relevanten Informationen vor der Reise (Anreise, Ausstattung vor Ort ...) und während des Aufenthaltes (Veranstaltungen, Events etc.)
- ☐ In den Social-Media-Kanälen werden auch Familien angesprochen
- ☐ Kennzeichnung von Angeboten für Familien in Flyern/auf Plakaten bspw. mit Symbol
- ☐ Kindgerechte Kommunikation, bspw. Aushänge für Kinder auf deren Augenhöhe
- ☐ Leitsystem, das auch für kleine Kinder verständlich ist
- ☐ Bewertungsabfragen bei Groß und Klein (Fragebögen, Online ...)

Preisgestaltung

- ☐ Großzügige Kinderermäßigungen
- ☐ Attraktive Preise für Familie: Familientickets, Familientag etc.
- ☐ Angebote für Single mit Kind(ern)
- ☐ Attraktive Jahreskarten für Familien

Sicherheit

- ☐ Steckdosen sind in öffentlichen Räumen gesichert
- ☐ Treppengeländer, Handläufe auf Kinderhöhe
- ☐ Sicherheitshinweise sind vorhanden und verständlich
- ☐ Ausreichende Anzahl an Ersthelfer:innen, zusätzlich auch geschult in Erste Hilfe am Kind (Schulungen mind. alle 2 Jahre)
- ☐ Jederzeit zugängliche Verbandskästen sind vorhanden (inkl. Coolpack, Kinderpflaster)

Ausstattung Sanitärräume

- ☐ Kinder-Toilettensitz/Kindertoilette
- ☐ Tritt/niedriges Waschbecken
- ☐ Wickeltisch (zugänglich für alle Geschlechter)
- ☐ Notfallutensilien (Windeln, Feuchttücher, erhältlich auf Nachfrage)

Angebote in der Anlage

- ☐ Ausleihangebote wie Bollerwagen etc., wenn sinnhaft
- ☐ Spielgeräte für unterschiedliche Altersgruppen
- ☐ Die Geräte sind geprüft und werden regelmäßig kontrolliert (Protokoll)
- ☐ Fußbodenheizung in Kleinkindbereichen, alternativ Isolierung oder dicke Matten

- ☐ Umzäunte Fläche bzw. entfernt von Straße, Parkplatz und anderen Gefahren
- ☐ Teiche und andere Wasserstellen sind gesichert
- ☐ Keine giftigen oder gefährlichen Pflanzen, gepflegter Bereich
- ☐ Möglichkeit zur Selbstverpflegung
- ☐ Ausreichende Sitz-/Pausenmöglichkeiten
- ☐ Schattenbereiche

Ausstattung Gastronomie

- ☐ Kinderhochstuhl
- ☐ Sitzerhöhung
- ☐ Kinderbesteck
- ☐ Bruchsicheres Kindergeschirr
- ☐ Lätzchen
- ☐ Ausreichend Platz für Kinderwagen

Gastronomie

- ☐ Aufwärmmöglichkeit für Babynahrung
- ☐ Kinderkarte mit abwechslungsreichen Angeboten für Kinder/reduzierte Portionen der Erwachsenenkarte möglich
- ☐ „Räuberteller“ – Kinder bedienen sich bei ihren Eltern
- ☐ Auf der Karte stehen auch vegetarische und vegane Gerichte, regionale Lebensmittel werden eingesetzt
- ☐ Mindestens drei alkoholfreie Getränke sind günstiger als alkoholische Getränke
- ☐ Es gibt Wasser u. ä. auch in größeren, kostengünstigeren Flaschen.
- ☐ Kleine Spielecke mit Malsachen (regelmäßig erneuert, gespitzte Stifte) und kleinen Spielen

✎ Checkliste mobile Erlebnisse (z. B. Schifffahrten)

Download | Sie können die Checkliste auch ausdrucken. Nutzen Sie für den Download den folgenden Link oder den QR-Code.
https://files.narr.digital/9783381122813/07_Checkliste_mobile_Erlebnisse.pdf

Allgemein

- ☐ Kinderermäßigungen
- ☐ Regelmäßige Fort- und Weiterbildungen (Pädagogik, Qualitätsmanagement, Sport, Sicherheit ...)
- ☐ Kommunikation aller Mitarbeitenden mit den Kindern auf Augenhöhe
- ☐ Familienfreundlichkeit wird von allen Mitarbeitenden getragen, im besten Fall gibt es ein Leitbild, das alle zusammen erarbeitet haben
- ☐ An der Rezeption/Empfang gibt es einen Kinder-Check-in (niedrige Theke bzw. kl. Treppe davor)

Kommunikation & Information

- ☐ Familiengerechte Ansprache in Web und Print (z. B. Bilder von Familien auf der Website) und eigene Kategorie „Familien“ auf der Website
- ☐ Bereitstellen von für Familien relevanten Informationen vor der Reise (Anreise, Ausstattung vor Ort ...) und während des Aufenthaltes (medizinische Fragen, Spielmöglichkeiten, Rundtouren, Ausstiege mit ihren Attraktionen etc.)
- ☐ In den Social-Media-Kanälen werden auch Familien angesprochen
- ☐ Kennzeichnung von Angeboten für Familien in Flyern/auf Plakaten bspw. mit Symbol
- ☐ Kindgerechte Kommunikation, bspw. Aushänge für Kinder auf deren Augenhöhe
- ☐ Leitsystem, das auch für kleine Kinder verständlich ist
- ☐ Bewertungsabfragen bei Groß und Klein (Fragebögen, Online ...)

Preisgestaltung

- ☐ Großzügige Kinderermäßigungen
- ☐ Attraktive Preise für Familie: Familientickets, Familientag etc.
- ☐ Angebote für Single mit Kind(ern)
- ☐ Attraktive Jahreskarten für Familien

Sicherheit

- □ Steckdosen sind im öffentlichen Raum gesichert
- □ Sicherheitshinweise sind vorhanden und verständlich
- □ Ausreichende Anzahl an Ersthelfer:innen, zusätzlich auch geschult in Erste Hilfe am Kind (Schulungen mind. alle 2 Jahre)
- □ Jederzeit zugängliche Verbandskästen sind vorhanden (inkl. Coolpack, Kinderpflaster)

Ausstattung Sanitärräume

- □ Kinder-Toilettensitz/Kindertoilette
- □ Tritt/niedriges Waschbecken
- □ Wickeltisch (zugänglich für alle Geschlechter)
- □ Notfallutensilien (Windeln, Feuchttücher, erhältlich auf Nachfrage)

Angebote in der Anlage

- □ Zusammenhängende Sitzplätze
- □ Kinderfahrkarten, als Erlebnis auch für kostenlos mitreisende Kinder
- □ Spezielle Fahrten für Familien, Themenfahrten
- □ Führungen, Möglichkeit zum Erkunden des Verkehrsmittels
- □ Spielmöglichkeiten, bspw. Malhefte, die verteilt werden
- □ Beschilderung für Kinder und Erwachsene verständlich
- □ Möglichkeit zur Selbstverpflegung

Ausstattung Gastronomie (wenn vorhanden)

- □ Kinderhochstuhl
- □ Sitzerhöhung
- □ Kinderbesteck
- □ Bruchsicheres Kindergeschirr
- □ Lätzchen
- □ Ausreichend Platz für Kinderwagen

Gastronomie

- □ Aufwärmmöglichkeit für Babynahrung
- □ Kinderkarte mit abwechslungsreichen Angeboten für Kinder/reduzierte Portionen der Erwachsenenkarte möglich
- □ „Räuberteller" – Kinder bedienen sich bei ihren Eltern

- ☐ Auf der Karte stehen auch vegetarische und vegane Gerichte, regionale Lebensmittel werden eingesetzt
- ☐ Mindestens drei alkoholfreie Getränke sind günstiger als alkoholische Getränke
- ☐ Es gibt Wasser u. ä. auch in größeren, kostengünstigeren Flaschen.
- ☐ Kleine Spielecke mit Malsachen (regelmäßig erneuert, gespitzte Stifte) und kleinen Spielen

✎ Checkliste Schwimmbad

Download | Sie können die Checkliste auch ausdrucken. Nutzen Sie für den Download den folgenden Link oder den QR-Code.
🔗 https://files.narr.digital/9783381122813/08_Checkliste_Schwimmbad.pdf

Allgemein

- ☐ Kinderermäßigungen
- ☐ Regelmäßige Fort- und Weiterbildungen (Pädagogik, Qualitätsmanagement, Sport, Sicherheit …)
- ☐ Kommunikation aller Mitarbeitenden mit den Kindern auf Augenhöhe
- ☐ Familienfreundlichkeit wird von allen Mitarbeitenden getragen, im besten Fall gibt es ein Leitbild, das alle zusammen erarbeitet haben
- ☐ An der Rezeption/Empfang gibt es einen Kinder-Check-in (niedrige Theke bzw. kl. Treppe davor)

Kommunikation & Information

- ☐ Familiengerechte Ansprache in Web und Print (z. B. Bilder von Familien auf der Website) und eigene Kategorie „Familien“ auf der Website
- ☐ Bereitstellen von für Familien relevanten Informationen vor der Reise (Anreise, Ausstattung vor Ort, Ausleihmöglichkeiten …) und während des Aufenthaltes (Kurse etc.)
- ☐ In den Social-Media-Kanälen werden auch Familien angesprochen
- ☐ Kennzeichnung von Angeboten für Familien in Flyern/auf Plakaten bspw. mit Symbol
- ☐ Kindgerechte Kommunikation, bspw. Aushänge für Kinder auf deren Augenhöhe

- □ Leitsystem, das auch für kleine Kinder verständlich ist
- □ Bewertungsabfragen bei Groß und Klein (Fragebögen, Online ...)

Preisgestaltung

- □ Großzügige Kinderermäßigungen
- □ Attraktive Preise für Familie: Familientickets, Familientag etc.
- □ Angebote für Single mit Kind(ern)
- □ Attraktive Jahreskarten für Familien

Sicherheit

- □ qualifizierte Badeaufsicht
- □ Steckdosen sind gesichert
- □ Treppengeländer, Handläufe auf Kinderhöhe
- □ Sicherheitshinweise sind vorhanden und verständlich
- □ Ausreichende Anzahl an Ersthelfer:innen, zusätzlich auch geschult in Erste Hilfe am Kind (Schulungen mind. alle 2 Jahre)
- □ Jederzeit zugängliche Verbandskästen sind vorhanden (inkl. Coolpack, Kinderpflaster)

Ausstattung Sanitärräume

- □ Kinder-Toilettensitz/Kindertoilette
- □ Tritt/niedriges Waschbecken
- □ Wickeltisch (zugänglich für alle Geschlechter)
- □ Notfallutensilien (Windeln, Feuchttücher, erhältlich auf Nachfrage)

Angebote in der Anlage

- □ Schwimmkurse
- □ Rutschen, Spielangebote
- □ Ausleihangebote/Verkauf von Schwimmhilfen
- □ Unterschiedliche Beckenbereiche, darunter einer für Kleinkinder
- □ Familienumkleiden
- □ Möglichkeit zur Selbstverpflegung

Ausstattung Gastronomie

- □ Kinderhochstuhl
- □ Sitzerhöhung
- □ Kinderbesteck
- □ Bruchsicheres Kindergeschirr

- □ Lätzchen
- □ Ausreichend Platz für Kinderwagen

Gastronomie

- □ Aufwärmmöglichkeit für Babynahrung
- □ Kinderkarte mit abwechslungsreichen Angeboten für Kinder/reduzierte Portionen der Erwachsenenkarte möglich
- □ „Räuberteller“ – Kinder bedienen sich bei ihren Eltern
- □ Auf der Karte stehen auch vegetarische und vegane Gerichte, regionale Lebensmittel werden eingesetzt
- □ Mindestens drei alkoholfreie Getränke sind günstiger als alkoholische Getränke
- □ Es gibt Wasser u. ä. auch in größeren, kostengünstigeren Flaschen.
- □ Kleine Spielecke mit Malsachen (regelmäßig erneuert, gespitzte Stifte) und kleinen Spielen

✎ Checkliste Skigebiet

Download | Sie können die Checkliste auch ausdrucken. Nutzen Sie für den Download den folgenden Link oder den QR-Code.
🔗 https://files.narr.digital/9783381122813/09_Checkliste_Skigebiet.pdf

Allgemein

- □ Regelmäßige Fort- und Weiterbildungen (Pädagogik, Qualitätsmanagement, Sport, Sicherheit ...)
- □ Kommunikation aller Mitarbeitenden mit den Kindern auf Augenhöhe
- □ Familienfreundlichkeit wird von allen Mitarbeitenden getragen, im besten Fall gibt es ein Leitbild, das alle zusammen erarbeitet haben
- □ An der Kasse gibt es einen Kinder-Check-in (niedrige Theke bzw. kl. Treppe davor)

Kommunikation & Information

- □ Familiengerechte Ansprache in Web und Print (z. B. Bilder von Familien auf der Website) und eigene Kategorie „Familien“ auf der Website

- ☐ Bereitstellen von für Familien relevanten Informationen vor der Reise (Anreise, Ausstattung vor Ort ...) und während des Aufenthaltes (Ärzt:innen, Apotheken, Skikurse, Liftzeiten etc.)
- ☐ In den Social-Media-Kanälen werden auch Familien angesprochen
- ☐ Kennzeichnung von Angeboten für Familien in Flyern/auf Plakaten bspw. mit Symbol
- ☐ Kindgerechte Kommunikation, bspw. Aushänge für Kinder auf deren Augenhöhe
- ☐ Leitsystem, das auch für kleine Kinder verständlich ist
- ☐ Bewertungsabfragen bei Groß und Klein (Fragebögen, Online ...)

Preisgestaltung

- ☐ Großzügige Kinderermäßigungen
- ☐ Angebote für Single mit Kind(ern)

Sicherheit

- ☐ Steckdosen in öffentlichen Räumen sind gesichert
- ☐ Treppengeländer, Handläufe auf Kinderhöhe
- ☐ Sicherheitshinweise sind vorhanden und verständlich
- ☐ Ausreichende Anzahl an Ersthelfer:innen, zusätzlich auch geschult in Erste Hilfe am Kind (Schulungen mind. alle 2 Jahre)
- ☐ Jederzeit zugängliche Verbandskästen sind vorhanden (inkl. Coolpack, Kinderpflaster)

Ausstattung Sanitärräume

- ☐ Kinder-Toilettensitz/Kindertoilette
- ☐ Tritt/niedriges Waschbecken
- ☐ Wickeltisch (zugänglich für alle Geschlechter)
- ☐ Notfallutensilien (Windeln, Feuchttücher, erhältlich auf Nachfrage)

Skigebiete

- ☐ Ski-Übungshang/Zauberteppich
- ☐ Kinder-Ski-Kurse
- ☐ Ausleihmöglichkeiten von Kinder-Ski-Ausrüstung, Schlitten
- ☐ Liftanlage für Kinder geeignet – nicht ausschließlich Einzelsitze
- ☐ Rodelhang
- ☐ Angebote für Aktivitäten, wenn Skifahren/Rodeln nicht möglich (Witterung, kein Schnee)

- ☐ Betreuung für Kinder (Eltern können Ski fahren)

✎ Checkliste Destination

Download | Sie können die Checkliste auch ausdrucken. Nutzen Sie für den Download den folgenden Link oder den QR-Code.
https://files.narr.digital/9783381122813/10_Checkliste_Destination.pdf

Allgemein

- ☐ regelmäßige Fort- und Weiterbildungen (Pädagogik, Qualitätsmanagement, Sport, Sicherheit ...)
- ☐ Kommunikation aller Mitarbeitenden mit den Kindern auf Augenhöhe
- ☐ Familienfreundlichkeit wird von allen Mitarbeitenden getragen, im besten Fall gibt es ein Leitbild, das alle zusammen erarbeitet haben

Kommunikation & Information

- ☐ Familiengerechte Ansprache in Web und Print (z. B. Bilder von Familien auf der Website) und eigene Kategorie „Familien“ auf der Website
- ☐ Bereitstellen von für Familien relevanten Informationen vor der Reise (Anreise, Möglichkeiten vor Ort ...) und während des Aufenthaltes (Ärzt:innen, Apotheken, Veranstaltungen, Ideen für Regenwetter etc.)
- ☐ In den Social-Media-Kanälen werden auch Familien angesprochen
- ☐ Kennzeichnung von Angeboten für Familien in Flyern/auf Plakaten bspw. mit Symbol
- ☐ Kindgerechte Kommunikation, bspw. Aushänge für Kinder auf deren Augenhöhe
- ☐ Leitsystem, das auch für kleine Kinder verständlich ist
- ☐ Bewertungsabfragen bei Groß und Klein (Fragebögen, Online ...)

Preisgestaltung

- ☐ Großzügige Kinderermäßigung: Bei der Kurabgabe zahlen Kinder wenig, kleine Kinder gar nicht

Sicherheit

- ☐ Steckdosen in öffentlichen Räumen sind gesichert

- □ Treppengeländer, Handläufe auf Kinderhöhe in öffentlichen Räumen (TI, Bücherei etc.)
- □ Sicherheitshinweise sind vorhanden und verständlich
- □ Ausreichende Anzahl an Ersthelfer:innen, zusätzlich auch geschult in Erste Hilfe am Kind (Schulungen mind. alle 2 Jahre)
- □ Jederzeit zugängliche Verbandskästen sind vorhanden (inkl. Coolpack, Kinderpflaster)

Ausstattung Öffentliche Toiletten

- □ Kinder-Toilettensitz/Kindertoilette
- □ Tritt/niedriges Waschbecken
- □ Wickeltisch (zugänglich für alle Geschlechter)
- □ Notfallutensilien (Windeln, Feuchttücher, erhältlich auf Nachfrage)

Kinderprogramm & Familienprogramm

- □ Angebote für unterschiedliche Altersgruppen
- □ Angebote für Kinder und auch die ganze Familie
- □ Betreuungsschlüssel dem Alter der Kinder angemessen
- □ Gut ausgebildete Mitarbeitende für das Kinderprogramm
- □ Pädagogisches Konzept – auf die Zielgruppen abgestimmt

Angebot Orte/Gemeinden

- □ Ausreichende Anzahl an Spielplätzen, Sportmöglichkeiten, Rasenfreiläche n
- □ Gesicherte Verkehrsführung: Fußgängerüberwege, Radwege, Ampeln, Zebrastreifen
- □ Wanderwege: ausreichend Rastplätze, Mülleimer, Interaktionsangebote/Spiele. Mit Kinderwagen begehbar, ungefährliche Wegeführung, wird regelmäßig auf Sicherheit und Sauberkeit kontrolliert
- □ Es gibt kostenlose Wasserzapfstellen
- □ In der Touristinformation: Kleine Spielecke, für Kinder interessante Prospekte sind auf ihrer Augenhöhe platziert, kl. Treppe oder abgesenkter Tresen für Kinder am Infotresen
- □ Bücherei oder Verleih von (Kinder-)Büchern in der TI
- □ Freier Zugang zum WLAN in der TI oder im Ort
- □ Familienprogramm/Kinderprogramm wird angeboten (Kinderclub, Bastelangebote, Naturerkundung, Schatzsuchen, Workshops, Lesungen, Puppentheater, Sportturniere etc.)

- ☐ Es gibt im Ort Freizeitanbieter, die für Familien interessant sind
- ☐ Es gibt ausreichend familienfreundliche Unterkünfte
- ☐ Im Leitbild/Tourismuskonzept sind Familien als Zielgruppe verankert.

Teil III · Wohin geht die Reise? Resümee und Ausblick

In diesem Buch hat der Schwerpunkt auf Familienurlaubsreisen gelegen – mit dem Wissen, dass Familien nicht nur in einen längeren Urlaub reisen, sondern auch Kurzreisen unternehmen: ob sie Verwandtschaft und Freund:innen besuchen, ein Wochenende an einem anderen Ort verbringen, Städtetrips oder Tagesausflüge unternehmen. Die Haupturlaubsreise wird um weitere Reiseaktivitäten ergänzt. Ebenfalls lösen sich Grenzen zwischen Alltag, bestehend aus Arbeits- und Freizeiten, und Urlaub auf (Heuwinkel, 2023, S. 93 ff.). Ein prominentes Beispiel dafür ist das Thema *Workation* (→ Kapitel 3.3) das auch für Familien zunehmend an Relevanz gewinnt.

Die in diesem Buch zunächst theoretische und anschließend empirisch praktische Analyse von Familien und Familienurlaub hat viele interessante Einblicke ermöglicht und hoffentlich zur Reflexion angeregt. Trotz der intensiven Beschäftigung mit dem Forschungs- und Praxisfeld sind zahlreiche Fragen nicht nur offengeblieben, sondern haben sich erst ergeben. Einige Aspekte wurden bewusst ausgeklammert, da diese den Rahmen des Buches überschritten hätten. Dazu zählen etwa Fragen der Preisgestaltung, der saisonalen Planung und des Vertriebs.

Offene Fragen

Nachfolgend werden einige besonders drängende Forschungs- und Handlungsfelder beschrieben.

Wie hat sich der Familienurlaub entwickelt?

Familien und Familienurlaub sind eng miteinander verwoben, so wie es sich grundsätzlich für den Nexus von Gesellschaft und Tourismus sagen lässt. Gesellschaftliche Veränderungen und Entwicklungen zeigen sich häufig im Reiseverhalten, bspw. wenn als eine Reaktion auf den fehlenden Kontakt mit der Natur (→ Kapitel 1.2 und → Kapitel 2.1) verstärkt nach Urlaubsaktivitäten im Wald gesucht wird. Eine systematische Analyse der historischen Entwicklung des Familienurlaubs im Abgleich mit historischen Entwicklungen könnte sehr aufschlussreich sein (vgl. Spode, 2003).

Vor dem Hintergrund der Geschichte Deutschlands ist eine Untersuchung der Reisererfahrung von Menschen, die in unterschiedlichen Regionen aufgewachsen sind, ebenfalls von hohem Interesse. Beispiele sind die Reiseerfahrung von in ostdeutschen und westdeutschen Regionen sozialisierten Menschen oder der Vergleich zwischen urbanen und ländlichen Räumen.

Wohin wird gereist?

Obwohl Deutschland die wichtigste Destination für Familien ist, reisen insgesamt mehr Familien ins Ausland als innerhalb Deutschlands (→ Kapitel 1.3). Genauere Untersuchungen in diesem Bereich einschließlich der Betrachtung des Reisens von Familien mit Migrationshintergrund könnten aufschlussreich sein. Dazu gehören neben der Betrachtung des Volumens auch zeitliche Veränderungen. Ebenfalls sind Langzeitstudien und Familienreisebiografien ein lohnendes Thema: Wie verändert sich die Form des Familienurlaubs in Abhängigkeit vom Alter der Kinder, z. B. mit Kleinkindern an die Nordsee, danach ans Mittelmeer? Welche Auswirkungen haben Übergänge von einer Phase im Familienlebenszyklus (→ Kapitel 1.3) in eine andere?

Schließlich wurde in diesem Buch nicht auf Familien, die nicht in Deutschland leben, eingegangen. Wie viele von ihnen machen in Deutschland mit der Familie Urlaub?

Wer sind die Gäste?

Die Heterogenität von Familien führt dazu, dass nicht von *der* Familie gesprochen werden kann. Angebote für gefühlte Familien, Stieffamilien, Mehrgenerationenfamilien in diversen Ausprägungen bspw. Kinder, Eltern und Großeltern oder Kinder und Großeltern, Regebogenfamilien, Alleinerziehende mit Kindern sowie Alleinreisende mit Kindern und Einkindfamilien mit mitreisenden Freund:innen sind zu konzipieren.

Welche Bedeutung haben Kinder im Familienurlaub?

Das Familienleben dreht sich zu einem großen Teil um Kinder und ihre Bedürfnisse. Das in der Konsumierendenforschung gestiegene Interesse an jungen Altersgruppen weist deutlich auf den Einfluss derselben hin. Die Gestaltung des Familienurlaubs sollte bei den Bedürfnissen und Perspektiven von Kindern und Jugendlichen ansetzen und ebenfalls die Wechselwirkungen zwischen den Familiengenerationen berücksichtigen.

Wer kümmert sich?

Die bislang lückenhafte Betrachtung der Bedürfnisse von Kindern zeigt sich ebenfalls bezogen auf eine andere Personengruppe: Die Menschen, die in der Familie die meisten Aufgaben übernehmen und sich, oft neben der Berufstätigkeit, mehr als andere um Haushalt, Erziehung und das Familienleben (➲ Mental Load) kümmern. Auch für sie sollte der Familienurlaub eine Entspannung und keine *obli-cation* (Backer & Schänzel, 2013), sprich eine Verschiebung der üblichen Aufgaben an einen anderen Ort sein.

Auch wenn wie gezeigt (⟶ Kapitel 1.1) der Wunsch nach einer partnerschaftlichen Aufgabenverteilung steigt, ist weiterhin ein genderbasiertes Ungleichgewicht zu erkennen. Der Urlaub könnte den Raum bieten, Aufgaben auf eine andere Weise zu verteilen und neue Strukturen zu etablieren.

Wie werden Familien angesprochen?

Social Media und KI haben massive Auswirkungen auf das Informations- und Kommunikationsverhalten sowie für zwischenmenschliche Beziehungen. Für diesen Bereich könnte ein eigenes interdisziplinäres Forschungsprogramm definiert werden.

Wie können Nachhaltigkeit und soziale Verantwortung berücksichtig werden?

Die Angebotsgestaltung und Unterstützung bei der Planung eines Familienurlaubes kann helfen, diesen nachhaltig zu gestalten. Von nachhaltigen Unterkünften, die sich an Familien wenden, der Unterstützung bei der Anreiseorganisation und damit der Förderung einer Anreise mit dem ÖPNV, den angebotenen Freizeitaktivitäten, die Eltern und Kindern ein Bewusstsein für die Natur und die regionalen Besonderheiten vermitteln bis zum Angebot lokaler und saisonaler Produkte und einer fairen Personalpolitik. Hier könnte es aufschlussreich sein, diese komplexen Möglichkeiten genauer zu betrachten, um – vielleicht auch durch eine Befragung in der Praxis – festzustellen, welche Punkte Familien besonders adressieren und buchungsentscheidend sein können.

Was darf es kosten?

Familienurlaub hat einen hohen Wert für Individuen, Familien und Gesellschaft. Das Recht auf Erholung und Auszeit sowie die kompensatorischen Aufgaben, die Urlaub erfüllen kann, sollten bei der Gestaltung der Angebote berücksichtigt werden. Vor dem Hintergrund der finanziellen Probleme, die viele Familien haben, sind innovative Konzepte gefordert.

Wer bietet Familienurlaub an?

Ein letzter Blick richtet sich auf Familien auf der anderen Seite des Tourismus: Familien als Leistungserbringende und Familien in den Destinationen, die vom Tourismus betroffen sind. Hier wäre eine Untersuchung von Familienbetrieben, die ihrerseits auf Familienurlaub spezialisiert sind, aufschlussreich. Ergänzend dazu können Veränderungen in den familialen Strukturen der Bevölkerung untersucht werden, die aus der Interaktion mit Tourist:innen resultieren. Gleiches gilt für die Rolle von Kindern im Tourismus, die bislang kaum thematisiert wird, obwohl weltweit davon ausgegangen werden kann, dass 19 Millionen Kinder in den Tourismus als Leistungserbringende involviert sind (Schänzel & Yang, 2024).

Ein Blick in die Zukunft

Die zuvor formulierten Forschungs- und Handlungsfelder verwiesen bereits auf einige Anforderungen an Praxis, Politik und Wissenschaft. Nachfolgend werden diese im Sinne einer kritischen Tourismuswissenschaft explizit formuliert.

Anforderungen an die Praxis

Touristiker:innen sollten sich noch mehr an den Herausforderungen des Alltags für Familien orientieren. Wer diese im Blick hat und sich in die Situation von Familien hineinversetzt, kann entlastende und bereichernde Angebote schaffen und sich der Dankbarkeit und Treue seiner Gäste gewiss sein.

Eine Herausforderung, die viele Familien beschäftigt, ist die Sicherheit der Kinderbetreuung in allen Ferienzeiten. Hier könnte ein Lösungsansatz Care-Workation sein (Workation mit Kinderbetreuung).

Eine weitere Anforderung resultiert aus der zunehmenden Anzahl von alleinreisenden Erwachsenen mit Kind(ern) – hier gilt es, sowohl preislich gute Angebote zu schaffen als auch Programme zu entwickeln, die für diese Zielgruppe attraktiv sind. Zentral ist dabei: Eine ungezwungene Möglichkeit untereinander in Kontakt zu kommen sowie eine Unterstützung bei der Urlaubslogistik und -gestaltung.

Die Diskrepanz zwischen dem steigenden Wunsch, Qualitätszeit miteinander zu verbringen, zu spielen und wertvolle Erinnerungen zu kreieren und der Fähigkeit, dieses umzusetzen, kann belastend für Familien sein und zu Konflikten führen. Familien brauchen an dieser Stelle Anregungen und Angebote.

Anforderungen an die Politik

Familienpolitik sollte Familienurlaub resp. Familienerholung umfassender berücksichtigen und in Programme einbeziehen.

Drängende Handlungsfelder sind Urlaub für alle Einkommen, familienfreundliche Regelung der Sommerferien (Schulferien und Schließzeiten) sowie Betreuungsangebote und die grundsätzliche Vereinbarkeit von Familie und Berufstätigkeit für alle.

Anforderungen an die Wissenschaft

Familie als Schnittstelle zwischen Individuum und Gesellschaft stellt ein spannendes Forschungsfeld dar, das bisher nicht systematisch berücksichtigt wird. Es gibt starke Parallelen zum Forschungsbereich Gender und Tourismus (Heuwinkel, 2021). Das ist wenig überraschend, da lange Zeit Familienfragen vor allem Frauenfragen waren resp. als solche konstruiert wurden. Gesellschaftliche Zustände ändern sich jedoch und mit ihnen Konzepte wie Gender, Elternschaft, Vaterschaft und Mütterlichkeit. Darüber hinaus ist Familie mehr als die Summe der Mitglieder und sollte als eigenständig handelnde Einheit im Kontext von Familienreisen erforscht werden.

Familien sollte auch aus einem weiteren Grund in die Tourismuswissenschaft einbezogen werden: Da Reiserverhalten erlernt wird, bietet sich hier die Möglichkeit und damit ebenfalls die Verpflichtung, die Gäste von Morgen an das verantwortungsvolle Reisen heranzuführen.

Familienreisen verbinden *Familie* mit dem *Reisen* und somit zwei Bereiche, die sowohl für das individuelle als auch für das gesellschaftliche Leben bedeutungsvoll sind. Beide stehen in einem direkten Zusammenhang mit wirtschaftlichem, soziokulturellen und politischen Rahmenbedingungen. Je mehr der Familienalltag unter Druck gerät, desto wichtiger ist eine verantwortungsvolle Gestaltung des gemeinsamen Urlaubs. Eine spannende Aufgabe für Praxis, Wissenschaft und Politik.

Verzeichnisse

Quellen

ADAC (2023). Umfrage „Reiseverhalten im Wandel". https://www.adac.de/verkehr/standpunkte-studien/mobilitaets-trends/tourismusstudie-reisen-corona/.

ADAC (2024). Sommerferien. https://www.adac.de/news/reise-sommerferien-europa/.

ADFC (2023b). Kinderfreundliche Radangebote. https://www.adfc.de/fileadmin/user_upload/Expertenbereich/Touristik_und_Hotellerie/Downloads/Kinderfreundliche_Radangebote_ADFC_Empfehlungspapier.pdf.

AHGZ (2024). Familienreise-Trends aus Sicht von Kindern und Eltern. https://www.ahgz.de/hotellerie/news/umfrage-reiseplanung-2024-kinder-bestimmen-wo-es-hingeht-310890.

Ajzen, I., & Fishbein, M. (1972). Attitudes and normative beliefs as factors influencing behavioral intentions. Journal of personality and social psychology, 21(1).

AK Frauen (2024). Schutz von Kindern in Schwimmbädern. https://gruene-sankt-augustin.de/aktuelle-aus-dem-frauen-ak-schutz-von-kindern-vor-sexualisierter-gewalt-in-schwimmbaedern/.

Akerstedt, T., Nilsson, P. M., & Kecklund, G. (2009). Sleep and recovery. In: Sonnentag, S., Perrewe, P., & Ganster, D. (Hrsg.). Current perspectives on job-stress recovery research in occupational stress and well-being (Vol. 7, S. 205–247). Bingley, UK: Emerald Group Publishing Unlimited.

Arránz Becker, O., Hank, K., & Steinbach, A. (Hrsg.). (2023). Handbuch Familiensoziologie. 2. A. Wiesbaden: Springer VS.

Ayalon, L., & Tesch-Römer, C. (2018). Contemporary perspectives on ageism. Springer Nature.

Backer, E., & Schänzel, H. (2013). Family holidays—Vacation or obli-cation?. Tourism Recreation Research, 38(2), S. 159–173.

Baier, D. (2015). Ausmaß, Entwicklung und Folgen von innerfamiliärer Gewalt gegen Kinder und Jugendliche. unsere jugend, 67(4), S. 146–154.

Baunormenlexikon (2024). DIN1176. https://www.baunormenlexikon.de/norm/din-en-1176-1/d7a1cb0c-745c-48eb-b94a-0ddd9d7d58cd.

Bayerisches Zentrum für Tourismus (2020). Das Reiseverhalten von Personen mit Migrationshintergrund. https://bzt.bayern/wp-content/uploads/2020/05/White-Paper-Reiseverhalten-Migrationshintergrund.pdf.

Baykara-Krumme, H. (2015). Migrantenfamilien. In: O. Arránz Becker, K. Hank, & A. Steinbach (Hrsg.), Handbuch Familiensoziologie (2. A.) Wiesbaden: Springer VS. S. 709–736.

Bengtson, V. (2001). Beyond the nuclear family: The increasing importance of multi generational bonds. Journal of Marriage and Family, 63, S. 1–16.

Bertelsmann Stiftung (2014). Wie können unsere Kinder nachhaltige Konsumenten werden? https://www.bertelsmann-stiftung.de/de/themen/aktuelle-meldungen/2014/november/wie-koennen-unsere-kinder-nachhaltige-konsumenten-werden#link-tab-112532-10.

Bertelsmann Stiftung (2023). Mehr Plätze und bessere Qualität in Kitas bis 2030 – wenn jetzt entschlossen gehandelt wird. https://www.bertelsmann-stiftung.de/de/themen/aktuelle-meldungen/2023/november/mehr-plaetze-und-bessere-qualitaet-in-kitas-bis-2030-wenn-jetzt-entschlossen-gehandelt-wird?ADMCMD_simTime=1701153900.

Bitkom (2022). Digitaler Tourismus. https://www.bitkom.org/sites/main/files/2022-07/Bitkom-Charts_Digitaler_Tourismus_05.07.2022_0.pdf.

Blasche, G. (2020). Erholung 4.0 – Warum sie wichtiger ist denn je. Wien.

Bourdieu, P. (1987). Die feinen Unterschiede. Frankfurt a. M.: Suhrkamp.

Brämer, R. (2006). Natur obskur. Wie Jugendliche heute Natur erfahren. München: Oekom Verlag.

Brittner-Widmann, A. (Hrsg.) (2018). familien-ferien Baden-Württemberg. Dokumentationsbericht zum Kooperationsprojekt „Zielgruppe Familie“ der DHBW Ravensburg und der AG „familien-ferien Baden-Württemberg“ der Tourismus und Marketing Baden-Württemberg (TMBW) GmbH. Integrationsseminar im Wintersemester 2017/2018 und Sommersemester 2018. Unveröffentlichte Studie. Ravensburg.

Bronner, F., & Hoog, R. de (2008). Agreement and disagreement in family vacation decision-making. In: Tourism Management, 29. Jg., H. 5, S. 967–979.

Bryant, F. B., & Veroff, J. (2007). Savoring: A new model of positive experience. Mahwah (NJ): Lawrence Erlbaum Associates.

Bundesinstituts für Bevölkerungsforschung (BiB) (2022). Oma und Opa gefragt. https://www.bib.bund.de/Publikation/2022/Oma-und-Opa-gefragt-Veraenderungen-in-der-Enkelbetreuung-Wohlbefinden-von-Eltern-Wohlergehen-von-Kindern.html?nn=1219558.

Bundeskriminalamt BKA (2024). Häusliche Gewalt. Bundeslagebild 2023. https://www.bka.de/DE/Home/home_node.html.

Bundesministerium Ernährung und Landwirtschaft (2021). Kinderspeisekarte. https://www.bmel.de/SharedDocs/Pressemitteilungen/DE/2021/167-kinderspeisekarte.html.

Bundesministerium für Ernährung und Landwirtschaft (2024). Deutschland, wie es isst. https://www.bmel.de/DE/themen/ernaehrung/ernaehrungsreport2023.html.

Bundesministerium für Familie, Senioren, Frauen und Jugend (2013). Stief- und Patchworkfamilien in Deutschland. https://www.bmfsfj.de/resource/blob/76242/1ab4cc12c386789b943fc7e12fdef6a1/monitor-familienforschung-ausgabe-31-data.pdf.

Bundesministerium für Familie, Senioren, Frauen und Jugend (2016). Vereinbarkeit Beruf und Familie. https://www.bmfsfj.de/resource/blob/112654/5f56783fe2913703e51fc9ef14c07e33/vereinbarkeit-von-beruf-und-familie-in-hotellerie-und-gastronomie-data.pdf.

Bundesministerium für Familie, Senioren, Frauen und Jugend (2021). Neunter Familienbericht. Eltern sein in Deutschland. https://www.bmfsfj.de/resource/blob/179392/195baf88f8c3ac7134347d2e19f1cdc0/neunter-familienbericht-bundestagsdrucksache-data.pdf.

Bundesministerium für Familie, Senioren, Frauen und Jugend (2023a). Was heißt hier familienfreundlich? Vorstellungen und Erwartungen von (potenziellen) Eltern. Monitor Familienforschung.

Bundesministerium für Familie, Senioren, Frauen und Jugend (2023b). Erholung in Familienferienstätten. https://www.bmfsfj.de/bmfsfj/themen/familie/familienleistungen/familienurlaub-in-familienferienstaetten/erholung-in-familienferienstaetten-73840.

Bundesministerium für Familie, Senioren, Frauen und Jugend (2024). Familienreport 2024. https://www.bmfsfj.de/bmfsfj/service/publikationen/familienreport-2024-239470.

Bundeszentrale für politische Bildung (2020a). Geburten. https://www.bpb.de/kurz-knapp/zahlen-und-fakten/soziale-situation-in-deutschland/61550/geburten/.

Bundeszentrale für politische Bildung (2020b). Armutsgefährdung von Familien. https://www.bpb.de/kurz-knapp/zahlen-und-fakten/soziale-situation-in-deutschland/61791/armutsgefaehrdungsquoten-von-familien/.

Bundeszentrale für politische Bildung (2024). Dossier – Familienpolitik. https://www.bpb.de/themen/familie/familienpolitik/.

Canosa, A., & Schänzel, H. (2021). The role of children in tourism and hospitality family entrepreneurship. Sustainability, 13(22), S. 1–14.

Carr, N. (2011). Children's and families' holiday experience. Routledge.

Carter, B. E., & McGoldrick, M. E. (1988). The changing family life cycle: A framework for family therapy. Gardner Press.

Chrismon (2024). Sechs Wochen sind zu lang! https://chrismon.de/artikel/54128/pro-und-contra-sechs-wochen-sommerferien-sind-zu-lang.

Das Progressive Zentrum (2023). Extrem einsam? Die demokratische Relevanz von Einsamkeitserfahrungen unter Jugendlichen in Deutschland. Berlin.

De Bloom, J., Geurts, S. A., & Kompier, M. A. (2013). Vacation (after-) effects on employee health and well-being, and the role of vacation activities, experiences and sleep. Journal of Happiness Studies, 14, S. 613–633.

Dehoga Bundesverband (2011). Kleine Gäste ganz groß. So punkten Sie bei Kindern und Eltern. Berlin.

Deutsche Gesetzliche Unfallversicherung (2020). DGUV Information 202–089. https://lmy.de/YFiiZ.

Deutsche Vereinigung für Sportwissenschaft (2022). Bildung braucht Bewegung. https://www.sportwissenschaft.de/dvs/news/forum-sportwissenschaft-bildung-braucht-bewegung-am-17062022.

Deutscher Bundestag (2020). Rechtliche Situation gleichgeschlechtlicher Ehepaare in Deutschland, der Europäischen Union und weltweit. https://www.lsvd.de/media/doc/3292/antwort-bundesregierung-rechtliche-situation-regenbogenfamilien-ehe-fuer-alle.pdf

Deutsches Jugendinstitut (2020). Impulse für die Weiterentwicklung der Familienerholung: Bericht zur quantitativen Sekundärdatenanalyse (Modul 1); Zwischenbericht. https://www.dji.de/ueber-uns/projekte/projekte/impulse-fuer-die-weiterentwicklung-der-familienerholung.html.

Deutsches Kinderhilfswerk (2024). Kinderrechte in Deutschland. https://www.kinderrechte.de

Die Zeit (2024). Hitze. https://www.zeit.de/entdecken/2024-08/sommerferien-hitze-tourismus-mittelmeer.

DIW Deutsches Institut für Wirtschaft Berlin (o. J.). Gini-Koeffizient. https://www.diw.de/de/diw_01.c.413334.de/gini-koeffizient.html

DLG Expertenwissen (2024). Neophobie. https://www.dlg.org/mediacenter/alle-publikationen/dlg-expertenwissen/lebensmittelsensorik/dlg-expertenwissen-01-2024-lebensmittel-neophobie.

Döring, G. H. (2002). Soziale Vaterschaft in Stieffamilien: Imaginationen von reifendem Glück. Roderer.

Duvall, E. M. (1957). Family development. J. B. Lippincott, Philadelphia.

Eisenstein, B., Kampen, J., Weis, R., Reif, J., & Eilzer, C. (Hrsg.). (2021). Tourismusatlas Deutschland. München: UVK Verlag.

Elias, N. (1970). Was ist Soziologie? Weinheim/München: Juventa.

ELTERN (2002). FamilienAnalyse 2002. https://www.eltern.de/familie_erziehung/familienpolitik/analyse.html.

Enzensberger, H. M. (1958). Vergebliche Brandung der Ferne. Eine Theorie des Tourismus. In: Merkur, 12. Jg., 1958, S. 701–720.

Eurostat (2017). Tourism statistics – characteristics of tourism trips. http://ec.europa.eu/eurostat/statistics-explained/index.php/Tourism_statistics_-_characteristics_of_tourism_trips.

FeWo-direkt (2019). 2020 Familienreisetrends: Erforschen, Spaß haben und träumen. https://www.fewo-direkt.de/reisefuehrer/reisetrends-neuigkeiten/family-holiday-insider/trends-bei-familienurlaubern.

Fraeulin, H. (2016). Pro-und Contra-Diskussion von Kinder-und Jugendinteressenvertretungen. Jugend und Politik: Politische Bildung und Beteiligung von Jugendlichen, S. 447–480.

Frankfurter Neue Presse (2018). Schwimmbad. https://www.fnp.de/hessen/aufkleber-handykameras-schwimmbaedern-10468139.html.

Freericks, R., Hartmann, R., & Stecker, B. (2010). Freizeitwissenschaft: Handbuch für Pädagogik, Management und nachhaltige Entwicklung. Oldenbourg Wissenschaftsverlag.

Freyer, W. (2011). Tourismus: Einführung in die Fremdenverkehrsökonomie. Oldenbourg Wissenschaftsverlag.

FUR e. V. (2023). Nachhaltigkeit bei Urlaubsreisen: Bewusstseins-und Nachfrageentwicklung und ihre Einflussfaktoren – Monitoringbericht auf Basis von Daten der Reiseanalyse 2022. Forschungsgemeinschaft Urlaub und Reisen, FUR e. V.

FUR e. V. (2024a). Reiseanalyse. Forschungsgemeinschaft Urlaub und Reisen, FUR e. V.

FUR e. V. (2024b). Zahlen zu Familienreisen bereitgestellt von F. Kuhn. Internes Dokument.

Geulen, D., & Hurrelmann, K. (1980). Zur Programmatik einer umfassenden Sozialisationstheorie. In: Hurrelmann, K., Ulrich, D. (Hrsg.). Handbuch der Sozialisationsforschung. Weinheim: Beltz, S. 51–67.

Giddens, A. (1991). Modernity and self-identity. Cambridge: Polity.

Gilbert, D., & Abdullah, J. (2004). Holiday taking and the sense of well-being. Annals of tourism research, 31(1), S. 103–121.

Habermas, J. (1995). Theorie des kommunikativen Handelns. Band 1. Frankfurt a. M.: Suhrkamp.

Hank, K., Hill, P., Kopp, J., & Steinbach, A. (Hrsg.) (2023). Familiensoziologie. Eine kompakte Einführung. 6. A. Wiesbaden: Springer VS.

Harms, K. (2016). Familienurlaub im Wandel. In: Urlaub. Familie. Leben. Der Blog von vamos-Eltern-Kind-Reisen.

Harms, K. (2020a). Mit erfolgreicher Kommunikation Gästen Sicherheit geben. In: Branchentreff für den Tourismus in Mecklenburg-Vorpommern: https://tourismus.mv/artikel/herausforderungen-in-der-kommunikation.

Harms, K. (2020b). Nachhaltigkeit im Familientourismus – ein Qualitätsmerkmal mit Potenzial. In: Branchentreff für den Tourismus in Mecklenburg-Vorpommern: https://tourismus.mv/artikel/nachhaltigkeit-im-familientourismus-ein-qualitaetsmerkmal-hankhankmit-potenzial.

Harms, K. (2022a). Angebotsgestaltung für Familien in Zeiten von Corona. In: Branchentreff für den Tourismus in Mecklenburg-Vorpommern: https://tourismus.mv/artikel/ab-in-den-familienurlaub/.

Harms, K. (2022b). Nachhaltigkeit als Programmbaustein: Ein Trend im Familienprogramm. In: Branchentreff für den Tourismus in Mecklenburg-Vorpommern: https://tourismus.mv/artikel/nachhaltigkeit-im-familienprogramm.

Harms, K. (2023a). Digitalisierung im Segment Familienurlaub: Unterstützung bei der Urlaubsplanung und Gestaltung neuer Erlebnisse. In: Branchentreff für den Tourismus in Mecklenburg-Vorpommern: https://tourismus.mv/artikel/digitalisierung-im-segment-familienurlaub-unterstuetzung-bei-der-urlaubsplanung-und-gestaltung-neuer-erlebnisse.

Harms, K. (2023b). Freiraum für Kinder – vom Glück in der Natur zu spielen. In: Branchentreff für den Tourismus in Mecklenburg-Vorpommern: https://tourismus.mv/artikel/freiraum-fuer-kinder-vom-glueck-in-der-natur-zu-spielen.

Harms, K. (2023c). Urlaub unter einem Dach – (Wie) kann der Mix von Zielgruppen gelingen? In: Branchentreff für den Tourismus in Mecklenburg-Vorpommern: https://tourismus.mv/artikel/urlaub-unter-einem-dach-wie-kann-der-mix-von-zielgruppen-gelingen.

Harms, K., & Mein, A. (2021). Schildsprache: Information und Orientierung für kleine und große Gäste. In: Branchentreff für den Tourismus in Mecklenburg-Vorpommern: https://tourismus.mv/artikel/herausforderungen-in-der-kommunikation.

Häußermann, H., & Siebel, W. (2020). Städte, Gemeinden und Urbanisierung. In: Joas, H., Mau., S. (Hrsg.). (2020). Lehrbuch Soziologie, S. 789–829.

Hay, B. (2017). Missing voices: Australian children's insights and perceptions of family holidays. Hospitality & Society, 7(2), S. 133–155.

Hazel, N. (2005): Holidays for children and families in need. An exploration of the research and policy context for social tourism in the UK. In: Children & Society, 19. Jg., H. 3, S. 225–236.

Herrmann, H. (2016). Tourismuspsychologie. Berlin: Springer.

Heuwinkel, K. (2019a). Macht und Mächtige im Tourismus: Eine soziologische Betrachtung von Machtphänomenen. Schriften zu Tourismus und Freizeit, 24, S. 235–250.

Heuwinkel, K. (2019b). Sandburgin', Selfiesticks und Social Media: Der Körper in der digitalen Freizeit und im Tourismus. In: Brinkmann, D., & Freericks,. (2019). Digitale Freizeit 4.0: Analysen-Perspektiven-Projekte. 5. Bremer Freizeit. kongress: Hochschule Bremen. Dokumentation der Fachtagung 23./24. November 2018. Institut für Freizeitwissenschaft und Kulturarbeit e. V., S. 191–212.

Heuwinkel, K. (2021). Frauen im Tourismus. München: UVK.

Heuwinkel, K. (2023). Tourismussoziologie. 2. A. München: UTB.

Heuwinkel, K. (2024a): Gender Inequity in Tourism: A Policy Challenge. In: Pforr, C., Pillmayer, M., Joppe, M., Scherle, N., & Pechlaner, H. (Hrsg.) Tourism Policy-Making in the Context of Contested Wicked Problems: Politics, Paradigm Shifts and Transformation Processes. S. 231–248. Emerald ublishing Limited.

Heuwinkel, K. (2024b). Community-based Tourism. München: UVK.

Hilbrecht, M., Shaw, S. M., Delamere, F. M., & Havitz, M. E. (2008). Experiences, perspectives, and meanings of family vacations for children. Leisure/loisir, 32(2), S. 541–571.

Hill, P., & Kopp, J. (2013). Familiensoziologie: Grundlagen und theoretische Perspektiven. Springer-Verlag.

Hradil, S. (2016). Soziale Ungleichheit, soziale Schichtung und Mobilität. Einführung. In: H. Korte, B. Schäfers (Hrsg.). Einführung in Hauptbegriffe der Soziologie, S. 247–275.

Institut für Demoskopie Allensbach (2002). FamilienAnalyse 2002. München: ELTERN Gruppe, Gruner & Jahr.

Institut für Demoskopie Allensbach (2022). Weichenstellungen für die Aufgabenteilung in Familie und Beruf. Zweite Befragung – 2022. https://www.ifd-allensbach.de/fileadmin/IfD/sonstige_pdfs/9213_Weichenstellungen.pdf.

Institut für Demoskopie Allensbach (2004). Braucht man eine Familie, um glücklich zu sein. https://www.ifd-allensbach.de/fileadmin/studien/6623_Braucht_man-Familie_01.pdf.

Instituts für Jugendkulturforschung (2019). Jugendwertestudie. https://jugendkultur.at/.

Jungbauer, J. (2023). Familienpsychologie kompakt, 3. Auflage. Weinheim/Basel: Beltz Verlag.

Just, D., Klinger, M., Payne, C. et al. (2023). Attractive Names Sustain Increased Vegetable Intake in Schools. Catalog no. 2797. Version 1. https://doi.org/10.6077/J5CISER2797.

Kapella, O. (2007). Familienfreundlichkeit: Definition und Indikatoren. (Working Paper / Österreichisches Institut für Familienforschung, 58). Wien: Österreichisches Institut für Familienforschung an der Universität Wien.

KB&B (2024). Kinder als Kaufentscheider: Wie Familienmarketing die jungen Konsumenten erreichen kann. https://www.kbundb.de/.

Kim, S., & Lehto, X. Y. (2013). Travel by families with children possessing disabilities: motives and activities. Tourism Management. 37, S. 13–24.

Kindersicherheit (2024a). Ertrinken. https://www.kindersicherheit.de/kindersicherheit/unfallarten/ertrinken.

Kindersicherheit (2024b). Trampolin. https://www.kindersicherheit.de/kindersicherheit/produktratgeber/trampolin.

Kindersicherheit (2024c). Gesetze. https://www.kindersicherheit.de/produktsicherheit/gesetze-und-normen.html.

Köchling, A. (2017). Volumenstarkes Urlaubssegment mit sich wandelnden Ansprüchen. In: B. Eisenstein, R. Schmudde, J. Reifl, C. Eilzer (Hrsg.). Tourismusatlas Deutschland. Konstanz/München, UVK. S. 60–61.

Köchling, A., Kampen, J., & Weis, R. (2021). Familienurlaub: Volumenstarkes Urlaubssegment mit sich wandelnden Ansprüchen. In: B. Eisenstein, J. Kampen, R. Weis, J. Reif, C. Eilzer (Hrsg.). Tourismusatlas Deutschland. München: UVK. S. 84–85.

Kohl, M. (2013). Richtiger Preis, satter Gewinn: Preisstrategien für die Hotellerie. Stuttgart: Matthaes.

Konrad-Adenauer-Stiftung (2018). Draußen spielen – ein unterschätzter Motor der kindlichen Entwicklung. https://lmy.de/RVgDm.

Kreckel, R. (2004). Politische Soziologie der sozialen Ungleichheit (Vol. 25). München: Campus Verlag.

Langhammer, U. (2019). Auch Kinder brauchen Urlaub!. https://www.herder.de/kk/zeitschrift/archiv/2019/4-2019/auch-kinder-brauchen-urlaub/.

LEGO Play Well Report (2022). Eltern & Kinder (https://www.presseportal.de/pm/65052/5834687.

Lehto, X. Y., Fu, X., Li, H., & Zhou, L. (2017). Vacation benefits and activities". Journal Hospitality Tourism Research. 41, S. 301–328.

Lengerer, A., Bohr, J., & Janßen, A. (2005). Haushalte, Familien und Lebensformen im Mikrozensus: Konzepte und Typisierungen.

Li, M., Lehto, X., & Li, H. (2020). 40 years of family tourism research: Bibliometric analysis and remaining issues. Journal of China Tourism Research, 16(1), S. 1–22.

Lück, D., & Ruckdeschel, K. (2015). Was ist Familie? Familienleitbilder und ihre Vielfalt. Familienleitbilder in Deutschland. Kulturelle Vorstellungen zu Partnerschaft, Elternschaft und Familienleben, S. 61–76.

Marschall, S. (2012). Tourism and memory. Annals of Tourism Research, Vol. 39, No. 4, S. 2216–2219.

Maslow, A. (1943). Preface to motivation theory. Psychosomatic medicine, 5(1), S. 85–92.

Maslow, A. (1987). Motivation and personality. 3. A. Harper & Row Publishers.

Mau, S., Verwiebe, R. (2020). Soziale Ungleichheit und Sozialstruktur. In: Joas, H., Mau., S. (Hrsg.). (2020). Lehrbuch der Soziologie. Campus Verlag. S. 347–378.

Medienpädagogischer Forschungsverbund Südwest (2020). JIM-Studie 2020. https://www.mpfs.de/fileadmin/files/Studien/JIM/2020/JIM-Studie-2020_Web_final.pdf.

Mein, A. (2022). So können Sie Ihre Familienangebote altersübergreifend gestalten. In: Branchentreff für den Tourismus in Mecklenburg-Vorpommern: https://tourismus.mv/artikel/so-koennen-sie-ihre-familuenangebote-altersuebergreifend-gestalten.

Mein, A. (2023a). Jugendliche – eine herausfordernde und dankbare Zielgruppe. In: Branchentreff für den Tourismus in Mecklenburg-Vorpommern: https://tourismus.mv/artikel/jugendliche-eine-herausfordernde-und-dankbare-zielgruppe.

Mein, A. (2023b). Der Weg ist das Ziel – Tipps für Urlaub mit Babys und Kleinkindern. In: Branchentreff für den Tourismus in Mecklenburg-Vorpommern: https://tourismus.mv/artikel/der-weg-ist-das-ziel-tipps-fuer-urlaub-mit-babys-und-kleinkindern.

Miyakawa, E., & Oguchi, T. (2022). Family tourism improves parents' well-being and children's generic skills. Tourism Management, 88, 104403.

Moscardo, G. (2011). Searching for well-being: exploring change in tourist motivation. Tourism Recreation Research, 36 (1). S. 15–26. doi:10.1080/02508281.2011.11081656.

Mundt, J. (2011). Tourismuspolitik. München: Oldenbourg Wissenschaftsverlag.

Mundt, J. (2013). Tourismus. München: Oldenbourg Wissenschaftsverlag.

Nawijn, J., Marchand, M. A., Veenhoven, R., & Vingerhoets, A. J. (2010). Vacationers happier, but most not happier after a holiday. Applied research in quality of life, 5(1), S. 35–47.

Novotel (2024). Children take over vacation. Press release. https://group.accor.com/en/news-media.

NRW (2024). Kein jährlicher Urlaub. https://www.it.nrw/nrw-ein-viertel-der-bevoelkerung-nrw-kann-sich-keinen-einwoechigen-urlaub-im-jahr-leisten-126495.

Pagenstecher, C. (1998). Enzensbergers Tourismusessay von 1958 – ein Forschungsprogramm für 1998. Tourismus Journal, 2(1998), S. 533–552.

Pearce, P. L. (2005). Tourist Behaviour: Themes and Conceptual Schemes. Clevedon: Channel View Publications.

Pilcher, J. J., Ginter, D. R., & Sadowsky, B. (1997). Sleep quality versus sleep quantity: relationships between sleep and measures of health, well-being and sleepiness in college students. Journal of Psychomatic Research, 42, S. 583–596.

Plog, S. C. (2012). Targeting segments: more important than ever in the travel industry. In: Theobald, W. F. (Hrsg.). Global tourism. S. 271–293. Routledge.

Raith, A., & Lude, A. (2014). Startkapital Natur: Wie Naturerfahrungen die kindliche Entwicklung fördert. Oekom.

Rhoden, S., Hunter-Jones, P., & Miller, A. (2016). Tourism experiences through the eyes of a child. Annals of Leisure Research, 19(4), S. 424–443.

Robert Bosch Stiftung (2023). Deutsches Schulbarometer. https://www.bosch-stiftung.de/de/storys/immer-mehr-kinder-sorgen-sich-um-finanzielle-situation-ihrer-familie.

Ross, J., & Harradine, R. (2004). "I'm not wearing that! Branding and young children". Journal of Fashion Marketing and Management, Vol. 8 No. 1, S. 11–26. https://doi.org/10.1108/13612020410518664.

Schänzel, H. (2010). Family time and own time on holiday: generation, gender, and group dynamic perspectives from New Zealand (Doctoral dissertation, Open Access Te Herenga Waka-Victoria University of Wellington).

Schänzel, H. A., & Smith, K. A. (2014). The Socialization of Families Away from Home: Group Dynamics and Family Functioning on Holiday. Leisure Sciences, 36(2), 126–143. https://doi.org/10.1080/01490400.2013.857624

Schänzel, H. & Yang, ECL (2024). Editorial: Children in tourism. Frontiers Sustainable Tourism. 3:1368164. doi: 10.3389/frsut.2024.1368164

Schänzel, H. & Yeoman, I. (2015). Trends in Family Tourism. Journal of Tourism Futures. Vol. 1 Iss 2, S. 141–147. http://dx.doi.org/10.1108/JTF-12-2014-0006.

Schänzel, H., Yeoman, I., & Backer, E. (Hrsg.) (2012). Family tourism: Multidisciplinary perspectives. Multilingual Matters.

Schneider, N. F., Limmer, R., & Ruckdeschel, K. (2002). Mobil, flexibel, gebunden. Familie und Beruf in der mobilen Gesellschaft. München: Campus Verlag.

Séraphin, H., & Green, S. (2019). The significance of the contribution of children to conceptualising the destination of the future. International Journal of Tourism Cities, 5(4), S. 544–559.

Séraphin, H., & Yallop, A. (2019). An analysis of children' play in resort mini-clubs. Strategic implications for the hospitality and tourism industry. World Leisure Journal. doi.10.1080/16078055.2019.1669216.

Séraphin, H., Yallop, A. C., Seyfi, S., & Hall, C. M. (2020). Responsible tourism: the 'why' and 'how' of empowering children. Tourism Recreation Research, 47(1), S. 62–77. https://doi.org/10.1080/02508281.2020.1819109.

Shaw, S. M., Havitz, M. E., & Delemere, F. M. (2008). "I decided to invest in my kids' memories": Family vacations, memories, and the social construction of the family. Tourism Culture & Communication, 8(1), S. 13–26.

Shell Jugendstudie (2019). Eine Generation meldet sich zu Wort. https://www.shell.de/ueber-uns/initiativen/shell-jugendstudie.html.

Siegrist, J. (2021). Gesundheit für alle?: die Herausforderung sozialer Ungleichheit. Verlag Herder GmbH.

Simpsonspedia (2024). Reiseziele der Simpsons. https://simpsonspedia.net/index.php?title=Reiseziele_der_Simpsons.

Sommer, U. (2004). Die wirtschaftliche Bedeutung von Familien. Der Gynäkologe 37, S. 595–599 (2004). https://doi.org/10.1007/s00129-004-1548-1.

Spode, H. (2003). Wie die Deutschen »Reiseweltmeister« wurden. Eine Einführung in die Tourismusgeschichte. Erfurt: Landeszentrale für Politische Bildung.

Statistisches Bundesamt (2021). Mikrozensus: Familie, Lebensformen und Kinder. Auszug aus dem Datenreport 2021. PDF.

Statistisches Bundesamt (2024a). Haushalte und Familien. https://www.destatis.de/DE/Themen/Gesellschaft-Umwelt/Bevoelkerung/Haushalte-Familien/_inhalt.html.

Statistisches Bundesamt (2024b). Familien. Zahlen. https://www.destatis.de/DE/Presse/Pressemitteilungen/Zahl-der-Woche/2024/PD24_20_p002.html.

Statistisches Bundesamt (2024c). Armutsgefährdung. https://www.destatis.de/DE/Themen/Gesellschaft-Umwelt/Einkommen-Konsum-Lebensbedingungen/Lebensbedingungen-Armutsgefaehrdung/_inhalt.html.

Steinbach, A., & Hank, K. (2020). Familie. In: H. Joas & S. Mau (Hrsg.) (4. A.), Lehrbuch der Soziologie, S. 439–470. Frankfurt a. M.: Campus Verlag.

SWR (2024). Sonnencreme kostellos. https://www.swr.de/swraktuell/baden-wuerttemberg/friedrichshafen/kostenlose-sonnencreme-in-konstanz-studentischer-verein-100.html.

Ternow, F. (2020). Familien als Kunden gewinnen. Potenziale erkennen und ausschöpfen. Springer Gabler. Wiesbaden

Tourismusnetzwerk Brandenburg (2019). Familientourismus. https://tourismusnetzwerk-brandenburg.de/marketing/themenmarketing/familientourismus/zielgruppe-familien.

UNICEF (2023). UN-Kinderrechtskonvention. https://www.unicef.de/informieren/ueber-uns/fuer-kinderrechte/un-kinderrechtskonvention.

Unimontagna (2024). Coworcare in the Alps. https://www.unimontagna.it/en/progetti/coworking-with-childrenelderly-in-the-alps-coworcare/.

United Nations, Department of Economic and Social Affairs, Population Division (2017). World Population Prospects: The 2017 Revision, Key Findings and Advance Tables. Working Paper No. ESA/P/WP/248.

VuMA (2021). Bevölkerung in Deutschland nach Einstellung zur Aussage „Größere Kaufentscheidungen werden bei uns gemeinsam mit Familie/Partner getroffen“ von 2017 bis 2021. In: Statista. https://de.statista.com/statistik/daten/studie/172167/umfrage/absprache-groesserer-kaufentscheidungen-mit-partner-familie/.

Walper, S. (2012). Aufwachsen in Stief- und Patchworkfamilien aus der kindlichen Perspektive. Expertise im Auftrag des Bundesfamilienministeriums.

White, J. M., Todd, F. & Adamsons, K. (2019). Family Theories: An Introduction. Los Angeles u. a.: Sage.

Wissenschaftlicher Beirat für Familienfragen (2021). Gemeinsam getrennt erziehen. Gutachten des Wissenschaftlichen Beirats für Familienfragen beim BMFSFJ. Berlin: Wissenschaftlicher Beirat für Familienfragen beim BMFSF. https://www.bmfsfj.de/bmfsfj/ministerium/behoerden-beauftragte-beiraete-gremien/beirat-familienfragen/wissenschaftlicher-beirat-fuer-familienfragen-74184.

Wonneberger, A., Weidtmann, K., & Stelzig-Willutzki, S. (2018). Familienwissenschaft. Springer Fachmedien Wiesbaden.

Zartler, U., & Berghammer, C. (2023). Ein-Eltern-Familien. In: O. Arránz Becker, K. Hank, & A. Steinbach (Hrsg.). Handbuch Familiensoziologie. Wiesbaden: Springer VS. S. 543–570.

Zentralverband Zoologischer Fachbetriebe (2023). Wie viele Hunde, Katzen, Kleinsäuger und Vögel leben in Deutschland? https://www.zzf.de/marktdaten/heimtiere-in-deutschland.

Zentveld, E. (2023). “Oh, the places you'll go!”—But not for those children trapped by family violence. Frontiers in Sustainable Tourism, 2, 1089107.

➲ Websites | Organisationen und Unternehmen

Alle Websites wurden zuletzt im September 2024 abgerufen:

Ackerhelden	https://ackerhelden.de/pages/fur-unternehmen
Actionbound	https://de.actionbound.com/
Babysignal	https://www.babysignal.de/
Barmer	https://www.barmer.de/unsere-leistungen/apps-skills/kindernotfall-app
Bundesarbeitsgemeinschaft Familienerholung	https://bag-familienerholung.de/
Dehoga Thüringen Zertifizierung	https://www.dehoga-thuerin-gen.de/projekte/thueringen-familienfreundlich
Deutsches Jugendinstitut	https://www.dji.de/
Eltern	https://www.eltern.de/
Erfolgsfaktor Familie	https://www.erfolgsfaktor-familie.de/
Escape Team	https://www.escape-team.de/
Familienportal	https://familienportal.de/familienportal
Familiensterne Zertifizierung	https://familiensterne.de/wp-con-tent/uploads/2019/06/Familiensterne_Kriterienbogen.pdf
Familotel	https://www.familotel.com/de/
Familux	https://www.familux.com/
Family	https://www.family.de/
Family 4 travel	https://www.family4travel.de/
Fit dank Baby	https://www.fitdankbaby.de/
Fliegende Werkstatt	https://www.fliegendewerkstatt.de/
Frankenkids	https://www.frankenkids.de/
Frauke Hohberger – Musik mit Apps	http://musik-mit-apps.de/frauke-hohberger/
Futouris	https://futouris.org/
Gäste von Morgen	https://gaeste-von-morgen.de/

Gemüseackerdemie	https://www.acker.co/gemueseackerdemie
Geocaching	https://www.geocaching.com/play
Gesund Bund	https://gesund.bund.de/erste-hilfe-bei-kindern#kursangebote
Hü und Hott Spielskulpturen	https://www.hue-hott-spielskulpturen.de/impressum/
Informationszentrale gegen Vergiftungen	https://gizbonn.de/?id=284
JUFA	https://www.jufahotels.com/
Kinder forschen	https://www.stiftung-kinder-forschen.de/
Kinderschutzbund NRW Zertifizierung Okay für Kids	https://www.kinderschutzbund-nrw.de/
KJR Holzmanufaktur	https://www.plodeck.com/spielplaetze
Klettermax Kinderspielplätze	https://www.spielplatzgeraete.de
Kobra	https://www.kobra-online.info/kinderstadtplaene
Kompan	https://www.kompan.com/de/de/gruenere-spielplaetze
Künstlerische Holzgestaltung Bergmann	https://www.turisede.com/kuenstlerische-holzgestaltung-bergmann.html
Landknirpse	https://landknirpse.de/
Landsichten Zertifizierung	https://www.landsichten.de/kinderhof/
Lesben- und Schwulenverband	https://www.lsvd.de/de/
Luna	https://lunamag.de/
Luna Mum	https://lunamum.de/
Matsch!	https://matsch-magazin.de/
Meine Enkel & Ich	https://meine-enkel.de/
Minigärtner	https://www.minigaertner.de/gruppen/
Natursoziologie	https://www.natursoziologie.de/NS/
Planet hibbel	https://planethibbel.com/

Reiseland Niedersachsen Zertifizierung	https://www.reiseland-niedersach-sen.de/interessen/urlaub-mit-kindern
Reisemeisterei	https://www.reisemeisterei.de/
Reisen für Alle	https://www.reisen-fuer-alle.de/
Sachsen Tourismus Zertifizierung	https://www.sachsen-tourismus.de/euer-erlebnis/mit-der-familie-unterwegs/zertifikat-familienurlaub
Schau hin	https://www.schau-hin.info
Serienjunkies	https://www.serienjunkies.de/
spiel gut e. V.	https://www.spielgut.de/auszeichnungen/
Spielwende	https://spielwende.de/
Teamerseminare	https://teamerseminare.de/
Tourismus Marketing GmbH Baden-Württemberg Zertifizierung	https://www.familien-ferien.de/familienurlaub
Tourismusverband Mecklenburg-Vorpommern e. V. Zertifizierung	https://www.tmv.de/qmf/
Tourismusverband Schleswig-Holstein Zertifizierung	https://www.kinderplus-sh.de/
Travelisto	https://www.travelisto.net/startseite
Unterwegs mit Kind	https://unterwegsmitkind.com/
vamos Eltern-Kind-Reisen	https://www.vamos-reisen.de/urlaub-mit-kindern
Wanderverband	https://www.wanderverband.de/engagement/familie
Westfalia Spielgeräte	https://www.westfalia-spielgeraete.de/material/der-blaue-engel/
Wissenschaftlicher Beirat für Familienfragen BMFSFJ	https://www.bmfsfj.de/bmfsfj/ministerium/behoerden-beauftragte-beiraete-gremien/beirat-familienfragen/wissenschaftlicher-beirat-fuer-familienfragen-74184
Ziegler-Spielplätze	https://www.ziegler-spielplatz.de/
Zimmer.Obst	https://zimmerobst.de

➲ Websites | Good-Practice-Familienreisen

Alle Websites wurden zuletzt im September 2024 abgerufen:

ALPENPARK SEEFELD	https://www.alpenpark-seefeld.com/familienhotel/teenager-urlaub/
AWO SANO FERIENPARK DAMBECK	https://www.awosano.de/mueritz-dambeck.html
BAMBINO-TOURS	https://www.bambino-tours.de/betreuung/inklusion.html
BAUER MARTIN	https://www.bauer-martin.de/
BIOHOTELS	https://www.biohotels.info/de/die-bio-hotels/familie/urlaub-mit-tieren/
BORCHARD´S ROOKHUS	https://rookhus.de/
CAMPING WALKYRIEN	https://www.camping-walkyrien.de
CASA FAMILIA	https://www.casafamilia.de/
DAS BAYRISCH ZELL	https://www.dasbayrischzell.de/de/seminare/move-work
DEUTSCHES MEERESMUSEUM	https://www.kindermeer.de/
DIE BAHN	https://www.bahn.de/service/individuelle-reise/kinder/kinderleicht-db-nomadi
EFTELING	https://www.efteling.com/de/hotel/themensuite/zirkus-suite
ENTDECKER-HOTEL	https://www.entdecker-hotel.com/de/entdecken/werkstatt
FAMILIEN WELLNESS HOTEL SEEKLAUSE	https://www.hotel-seeklause.de/
FAMILIEN WELLNESS HOTEL SEEKLAUSE b	https://www.hotel-seeklause.de/de/karriere/#benefits
FAMILIENBÜNDNIS OSNABRÜCK	https://familienbuendnis.osnabrueck.de/de/themen/familienfreundliche-gastronomie/
FAMILIENFREUNDLICH WUPPERTAL	https://www.wuppertal.de/rathaus-buergerservice/familie/gastronomie/familienfreundliche_Gastronomie.php

FAMILUX RESORT DACH-STEINKÖNIG	https://www.dachsteinkoenig.at
FAMILUX THE GRAND GREEN	https://www.thegrandgreen.de/familie-kids/babyclub-0-0-9-jahre.html
FERIEN- & FREIZEIT-PARK WEISSENHÄUSER STRAND	https://www.weissenhaeuserstrand.de/
FERIENLAND SALEM	https://www.ferienland-salem.de/
GARMISCH-PARTENKIR-CHEN	https://www.gapa-tourismus.de/de/Sommer/Familienzeit%20im%20Sommer
GOLCHENER HOF	https://www.golchenerhof.de/
GROSSENBRODE	https://www.grossenbrode.de/
HAUS HIRT	https://www.haus-hirt.com/
HEIDE PARK RESORT	https://www.heide-park.de/uebernachten/abenteuerhotel/zimmer/?
HERINGSDORF	https://www.heilwald-heringsdorf.de/Der-Kinderheilwald
HOCHSCHWARZWALD A	https://www.hochschwarzwald.de/planen-buchen/urlaub-in-der-region/familien-urlaub
HOCHSCHWARZWALD B	https://www.hochschwarzwald.de/erleben/ausflugsziele/ausflugsziele-kinder
HOTEL ENGEL	https://www.engel-todtnauberg.de/
HOTEL KAISERHOF	https://www.kaiserhof.at/
HOTEL LAGANT A	https://lagant.s-hotels.com/de/angebote/lagant-schnullerwochen
HOTEL LAGANT B	https://lagant.s-hotels.com/de/hotel-familie/ausschlafservice-fuer-mama-papa
HOTEL LAGANT C	https://lagant.s-hotels.com/de/hotel-familie/restaurant)
HOTEL MARTINHAL	https://www.martinhal.com/de/special-offers/mehr-generationen-urlaub/
HOTEL SONNENHÜGEL	https://www.hotel-sonnenhuegel.de/familienhotel-bad-kissingen-kinderbetreuung.html

HOTEL STRANDKIND	https://www.hotel-strandkind.de/familienurlaub/babyurlaub
HOTEL VIER JAHRESZEITEN AM SCHLUCHSEE	https://www.vjz.de/de/aktuelles/kinder-kochkurse/
JÜDISCHES MUSEUM BERLIN	https://www.jmberlin.de/
JUGENDHERBERGE BÜSUM	https://www.jugendherberge.de/jugendherbergen/buesum/
JUGENDHERBERGE NIEBÜLL	https://www.jugendherberge.de/fileadmin/landesverbaende/nordmark/aaa_jugendherbergen/niebuell/niebuell_hundehausordnung.pdf
JUGENDHERBERGEN KOCHKURSE	https://www.jugendherberge.de/familienurlaub/kochkurse/
KARLS ERLEBNISDÖRFER	https://karls.de/
KINDERNOTFALL BONN	http://www.kindernotfall-bonn.de/kindernotfall-box/
KLICKSAFE	https://www.klicksafe.de/news/das-sollten-eltern-im-urlaub-beachten
KÖLNBÄDER	https://www.koelnbaeder.de/2024/05/02/ich-sags-kampagne-gegen-sexuelle-belaestigung-in-den-schwimmbaedern/
KÜSELHOF	https://www.kueselhof.de/
LANDHAUS ZUR OHE	https://www.landhaus-zur-ohe.de/
LANDREISE	https://www.landreise.de/urlaub-mit-kindern/?page=1&accommodationEquipment=15
LÜBECK	https://www.luebeck-tourismus.de/service/luebeck-fuer-kinder/freizeitaktivitaeten-fuer-familien
MIDDENMANK	https://www.middenmank.de/schlafen-bei-schafen/
MINIKÖCHE	https://www.minikoeche.eu
MURMLI BERTA	https://www.murmli-berta.at/de/sommer-action-am-berg.html
NATIONALPARKZENTRUM KÖNIGSSTUHL	https://www.koenigsstuhl.com/

NATURERBEZENTRUM RÜGEN	https://treetop-walks.com/ruegen/
NORDEIFEL	https://nordeifel-tourismus.de/familienzeit/ich-packe-meinen-koffer
OBERSTDORF	https://www.oberstdorf.de/gesundheit/barrierefrei/barrierefreie-wege.html
OBERSTDORF KLEINWALSERTAL	https://www.ok-bergbahnen.com/aktiv-sport/wandern/wandern-oberstdorf/wandern-fellhorn-kanzelwand/teilstueck-weg-1-burmiwasser.html
PFRONTEN	https://www.pfronten.de/familie/spielplaetze/
POSTEL WOLGAST	https://post-aus-wolgast.de/
PROJECT POLLINATION	https://projectpollination-lib.de/
RHEINLAND-PFALZ	https://www.rlp-tourismus.com/de/erleben/barrierefreies-reisen/geschichten/5-barrierefreie-wandertouren-in-rheinland-pfalz
ROBINSON CLUB	https://www.robinson.com/de/de/urlaubsarten/familienurlaub/
ROSENHOF	https://www.rosenhof.com/naeh-workshop
SCHLÜCHTMÜHLE	https://www.familienresort-schwarzwald.de/familienurlaub-schwarzwald/urlaub-mit-kind
SERFAUS	https://www.serfaus-fiss-ladis.at/de
SONNE BEZAU	https://www.sonne-bezau.at
STRANDHOTEL FISCHLAND	https://www.strandhotel-fischland.de/
STRANDRESORT MARKGRAFENHEIDE	https://www.strandresort-ostsee.de/
THÜRINGEN TOURISMUSNETZWERK	https://thueringen.tourismusnetzwerk.info/2023/08/29/hoer-mal-im-museum/#
TIERGARTEN NEUSTRELITZ	https://www.tiergarten-neustrelitz.de/
TOMMYS TURBULENTE TOBEWELT	https://www.tobewelt.de/kinder-kochkurse/
TOURISMUS-CLUSTER SCHLESWIG-HOLSTEIN	https://www.tourismuscluster-sh.de/de/aktuelles/meldungen/Aktuelles-Begleitung-Bauer-Martin2.php

TOURISMUSVERBAND MECKLENBURG-VORPOMMERN	https://www.auf-nach-mv.de/familie/schwimmkurse
TRASSENHEIDE	http://www.trassenheide.de/de
TWIDDLE	https://www.leibniz-forschungsmuseen.de/twiddle
ULRICHSHOF	https://www.ulrichshof.com/news/kinderbetreuung-nesterl-im-ulrichshof/
VAMOS	https://www.vamos-reisen.de/urlaub-mit-kindern
VAN DER ValK	https://lmy.de/dmfBp
VOGELPARK MARLOW	https://vogelpark-marlow.de/
REISEVERANSTALTER/HOTELKOOPERATIONEN/PLATTFORMEN	
BAMBINO TOURS	https://www.bambino-tours.de/
FAMILIENURLAUB IN DEN JUGENDHERBERGEN	https://www.jugendherberge.de/familienurlaub/
FOR FAMILY REISEN	https://www.familien-reisen.com/urlaub-mit-kindern/
LITTLE TRAVEL SOCIETY	https://www.littletravelsociety.de/
VAMOS ELTERN-KIND-REISEN	https://www.vamos-reisen.de/urlaub-mit-kindern
Exemplarisch für Reiseveranstalter: FAMILIENURLAUB BEI TUI	https://www.tui.com/familienhotels/
REISEBÜROS FÜR FAMILIEN	
FAMILIENSCHIFF	https://www.familienschiff.de/
KINDERREISEWELT	https://www.kinderreisewelt.de/
HOTELVERBÄNDE, HOTELKETTEN, ZUSAMMENSCHLÜSSE	
BUNDESARBEITSGEMEINSCHAFT FAMILIENFERIENSTÄTTEN IN DEUTSCHLADN	https://bag-familienerholung.de/
FAMILIENHOTELS	https://www.familienhotels.de/de/

FAMILOTEL	https://www.Familotel.com/de/
FAMILUX	https://www.familux.com/
JUFA – HOTELS	https://www.jufahotels.com/
KINDERHOTELS	https://kinderhotel.info/
SWISS FAMILY HOTELS	https://swissfamilyhotels.ch/

Abbildungsbelege

[1] basierend auf Statistisches Bundesamt, 2024b
[2] Copyright ADAC e. V. 04/2024
[3] eigene Darstellung basierend auf Maslow, 1943
[4] Copyright Kurverwaltung Ostseebad Trassenheide
[5] links: Foto Kirsten Harms, rechts: Copyright Karls Tourismus GmbH
[6] Copyright Hotel Engel
[7] Foto Kirsten Harms
[8] Foto Kirsten Harms
[9] Copyright Familien Wellness Hotel Seeklause
[10] Foto Kirsten Harms
[11] Copyright Postel Wolgast
[12] Foto Kirsten Harms
[13] Foto Kirsten Harms
[14] Foto Kirsten Harms
[15] Copyright ANOHA – Die Kinderwelt des Jüdischen Museums Berlin, Foto: Yves Sucksdorff
[16] Copyright Hotel Landhaus zur Ohe GmbH
[17] Copyright Camping Walkyrien
[18] Copyright Jugendherberge Büsum
[19] Copyright Familien Wellness Hotel Seeklause
[20] Foto Kirsten Harms
[21] Copyright Großenbrode Tourismus Service
[22] Copyright Küselhof, Foto: Ilona Habben
[23] Copyright Familien Wellness Hotel Seeklause
[24] Copyright Casa Familia
[25] Foto Kirsten Harms
[26] Copyright Nationalpark-Zentrum Königsstuhl
[27] Copyright Hotel Landhaus zur Ohe GmbH
[28] Foto Kirsten Harms
[29] Copyright Strandhotel Fischland
[30] Copyright Sonne Bezau
[31] Foto Kirsten Harms
[32] Foto Kirsten Harms
[33] Foto Kirsten Harms
[34] Foto Kirsten Harms

Register

Abbildungsverzeichnis

Tabellenverzeichnis

Tourismus kompakt

Tourismus kompakt! Das ist die Devise der neuen UVK-Reihe. Sie beleuchtet spannende Themen aus der Welt des Reisens – wissenschaftlich fundiert und dennoch anwendbar. Die einzelnen Taschenbücher zeichnen sich durch einen geringen Seitenumfang aus und ermöglichen einerseits einen schnellen und andererseits einen kundigen Einblick in das Thema.
Die Reihe richtet sich gleichermaßen an Wissenschaft und Praxis, je nach Thema in Form von Destinationsmanager:innen, Hoteliers und touristische Produktmanager:innen.

Bisher sind erschienen:

Bente Timm
Touristische Routen
Tourismus kompakt
2020, 102 Seiten
€[D] 19,90
ISBN 978-3-7398-3065-0

Kerstin Heuwinkel
Frauen im Tourismus
Tourismus kompakt
2021, 196 Seiten
€[D] 19,90
ISBN 978-3-7398-3086-5

Sara Blum
Neue Kunden für den Reisemarkt – die Generation Z
Tourismus kompakt
2021, 211 Seiten
€[D] 19,90
ISBN 978-3-7398-3121-3

Manuel Vermeer, Felix M. Kempf
Incoming-Tourismus China und Indien
Tourismus kompakt
2021, 174 Seiten
€[D] 19,90
ISBN 978-3-7398-3087-2

Gabriele M. Knoll
UNESCO Weltkulturerbe und Tourismus
Tourismus kompakt
2022, 105 Seiten
€[D] 19,90
ISBN 978-3-7398-3088-9

Gabriele M. Knoll
UNESCO Weltnaturerbe und Tourismus
Tourismus kompakt
2022, 98 Seiten
€[D] 19,90
ISBN 978-3-7398-3092-6

Kirsten Harms, Kerstin Heuwinkel
Familienreisen
Wünsche, Anforderungen, Barrieren
Tourismus kompakt
2025, 232 Seiten
€[D] 24,90
ISBN 978-3-381-12281-3